U0964487

跨文化交际与商务英语教学实践研究

王 芳 著

北京工业大学出版社

图书在版编目（CIP）数据

跨文化交际与商务英语教学实践研究 / 王芳著. —
北京：北京工业大学出版社，2025. 7 重印
ISBN 978-7-5639-6247-1

Ⅰ. ①跨… Ⅱ. ①王… Ⅲ. ①商务—英语—教学研究
Ⅳ. ①F7

中国版本图书馆 CIP 数据核字（2018）第 125143 号

跨文化交际与商务英语教学实践研究

著　　者：王　芳
责任编辑：张　娇
封面设计：点墨轩阁
出版发行：北京工业大学出版社
（北京市朝阳区平乐园 100 号　邮编：100124）
010-67391722（传真）　bgdcbs@sina.com
经销单位：全国各地新华书店
承印单位：三河市元兴印务有限公司
开　　本：787 毫米 ×960 毫米　1/16
印　　张：13. 35
字　　数：280 千字
版　　次：2021 年10月第 1 版
印　　次：2025 年 7 月第 4 次印刷
标准书号：ISBN 978-7-5639-6247-1
定　　价：42. 00 元

前言

近年来，我国经济发展水平持续提高，对外经贸合作等活动也变得越来越频繁；随着我国经济的开放和发展，我国与世界的经济联系变得日益紧密；越来越多的外国企业进入我国投资，我国企业与国外企业的交流合作也日益频繁。在这样的背景下，商务英语技能已经成为相关商务工作人员必须掌握的技能，市场对于商务英语人才的需求也日益增长。

商务英语即在商务活动领域使用的英语，它属于特殊用途英语的一种。通过对商务英语的学习，学生能够掌握商务领域的相关英语知识和技能，并具备开展国际商务活动的能力。因此，对学生商务英语应用能力的培养是商务英语教学中的重要内容。

商务活动的开展伴随着一定的人际交往，在开展国际商务活动的过程中，需要与外国人进行交往。这时，由于交往双方所属国家不同，会存在文化、语言等各方面的差异，从而对双方的交际以及商务活动的开展造成影响。因此，在商务英语的教学过程中，还要重视对学生跨文化交际能力的培养，使学生不仅能够学习商务英语的相关理论知识，还能够充分学习国外的文化、习俗等，了解中外文化差异，从而可以在国际商务活动的跨文化交际中避免文化差异带来的误会与冲突，保证国际商务活动的顺利进行。

随着经济的发展，社会对于商务英语人才的培养越来越重视，各高校也相继开设了商务英语课程，这使得商务英语在我国取得了快速的发展。但是，目前在商务英语教学中仍存在一些问题，如课程设置不合理、教学重视理论忽视实践、教材建设落后、学生跨文化交际能力不强等。为了解决商务英语教学中存在的上述问题，本书通过借鉴商务英语教学的相关理论，并将其引入商务英语教学实践中，为商务英语的教学提出对策和建议；将商务英语的教学与跨文化交际学相结合，对商务英语人才跨文化交际能力的培养和教学提出对策和建议；从商务英语的写作和翻译两方面入手，对商务英语教学与跨文化交际进行实践研究。

最后，由于时间仓促，本书难免存在不足之处，恳请广大读者批评指正！

著　者

2018 年 3 月

目 录

第一章　商务英语概述

商务英语是世界范围的大市场形成和发展的产物。它是一个动态的概念，其含义在不断扩大、延伸和发展。20 世纪 90 年代以前，我国高校的国际商务 / 贸易专业均以关贸总协定的乌拉圭回合谈判之前的国际商务 / 贸易的界定为准，即国际商务 / 贸易主要涵盖国际货物贸易。随着全球经济一体化以及网络通信技术和多媒体技术的使用，国际商务活动的范畴不断扩大，商务英语的内涵也在不断地扩大和升级。

第一节　商务英语的内涵

一、商务英语的界定

对于非英语国家而言，国际商务英语作为一门交叉学科，有两大问题必须澄清：语言媒介和学科构成。语言媒介自然是国际通用外语——英语；学科构成则是以国际商务为核心的国际商务学科。在“入世”背景下，“商务”可以指询盘、报盘、还盘、接受、签约等一套商业谈判业务，或开信用证、装运、保险、检验、索赔、付款等一套进出口业务；“商务”也可指商行、公司、银行等机构的一系列内部管理活动和对外事务；大“商务”的概念还可包括金融、贸易、运输、投资、财会、经济法、国际合作、国际惯例、WTO 原则等方面。“商务”英语就其语言本质而言，就是在商务领域内经常使用的反映这一领域专业活动内容的英语词汇、句型、文体等的有机总和，它属于特殊用途英语（English for specific purpose，ESP）。商务英语的英文全称应是 English for business and economics（EBE）。

从字面意思上我们可以知道，“商务英语”包含着语言（英语）和业务（商务）两个层面的意思。商务的概念比较笼统，可以说是一个极为广泛的概念，同时更是一个跨学科的领域，经济、贸易、营销、管理、信息、法律、金融、财会等都属于这个领域。从语言层面来理解，商务英语是从事或将要从事商务行业的人在商务环境中应用的英语，是特殊用途英语的一支。有学者给商务英语下过这样的定义："商务英语属特殊用途英语……它符合特殊语料的定义，它强调特殊语境下交际的特殊样式。"因此商务英语教学有 ESP 教学的特征和要素，即需求分析、真实语料、真实语境、信息为主 、主题引导、任务教学。商务英语教学通过针对学生的需求，围绕特定的目的和内容使用语料鲜活的商务英语教材，培养学生在特定而真实的语境中有效交流的能力。商务英语是商务文化群体中特有的一种英语，是现代英语的一种功能变体，其与普通英语的差异，不仅表现在目的和意义方面，而且表现在词语用法、句子组成和篇章结构的构建方面。商务英语是指与商务活动相关的英语，由于商务活动本身的界限模糊，既可指经营、贸易等具体领域活动，又可指经济、金融等宏观行为；大可到国与国之间的经济往来，小可至普通的买卖交易。商务英语就其内容而言可分为一般和专门两类。一般商务英语主要涉及各类商务活动共有的一般性和基础性知识，如询价、定价、报关、货单、协议、合同、广告、营销策略、谈判程序等；它也会涉及一些行业特殊用语，但总体来说都较少较浅。专门商务英语涉及的商务知识专业领域更窄，行业特征更强，特殊用语更多，如金融英语、机电英语、医药英语、化工英语、建筑英语以及相关的法律英语等。

近年来，学界对高校商务英语概念不断进行探讨，不同的观点颇多，至今还存在一些争议。在我国高校，商务英语作为一个以 ESP 中的一般商务用途英语为基础发展起来的综合性交叉科学，正在趋于专业规范化和学位授予弹性化。

二、商务英语的特点

商务英语不但具备普通教育学的特点，还具备语言学的特点，同时，商务英语还具备商科理论知识的特点以及人文理论知识的特点。

（一）普通教育学特征

商务英语是有关商务语言教育一般问题的知识体系，即"语言知识 + 商务知识 + 技能操作 + 人文知识"这样一个体系，是国际贸易专业学生、国际商务专业学生和商务英语专业学生进行专业知识学习的基础，是这几个专业的学生的必修课程之一，它的目的在于帮助学生养成基本的商务理念、商务操作技能和商务环境下的语言使用技能，将学术性与实践性有机结合起来，体现了基础性、实用性、通俗性与创新性的特点。根据商务英语教育过程的运行逻辑，商务英语教育主要探讨了商务英语教育的实质、功能、历史、目的、教师与学生、教学、课程、班级管理、制度、评价等基本问题。因此，它具备普通教育学的特点。

（二）语言学特征

商务英语教学是通过语言进行的教学。语言是基础，商务英语教学是语言的具体应用教学，是应用语言学的表现，因此，它具有语言学的特征。通过语言来学习专业知识，在学习专业知识的同时来巩固提升语言技能。

（三）商科理论知识的特征

商务英语专业课程主要包括西方经济学、商务道德、商务环境、商务策略、商务沟通、商务礼仪、人力资源、企业管理、市场营销、国际贸易、国际商法、国际金融、物流等，这些课程本身就是用语言来表述商科知识，同时还都要应用商科的理论原理，比如协同论和耗散论等。很明显，商务英语具有商科理论知识的特点。

（四）人文理论知识的特征

就商务英语专业而言，除了语言、商务的知识和能力要求之外，人文素质教育应该注重培养学生的人文意识，遵循人文方法，扩大人文知识，增强人文才能，提高人文素养，促使他们在跨文化交际的活动中，秉承人文精神，彰显出文明、科学、爱国、求真的健康品格和蓬勃向上的精神风貌。

三、商务英语的作用

英语在货物进出口贸易的程序中，在交易磋商与签约的环节上都至关重要。拟订书面合同时，应使用规范的商务英语，遵循比较固定的条款模式，尽可能采用习惯用语，力求措辞准确、严谨，行文简洁，不留漏洞，避免解释上的分歧。在此过程中，对进出口商品专业术语的正确理解和应用将直接关系到商品交易中的经济效益甚至交易的成败。

商务函电是商务活动的一个重要组成部分，是通过邮寄或通过其他电信设施（电话、电报、电传、因特网等）进行的商务对话，并常常被用作一种商务行为或合同的证据。商务函电通常是为达到某种特定目的如销售商品、定价、咨询信息、索赔、商务问候等而进行。在信息时代，要充分利用函电简便、快捷的优势，提高业务量和效率。商务英语用于翻译服务要求必须忠实于原文，不得肆意发挥，也不得压缩削减（这里不是指节译、摘译之类），亦即必须一比一地再现原作的风姿。因此，译文的语言应规范化。正如鲁迅所说："凡是翻译必须兼顾两面，一则当然为求其易解，一则保存着原作的风姿。”作为商务英语翻译标准无疑是适用的。

在中国进出口贸易总额迅速增长的背景下，特别是在我国加入世贸组织和全球经济一体化的大环境下，社会对商务英语专业人才，尤其是能够从事国际贸易的人才需求大量增加。与此同时，如何恰如其分地理解和运用英语广告语言以实现广告的目的，已是摆在进出口商、广告人员及广大消费者面前的一个现实问题。广告英语作为一种应用语言，因其所具有的特殊效用，已逐渐从普通英语中独立出来而发展成非规范化的专用语言，用词造句与普通英语也有许多差异，并随着广告的发展、时代的前进、科技的进步及社会的变更而变化。由于广告本身的目的就在于给目标对象留下深刻印象，博取人们喜爱，所以许多广告都是几经推敲而就，用词优美独到、句法简练而内涵丰富、回味无穷，不仅具有很高的商业价值，同时具有一定的语言研究价值和欣赏价值。

四、学习商务英语的必要性

我们生活在祖国高速发展的时期，思想与工作的压力越来越大，全球经济一体化，让身处各个行业的我们都发生了很大的变化。随着外资企业不断增加，越来越多的中国人开始在外企工作。虽然工作性质和场地不同，但他们都会遇到同样的问题，那就是如何从事涉外商务活动，如何在外商经营的企业里占有一席之地。语言差异无疑是他们最大的障碍，在我们熟知的生活英语、学术英语之外，商务英语是现代外资企业中最重要的交流工具。各个企业特别是目前进入国内的国际企业，都有自己的企业文化和理念。因此，受过商务英语特殊培训的学员，对企业的商务背景理解会更深入，交流会更有效、更自由，在国际企业中就更能得到认可。

剑桥商务英语资格考试（Business English Certificate，BEC）是剑桥系列考试中专为学习者提供的国际商务英语资格证书考试，考察真实工作环境中英语交流能力，被欧洲乃至全球众多教育机构、企业认可，将其作为入学考试或招聘录用的英语语言水平要求。例如英国超过 60 所大学承认 BEC 高级证书作为工商管理（MBA）课程的语言能力要求；越来越多的公司使用 BEC 来评估雇员、受训员工和应聘者的语言技能，其中包括如 IBM、Citibank、摩托罗拉、可口可乐、西门子等全球著名企业。

从客观上看商务英语较直白且严谨准确，趣味性不强。但工作类语言和工作是相辅相成的，所有人都需要或面临工作，因此工作类语言成了生存语言和发展语言。国外把标准化商务英语作为选择非英语国家雇员的标准，由此可见，实行商务英语的“专业化”有其重要意义。

学习商务英语的人群非常广泛，包括对商务英语的学院有一定需求的大学生、对英语使用欠缺一定熟练度的从业人员、准备出国深造的人员、外资企业雇员以及需要为公司发展做出一定决策的领导者，等等。而在国内，商务英语考试于1993年由中国教育部考试中心引进，历经多年实践和推广，其权威性和规范性使商务英语资格证得到社会各界的广泛认可。

第二节 商务英语的语言特点

商务英语以普通英语为基础。在知识方面，它不仅涉及语音、语法、词汇、语篇、跨文化交际等普通英语方面的知识内容，也涉及国际金融、经济、贸易、服务、合作等商务方面的知识内容。在技能方面，既涉及听、说、读、写、译等语言方面的能力，又涉及沟通、交际、合作等实践技能，以及基于网络通信和多媒体技术等方面的技能。根据应用的不同场合，商务英语可以分成不同的语域，如电话英语、谈判英语、会议英语、经贸英语、财务金融英语、管理英语、人事部门专用英语、广告英语等。作为一门新兴的学科，商务英语所涉及的知识广泛；作为一门交叉性学科，它涉及了经贸、财会、管理、法律、文化、计算机等多门类知识，具有跨学科性。但是众所周知商务英语的最大特点是其实用性，不论什么场合，商务活动都要完成一定的交际目的，因此商务英语在词汇、句式、语篇、修辞等方面都有其特点。

一、商务英语的词汇特点

由于商务英语的涉猎非常广泛，包括金融、贸易、营销、管理、法律、物流和经济等各个方面，所以从这个意义上来说商务英语词汇和普通英语词汇相比，具有自身的独立性和特点。在一定商务环境背景下，进行商务活动时需要使用一些专门词汇，我们称之为商务英语词汇。它与普通英语词汇一样，在语言习得和语言交际中起着举足轻重的作用。但商务英语属于专门用途英语，与普通英语相比在词汇上具有较强的专业性，是专业知识和英语的综合运用。专门用途英语的一个鲜明特点就是专业词汇（术语）较多，商务英语也不例外。但是大多数学习者对于商务英语存在一个错误认识，即认为商务英语就是由很多专有商务词汇堆砌起来的英语。其实商务英语是以英语为基础，又有其自身的特点和独立性，这表现在以下几个方面。

（一）专业词汇大量使用

在商务英语中，最明显的一个特点就是使用大量的专业词汇，这些词汇在普通英语语言中基本是不会用到的，并且包含了较多的商务专用词及与商业相关的实践性词汇，这使得商务英语的语言专业性非常强，如果没有一定的专业知识作为基础，翻译人员则没有办法真正理解商务英语中专业词汇的含义。商务英语按照其体裁，可归纳为论说体、广告体和公文体三大类。其中商务函电、通知、法律文书、合同等主要表现为公文体形式。商务英语论说体大多出现在为推广商品所做的演讲或报告中。这种文体用词严谨、正式、专业性强，所以以书面词汇为主。商业广告体主要运用在广告中，英语的词汇比较广，更新的速度和大众接受的速度快，一词多义的现象比较普遍，用词多趋于生动、简洁、口语化、通俗化，并富有鼓动性。商业广告体可能包含大量的口语词、外来词、杜撰词和新造词。商务公文体词汇的特点是以书面词为主，选词规范、简短、正式、严谨。

（二）商务新词汇大量使用

随着社会工商业发展不断地进步，新科技、新工艺、新产品和新概念不断涌现，这些必然会反映在词汇上，因为词是构成语言的最基本的独立运用单位。所以随之而来的就是商务术语的大量增加。如由 cyber 这个词衍生出了许多与网络相关的新词，如 cyberarticle、cyberspace、cyberlink、cyberbelue 等。这些也是通过把两个或两个以上的词语按照一定的顺序组合构成的新词（复合词）。再如电子商务词汇 online publishing（网上出版）、cyber marketing（网络化营销）、value added service（增值服务）等都是用这种方法造出的合成词。一词多义现象也无形中增加了新词，如在进出口贸易中 discount 表示“折扣”，在金融行业则是表示“贴现、贴现率”。商务英语的用途主要体现在国际商务交流上，随着新技术及新理念的出现，很多新的科技信息都非常直接地反映在词汇上，因此也就出现了很多传统英语语言中没有的新商务英语词汇，这也是商务英语随着社会不断发展而衍生出来的产物。

（三）商务英语的含义完整准确

由于商务英语涉及双方的利益关系，所以要求语言必须准确、含义完整，语言表达模式相对繁杂一些没关系，但一定要保证在利用商务英语来签订合同或条约的时候，所表达的内容是准确无误的，绝对不可以有歧义。在国际交流中使用商务英语的原因就是因为商务英语沟通起来非常简单直接，但是为什么又说商务英语的表达模式相对比较繁杂呢？其实这两点是不冲突的，所说的繁杂主要指的是在一些合同或条款中使用商务英语的时候，由于内容中有很多规定和限制条件，这些限制条件用商务英语解释起来会出现解释不清楚的现象，所以这时商务英语通常会运用很多起修饰或是限制作用的短语、从句来表达合同、条款中的内容，因此语句会变得相对复杂一点，但是这样反而会让双方更容易理解合同、条款中的内容。

（四）词汇趋于简化

在现今这个快速发展的时代，所有的国际商务活动都非常讲究效率，使用简单的词汇有利于商务贸易伙伴间的交流，而复杂的词不容易被理解，甚至会造成误解，引起不必要的沟通障碍。在商务函电或其他函电的写作上更是如此，简单的词汇可以充分表达的意思决不能用复杂的词，以免造成句子的拖沓、冗长、歧义等现象。因此，在商务英语中，修饰语使用较少，甚至达到惜字如金的程度。

（五）大量运用缩略语

随着社会发展，一些旧的贸易方式和交流方式被淘汰，从而导致一些旧的术语被遗弃，如电报专用缩略语。在英语中产生缩略词的方法很多。缩略词可以是省略后面几个音节，只保留前面，也可以省略前面的音节，保留后面。这种方法是最常见的，比如 intro 和 chute 分别是 introduction 和 Parachute 的缩略词。除此之外还有一些其他的保留中间音节的缩略词，比如 flu 是 influenza 的缩略。由于经济效益原因以及商业化的快节奏要求，从业人员大量使用商务缩略词，以求快速完成交流的环节，有更多的时间对市场做出反应。商务缩略词可以运用到运输、保险、支付与结算等各个商务环节中。

二、商务英语的句式特点

商务英语在句法上最大特点在于其简洁、严密。其用于商业活动这一特点使得它比其他任何文体更加注重表达效果的准确性、时效性和逻辑性，因此商务英语句子结构比较复杂，句式规范，文体正式，尤其在招标文件和投标文件以及合同中更是如此。一般来说，由于商务英语在表达上更加注重精确，强调客观，所以句子有时偏长，但是句式基本固定，语言简明，所涉及的语法项目也较少，虚拟语气以及倒装等语法项目在商务英语中较少出现。

（一）句式简洁，表达准确

简洁体现在简单句式、排比句式和短的复合句式的使用上。例如，“We are delighted to receive your letter of November 18 asking whether we can supply you with Art.No. 6120.”（很高兴收到你方 11 月 18 日来函询问我方可否供应 6120 货号商品。）此外，简洁也体现在缩略字母的使用上。当然，这种缩略必须为双方所认可，例如 A/C（account）、ENCL（enclosure）、FYI（for your information) and I.R.O. (in respect of)。简洁的句子有助于商业信息的传播，所以在商业函电中起着重要的作用——它方便、快捷，更重要的是，它有效地避免了误解。

凡是经常借助函电对外进行业务联系的外贸工作者都会有同感，即外贸函电在表达不同的意见时有其固定的不同的习惯用语，在长期的国际商务交流中，形成了一系列言简意赅的固定句型和套语，这些已被业界广泛接受，只需平时多留意积累就可以得心应手地阅读和撰写商务英语函电了。

（二）被动句式和定语后置较常见

在汉语中，很少使用被动句，而在商务英语中，叙事推理强调客观准确，为使表达更为准确和紧凑，则大量使用被动句。如果第一、二人称使用过多，会给人造成主观臆断的印象，因此往往使用第三人称叙述，采用被动语态。这样，句子的重点往往不在于“谁做”，而在于“做什么”和“怎么做”。另外英语中被动语态的使用具有结构紧密、语义准确、表达严密、逻辑性强等特点，在商务英语中使用被动语态，不必说出施为者，能够起到突出商务信息、提高论述的客观性和增强可信度等作用。因此，被动语态的运用适合具有严肃性和庄重性特色的商务文体的需要。

（三）经常使用长句、复合句、并列复合句

交流中应该避免使用长句，因为使用简洁的句子更易于理解，且不会产生歧义和误解，从而能够有效地进行沟通和交流。但是商务英语重视严格性、精确性和逻辑性，这就决定了使用长难句较多。经贸合同由于其法律属性则多用长句、复合句、并列复合句等使其语句结构更严密，更能突出其法律效果。商务英语的长句句子结构较为复杂，常使用短语、从句来限定说明成分，形成较冗长的句子，有时甚至一个句子就可以单独成段。

三、商务英语的语篇特点

商务英语的语篇结构逻辑合理，意义连贯，通常遵守先综合后分析的语篇思维模式。语篇特征是词语和语句特征的综合表现，其特点是内容完整、专业性强、语言简洁严密、措辞准确具体、层次清晰分明、表达礼貌委婉。下面从商务英语文章的标题特点、语体特点以及语篇模式等方面对商务英语语篇的特点进行阐述。

（一）标题简练

大多数的商务英语的文章标题都非常简练、醒目，同时能够确切地表达文章的内容。商务英语文章的题目经常采用非谓语动词、形容词、副词、名词和介词短语等缩略语形式，这种形式既简洁，又生动，例如：Victory at a Price（付出代价的胜利）。需要注意的是，由简单句构成的商务英语文章的标题可分为陈述标题、疑问标题和引述标题等。为了使言语简洁或强调重点，标题中可使用逗号、冒号、引号、破折号、问号、叹号，但一般不使用句号。

（二）语体正式

商务英语是在各种国际商务活动中使用的英语，商务交际的双方既要体现平等互利的原则，又要保持良好的合作关系，所用词语既要保证其国际通用性，为大众所接受，又不能过于口语化，过于非正式，词语语体应介于正式体（formal）和商量体（consultative）之间。因此，过于简单化、口语化的某些连词、介词和副词，如“because、about、if、like、for”等在商务英语中会被比较正式规范的词语所代替。口语中常常使用的动词短语，如“go on、add to”常被较为正式的动词“continue、supplement”所代替。商务英语的语体在不同的场合也有不同的变化。如商务函电属书面语比较正式规范，但现在的发展趋势是商务函电使用简洁生动的口语，以使语气亲切、自然，表现在惯用的“大词”和正式词语被短小词或词组所代替。而在商务合同中，经常使用一些很正式、冷僻的词以显示商务合同的规范性和约束力，如用 expiry 而非 end，用 certify 而非 prove 等。商务合同属法律性公文，其正规性还表现在大量使用一些法律术语或具有法律特点的词语。

（三）遵循一定的模式

商务英语的语境决定了商务英语的语篇都有着一定的固有模式。例如，商务英语函电往往强调一事一信，内容多围绕一根主线展开，因此在函电中可以通过“事由”以突出内容主旨，使对方一目了然。接下来我们介绍四种常用的商务英语行文结构模式。

1. 问题解决型语篇结构模式

所谓的问题解决型语篇结构模式就是作者通常首先设计或提出问题，其问题一定是一个与某种情形相关的问题，之后再描述和评估这一问题导致的后果，最后提供解决办法或方案。这种语篇结构模式常常用于广告、产品说明、调查报告和商务函电等商务语篇中。当然其中的情景和评估是可选项，有可能出现也有可能不出现，但是问题和解决方法是必选项。

2. 解析型语篇结构模式

所谓的解析型语篇结构模式，就是先把一个整体分成几个组成部分，再逐个进行仔细审查的方法。通常采用典型的解析型语篇结构的商务语篇主要有购销合同语篇和求职函电中的个人简历等。购销合同一般分为商品规格、数量、价格、包装、付款条件、保险以及装运等多项条款和其他附加条款；而个人简历通常包括所求职位、个人基本信息、教育背景、工作经验、奖励和爱好等部分。

3. 比较对比型语篇结构模式

比较就是找出两者之间的相似性，而对比就是找出两者之间的差异性。为了更加清楚明了地说明各种商品、服务以及公司之间的异同之处，在商贸函电以及调查报告的组织和开展中常常用比较—对比的结构模式。例如，对有关于分散经营和集中经营的有利和不利方面进行对比的报告就是使用这种篇章结构模式。

4. 等级型语篇结构模式

这种模式是指把语篇的各组成部分按照其重要性以递增或递减的顺序加以排列和展开。某些预算报告和调研报告等常用这种结构。

四、商务英语的修辞特点

（一）委婉

在商务沟通中，语言的委婉性符合双方友好合作的精神和灵活机制的策略。由于双方的认知和情感有时并不完全一致，因此在沟通时有些话语虽然正确，但对方却觉得难以接受，这时直言不讳的话语无法取得良好的效果，而委婉的表达则让对方既能从理智上又能从情感上愉快地接受说话人的观点，此时委婉语的运用不失为很好的沟通技巧。模糊话语一个最显著的特点就是外延宽、内涵小，因而具有很强的包容性。它给听话者留下了一个弹性空间，这个空间可以想象也可以补充。

商务英语的用语还应该遵循一个重要的原则：礼貌原则。那就是，用礼貌且非冒犯性的表达，代替不礼貌或冒犯性的表达，以维持双方的关系。可见，委婉语在商务语言中起到了奇妙的作用。

（二）夸张

夸张是商务英语语言的修辞手法之一。无论是何种夸张程度，都要从根本的内在的层次上揭示事物本质。也就是运用丰富的想象，扩大事物的特征，以增强表达效果。有效地使用夸张手法既使人加深了对某种观念的印象，又增强商务语言的感染力。请看下面的例子："They murdered us at the negotiating session."（谈判的时候他们就把我们枪毙了。）此处运用夸张的手法表达，实际上是指把方案否决了。由此可见，如能恰当地使用夸张手法，能使某一观念更鲜明，而不至于扭曲原意。因此，夸张手法也可以在成功的商务广告中起到画龙点睛的作用，使这些商务英语广告语不仅准确、简洁，而且一语双关，而又不乏规范性。

（三）排比

在英语中把结构相同或相似、意义相关、语气一致的几个词组或句子并列使用，称为排比。排比也是商务英语中一种常用的结构上的修辞格。由于这种修辞格在结构上整齐匀称，所以即使它没有明确指出前后列举事物的内在联系，没有明确指出它们之间的相似性或相反性，也能够使读者强烈地感受到它们之间的共同点或不同点。排比结构使商务英语语言言简意赅，能够增强行文的节奏感，加强商务英语的表现力。

（四）头韵和尾韵

在商务英语中，运用语音手段达到修辞效果的通常有商业广告和商标，语音修辞手段使得语言和谐悦耳，语意突出，增强韵律美和节奏感。例如："Sea，sun，sand，seclusion，and Spain.You can have all this when you visit the new Hotel Caliente." 这是很成功的旅游宣传，这里巧妙地运用了头韵的语音修辞手段。商务英语的表达通过修辞手法显得构思新颖、风格独特，能够激发读者的审美情趣和对美好事物的想象力。"A Mars a day keeps you work，rest and play." 这里，"day" 和 "play" 构成尾韵，读起来朗朗上口，富有韵味。

通过以上对商务英语中修辞特色的分析，我们可以清楚地看出商务英语是涉及文化背景、交际技巧、商务知识、语言特征的专门用途英语，有着独特的语言和修辞特色。为取得商务谈判的成功，获取更多商机，我们有必要学习并掌握商务英语中各种修辞艺术，提高国际商务交际与谈判的水平，使商务英语更好地为国际商务活动服务。

商务英语成为一门学科，起始于 20 世纪 60 年代后期，它的发展伴随着 ESP 理论的发展，至今已有 50 多年的历史。西方国家商学院或大学商科专业普遍开设商务英语课程；在我国商务英语起步虽然较晚，但近年来发展迅猛。

第三节　商务英语的发展现状

一、商务英语在国外的发展现状

语言作为人类最重要的交际工具，是随着社会的进步而发展的。英语的发展最早可追溯至公元前 500 年，工业革命的结束迎来了英语的大发展时期。随着英国对殖民地的争夺以及帝国主义的不断扩张，英语逐渐走向了世界的舞台。

在 20 世纪，尤其是二战结束后，人类社会开始进入了一个前所未有的、大规模的科技和经济高速发展的时代。由于战后的美国在科技和经济方面发展最快，成了举世瞩目的科技和经济强国，美国的官方语言——英语也就成了国际上科技和经济活动中最通用的语言交际工具。据统计，把英语作为第一语言的就有美国、英国、澳大利亚、新西兰、加拿大、爱尔兰等 10 多个国家；把英语作为主要交际用语的地区有新加坡以及非洲的一些国家，总计有 80 多个国家；把英语作为第二语言的国家有法国、瑞士、丹麦、比利时、挪威、芬兰和冰岛等国。时至今日，英语的使用人数已从400 年前的500 万左右，发展到今天的 l0 多亿。这些数字都充分地说明了：英语已逐渐发展成为一种世界语言，成为今天世界政治、经济、科技、文化交流最重要的通用语言工具。

随着世界经济的不断发展，英语广泛应用于国家间商务活动与交流的各个领域。英语在国际商务活动中扮演着重要的角色，已经得到了人们的普遍认同和接受。国际商务活动中英语的使用领域不仅包括商务谈判业务、保险、索赔、信用证、付款、装运等，也包括贸易、金融、运输、财会、投资、国际合作、经济法、国际惯例等方面。国际商务活动中使用的英语不仅在词汇、语法等方面有一定的特征，而且具有鲜明的意识形态、礼貌体制、话语形式，与一定的商务背景知识相联系，具有明确的目的性，并以需求分析为基础。因此，英语在商务活动中的使用与普通英语产生了越来越大的区别，它形成了独具特点的语言、交际系统，继而形成英语的一种功能变体——商务英语。目前在世界上许多国家，商务英语都呈现出蓬勃发展的势头。发达国家非常重视商务英语教育，许多院校都开设了商务英语课程。开设商务英语课程的目的具体来说应该是培养熟悉商务领域各方面专业知识、社交能力强、能够利用英语开展商务活动，解决商务纠纷等的高级应用型和管理型人才。在以英语为母语的国家，教学界把商务英语教学视为专门用途英语教学的一个领域。在英国，各大经贸类院校都开设了商务英语课程；牛津大学、剑桥大学向全世界推出了国际性商务英语考试；伦敦商会设立了商务英语证书的培训和考试机构。美国的哈佛大学、斯坦福大学、加州伯克利大学等著名院校都开设了商务英语课程，普林斯顿大学还成立了以商务英语为核心的国际交易英语考试中心。英美的主要广播公司每天都在播出商务英语教学节目；同时，在许多英语国家的大小城市，拥有为数众多的商务英语培训学校。

二、商务英语在中国的发展现状

商务英语在我国的发展可以追溯到20世纪50年代初期。由于当时我国正在实行计划经济体制，同时受“冷战”的国际环境的影响，使得我国对外经济、商务交流和与国际社会的交流非常有限。这种局面导致我国没有更多的机会进行商务英语的学习，所以当时商务英语在我国的发展并不明显。20世纪80年代以来，我国确立了以经济建设为中心和对外改革开放的政策，对外经济贸易活动范围逐渐扩大，对外国际商务活动日益繁荣，中国的对外经济联系由原来的单一商品贸易发展到现在的技术、服务、资本、金融、保险和旅游等领域，人们开始对商务英语有了更深的认识。20世纪90年代以来，中国市场经济体制得到确立并逐渐完善，经济全球化进程加快，中国经济逐步与世界接轨，进出口贸易量迅速加大，但社会上能够使用英语直接从事国际商务活动的人才极度缺乏。由此，推动了商务英语语言在我国的飞速发展。进入21世纪，随着我国加入世界贸易组织，以及经济全球化和世界一体化的进一步加剧，我国经济和社会进入了新的快速发展时期，商务英语的发展在我国达到了鼎盛时期。

2007年，商务英语专业获得教育部批准设立。教育部本科专业新目录批准商务英语进入基本目录（专业代码050258）。2008年，上海对外贸易学院和广东外语外贸大学也经教育部批准设立了该专业。从2012年起，专业审批权调整为省级教育厅审批、教育部备案。商务英语已成为成熟稳定、就业前景好、社会认可度高的专业。在研究生层次，国内部分高校从20世纪80年代初开始招收商务英语方向硕士生，已培养出近万名研究生，成为近年来最热门专业，每年报考过千人。从2012年起，商务英语的博士点开始试点招生。商务英语已形成了专科、本科、硕士、博士、在职培训一条龙的人才培养体系和模式。

随着社会对商务英语人才的需求与日俱增，各种培训班比比皆是，各种商务英语证书考试名目繁多，其中影响较大的有商务部举办的全国外销员考试、国家人事部和商务部联合举办的全国商务师资格证书考试、教育部和英国剑桥大学联合举办的剑桥商务英语证书考试。在商务英语教学蓬勃发展的同时，商务英语的学科体系也在逐步形成。

今天，作为专门用途英语的一个分支，商务英语在很多高校都被设置为一门专门的课程，目的是培养熟悉商务活动各方面专业知识、社交能力强、能够利用英语开展商务活动以及解决商务纠纷等的高级应用型和管理型人才。经过近些年来的教学实践，我国的商务英语课程覆盖了商务英语听力、口语、阅读、写作、翻译五项能力，内容涉及营销英语、外贸英语、会展英语等各个领域，教学体系初见雏形，教学成果日益提升，为我国商务英语的深入发展和商务英语人才的培养做出了巨大的贡献。

第二章　跨文化交际概述

跨文化交际作为一门学科，其历史是短暂的，但作为一种社会现象，它与人类的历史一样悠久。近年来，跨文化交际已成为我国外语教学界研究的一个热门课题。语言教师对其表现出的兴趣，反映了时代的变化和要求，也是经济全球化和国际交流合作及竞争日益激烈的必然结果。

第一节　跨文化交际的内涵

跨文化交际对于一些读者来说是一个新词，但实际上，我们经常在从事跨文化交际，只是我们不自觉而已。我国外交部部长与外国领导人谈判是在进行跨文化交际，进出口公司的工作人员与外国商人谈生意也是在进行跨文化交际，我们和外国旅游者、外国留学生、外国教师交往同样是在进行跨文化交际。即使不与外国人直接接触，我们也仍然可能在从事跨文化交际。例如，阅读外国小说，观看外国电影、电视节目的过程也是一种跨文化交际。我们作为读者和观众与小说的作者、电影电视的导演和演员具有不同的文化背景，因此，理解外国小说、电影电视是一个复杂的跨文化交际的过程。如果给跨文化交际下定义，可以说具有不同文化背景的人从事交际的过程就是跨文化交际。

在中华民族形成的过程中，不同民族相互接触和融合，这其中充满了丰富的跨文化交际的内容。始于公元前 2 世纪的丝绸之路使我国古代人民通过商业往来与中亚、西亚、非洲、欧洲的人民进行交流，这是我国早期在国际范围内的跨文化交际的一个突出例证。印度佛教的传入，唐朝鉴真高僧的东渡，明朝郑和下西洋，19 世纪中叶以后帝国主义列强的侵入以及历经数百年的西学东渐等都包括了十分复杂的跨文化交际的过程。由此可见，跨文化交际是自古以来就存在的现象。在我国如此，在其他国家也是一样。

跨文化交际之所以在今天日益引起人们的注意，主要是由于交通工具的进步与通信手段的发展使得不同国家、不同种族、不同民族的人能够频繁地接触和交往。20世纪初需要几个月才能从我国的上海到达美国的洛杉矶，而今天却只需要十几个小时；电话的普及使得人们的沟通更加便利；卫星转播电视节目使得全世界的人们可以同时观看世界杯足球赛；20世纪90年代迅速发展起来的因特网更把全世界的人们通过计算机网络联系起来；人口的大规模流动和人们交往的频繁都是以往任何时代所不可比拟的。这一切使得跨文化交际成为我们这个时代的一个突出特征。哈姆斯（L.S. Harms）认为，世界范围内的交际经历了五个阶段：语言的产生；文字的使用；印刷技术的发明；近百年交通工具的进步和通信手段的迅速发展；跨文化交际。哈姆斯认为，近二十年来的交际是以跨文化为特征的。这是人类交际的第五个阶段。在他看来，跨文化交际的重要性与语言的产生可以相提并论。

一、跨文化交际的概念

跨文化交际是一种普遍且长期存在的现象。“跨文化交际”的英文是intercultural communication或cross-cultural communication，其概念是这样界定的：在特定的交际情景中，具有不同文化背景的交际者使用同一种语言（母语或目的语）进行的口语交际。这一概念包含以下几个要点。

（一）交际的双方需要使用同一种语言

这一点显而易见，如果双方使用不同的语言，交际是无法进行的。交际双方的文化背景不同，并且需要使用同一种语言，那么用来交际的语言对于其中一方来说是母语，对于另外一方来说就是习得的“目的语”。例如，一个中国人和一个英国人交谈，他们既可以使用英语，也可以使用汉语，这样就是用同一种语言进行交际，而不是借助翻译。

（二）跨文化交际需要双方处于不同的文化背景

所谓文化背景的差异，既指不同文化圈之间的差异，也指同一文化圈内部亚文化之间的差异。在此主要指不同文化圈之间的差异，尤其是中国和西方国家的文化差异。因为从跨文化交际的实际情形来看，由于文化背景的差异导致交际失误，甚至引起冲突的主要是中国和西方国家的人际交往。而中国同亚洲其他国家的人际交往，相比较而言比较顺利，因为都属于东方文化圈，他们在文化取向和交际规范方面大部分都是相通的。

（三）跨文化交际的途径多样

跨文化交际的途径是多种多样的。可以是现场的双向交际，也可以是通过电视、广播、广告等媒介的单向交际；可以是口语交际，也可以是函电、公文等书面交际；可以是语言符号或非语言符号的交际，也可以是画报、影像、实物、商品等其他物化形式符号的交际。

二、跨文化交际的学科背景

跨文化交际既是一门新兴的学科，又是一门综合性学科，其学科背景主要涉及社会语言学、文化语言学和言语交际学。其中社会语言学凸显“社会”的侧面，文化语言学凸显“文化”的侧面，而言语交际学则凸显“交际”的侧面，这三个不同的侧面都围绕语言符号与非语言符号的“语用”这个核心，在这个核心的基础上建立起了这么一门综合性的语言学科。

（一）社会语言学

社会语言学是研究语言与社会关系的一门新兴学科。它从不同的社会科学角度，如人类学、社会学、民族学、历史学、心理学、地理学等来考查语言，进而研究在不同的社会条件下产生的语言变异。其中，“不同的社会条件”是一种变素，而“语言变异”也是一种变素，因此我们可以把社会语言学看成是研究社会与语言共变的一门学科。具体可从社会与语言两个方面来论述。

1. 社会方面

一般而言，社会就是以共同的物质生产活动为基础而相互联系的人类生活共同体，是人们交互作用的产物。单从社会语言学的关注点来看，可以把社会定义为“任何为某种或多种特定的目的而结合在一起的人的群体”。因为在讨论社会语言学时必须考虑到多种多样的社会、多种多样的社会集团，所以对社会语言学家来说，社会的群体性和集团性是他们关注的要点。

2. 语言方面

语言是在特定的交际环境中历史地形成的，它既起源于物种的个体发生，也起源于全人类的进化和每个人的生命史，还起源于社会交际行为。语言是一个特定社会的成员所说的话，每一个社会集团都生活在多少不同于其他社会集团的社会中，这些差别既反映在社会的文化组成成分中，也反映在它们的语言系统中。有时候，在一个社会中人们使用不止一种语言，这便是一个多语言的社会，而几乎所有人都会毫不例外地随着环境的变化而调整自己的语言。

总而言之，语言和社会不是各自独立的，它们之间存在着错综复杂的辩证关系。跨文化交际研究中关于社会关系的阐述和社会角色与言语行为的关系的阐述，很多都来自社会语言学的研究成果。不过社会语言学的研究通常侧重某种特定社会形态和某种特定语言之间的关系，而不关注跨社会、跨语言的研究，这个领域正是跨文化交际研究的领地。

（二）文化语言学

文化语言学从文化学角度出发，把语言看作民族文化的模式和构成民族文化的符号系统，旨在揭示隐藏在语言结构、语言形式、语言运用和语言变化背后的文化内涵。语言与文化的关系就是文化语言学的研究对象，也是文化语言学研究始终关注的焦点。具体可从文化与语言两个方面来论述。

1. 文化方面

文化属于意识形态的范畴，人们的文化活动是一个世代相传、连续不断的过程。根据时间的不同，文化可以分为历史文化和现时文化。历史文化是人们往昔文化活动的轨迹，现时文化是人们今日所从事文化活动的状态。二者之间具有密不可分的联系。历史文化是现时文化的渊源，任何民族中文化的发展和变异都不可能摆脱历史文化的影响。现时文化又是全部历史文化在当今时代的投影。而在古今各个文化阶段中连绵不断、一脉相承的部分，就构成了这一民族的文化传统。

2. 语言方面

语言是人类心智活动的成果。它既是一种精神产品，又是民族文化的表现形式之一。语言不仅具有历史的连续性和继承性的一面，还有变化发展的一面，这种变化发展的结果形成了古今语言间的明显差异。

总之，文化语言学不仅要探讨现代语言和现时文化的关系，还要探讨古代语言和历史文化的关系；不仅要研究现代语言和历史文化的关系，也要研究语言变化同文化变化的关系。跨文化交际研究中关于民族文化的阐述和文化与语言的关系的阐述，很多都来自文化语言学的研究成果。不过文化语言学的研究通常侧重某种特定民族文化和某种特定语言之间的关系，而不关注跨文化、跨语言的研究，而这个领域正是跨文化交际研究的领地。

（三）言语交际学

言语交际学是研究言语交际现象及其规律的学科，是一门语言学分支学科。言语交际学的出发点和落脚点都是语言的使用，它研究语言用于交际的动态形式，揭示其语用规律。人们用来互通信息、交流思想的语言，是人类社会所独有的一种特殊社会现象，其特殊性就在于它是专门用来交际的。“语言是人类最重要的交际工具”这个定义就是着眼于语言的社会本质，从交际功能的角度做出的科学概括。语言的生命力和存在价值就在于交际；离开了人们的社会交际，语言既不可能产生，也不可能存在和发展。

语言的社会实践，就体现于言语交际活动中；语言的交际功能，实际上是一种社会功能。这是它的基本功能，其他功能都是由此而派生出来的。言语交际学正是抓住语言这一社会现象的特殊性，从交际的角度来研究语言，而不是把语言以外的其他社会因素列为研究对象。这是作为语言学分支学科的言语交际学和作为社会学分支学科的各种交际学在学科性质上的分水岭。

三、跨文化交际与同文化交际的区别

跨文化交际与同文化交际的区别主要表现在文化背景不同。

（1）同文化交际是具有相同文化背景的人之间的交际，包括同种族、同民族、同语言文化群体的交际，是具有相同文化背景和文化习俗的人在共同的交际规则指导下进行的交际。同文化交际基本上不存在文化差异和文化冲突问题。

（2）跨文化交际指的是来自不同文化背景的人之间的交际，解决的是跨文化语境中的问题，需要处理的主要是交际与文化之间的关系。

①跨文化交际的一个突出特点是，文化不同，即交际者的语言、社会、历史、生活环境、风俗习惯等各方面都存在差异。在中美文化中，中国人喜好相互关切，美国人却讲求维护独立自主；中国人观察和分析事物习惯于从大到小，美国人却习惯于从小到大；中国人讲求自谦尊人，美国人却主张平等互尊，甚至自我显示……

②跨文化交际是在观念和语言系统不同的人群之间进行的交际，文化差异会导致交际信息的失落、误解，甚至产生文化冲突。尤其是此有彼无和此无彼有的信息就更容易失落，例如，“平时不烧香，临时抱佛脚”，对于那些不了解佛教对汉语言和中国文化的深刻而又广泛影响的人来说，就无法理解其“平时不烧香拜佛，需要时才去求佛保佑或搭救”这一喻义。即使将其直译成英语“To offer no incense to Buddha when things go well and beseech his help only when in need”，外国人也难以理解为什么其喻义为“seek help from persons with whom one does not ordinarily maintain contact，or do nothing until the last minute”。

③在跨文化交际中，交际规则、思维方式和价值观念不同也容易产生文化误解，甚至文化冲突。例如，汉语“您真是老当益壮，老骥伏枥呀”这句话比喻有志的人虽已年老，但仍有雄心壮志，在中国文化中是表示尊老敬老的恭维话，按《汉英双语现代汉语词典》（修订本）和《汉英词典》的翻译，英语为“You are old，but nonetheless vigorous and active. So you are really an aged hero who still cherishes high aspirations.”但西方国家的老人如果听到这样的话只会产生强烈反感并做出愤怒的反应，因为在西方文化中忌讳说别人“老”。

在跨文化交际中，不仅要注意语言行为和非语言行为的正确性，还要注意语言行为和非语言行为的得体性。跨文化交际理论研究和跨文化交际过程中需要解决的就是排除文化误解和文化冲突所造成的干扰，保证跨文化交际的有效进行。

第二节　跨文化交际的发展历程

一、跨文化交际学在美国的发展历程

跨文化交际学在英语中是 Intercultural Communication，早期也称作 Cross-cultural Communication。有的学者对两个术语进行区分，他们认为前者强调过程，后者强调文化比较，但是大部分学者不做这种区分。目前使用前者的已占绝大多数。

跨文化交际学首先在美国兴起是合乎逻辑的。美国是一个移民国家，除了印第安人以外，其他人都是先后来自其他国家和地区，其中包括来自欧洲、非洲、亚洲、拉丁美洲、大洋洲各国的移民。他们具有各自的文化传统和风俗习惯，在相互交际中难免产生问题，因此，跨文化交际理所当然地引起了学者的注意。在 20 世纪 60 年代，美国少数民族争取自己权力与地位的斗争风起云涌，民族意识日益增强，各少数民族都强调维护自己的文化，于是逐渐在美国社会形成了多元文化的格局。在学校、政府部门、企业、民众团体中如何处理不同文化习俗和价值观念成为不容忽视的问题。而且，美国与各国交往频繁，每年都有大批政府官员、商人、技术人员、学者奔赴世界各地，与当地人有着各种不同的接触，而美国每年又接待来自世界各国的数以十万计的留学生、数以百万计的移民和数以千万计的旅游者。与大批留学生、移民和游客的沟通也是跨文化交际中的一个重要课题。

许多学者把霍尔（Edward Hall）在 1959 年出版的《无声的语言》（*The Silent Language*）看作是跨文化交际学的奠基之作。霍尔是人类学家，对于文化与交际之间的关系一直予以关注。在《无声的语言》一书中，霍尔对于时间、空间与交际的关系做了深入的探讨，他认为不同文化背景的人们在使用时间、空间表达意义方面表现出明显的差异。在书中霍尔对于如何更科学、更细致地研究文化提出了一些设想。此后，他又发表了数部有关跨文化交际的著作。霍尔在跨文化交际学的领域内的研究成果对于其他学者的影响巨大。

在霍尔的《无声的语言》一书发表以后，陆续又有一些有关跨文化交际

的著作问世。例如,《文化与交际》(*Culture and Communication*),《交际与文化》(*Communication and Culture*)《人类交际心理》(*The Psychology of Human Communication*)等。与此同时,美国一些大学开始开设跨文化交际学课程。

就跨文化交际学在学术领域的发展来看,1970 年是具有重要意义的一年。在这一年,国际传播学会承认跨文化交际学是传播学的一个分支,并成立了跨文化交际学分会。言语传播学会将 1970 年年会的主题确定为"跨文化交际与跨国交际"。此后,各高校传播学系、教育系纷纷设立跨文化交际学方向的课程。

1972 年,第一届跨文化交际学国际会议在日本东京举行,出席人数超过两千,其中有人类学家、语言学家、心理学家、传播学家、社会学家以及商界、政界人物。1974 年,跨文化教育训练与研究学会在美国马里兰州召开首届会议,正式宣布成立。这是跨文化交际学方面最有影响的一个组织。目前这个学会已经发展成为国际性组织,在欧洲设立了分会,它的名称亦相应改为国际跨文化教育训练与研究学会。

在 20 世纪 70 年代,美国又陆续出版了一批有关跨文化交际学的书籍。到 20 世纪 70 年代中期,在美国已经有二百多所大学开设跨文化交际学的课程。在大学中,开设跨文化交际学课程的不限于传播学系,在心理学系、教育系、语言学系、社会学系、人类学系都有这方面的课程。

这里有一份材料报告了从 20 世纪 70 年代末到 80 年代初美国大学中跨文化交际学课程开设的情况。迈阿密大学的两位学者在 1983 年调查了 138 所大学的传播系的开课、教材、教师、作业、考试等方面的情况,写出了调查报告。他们的结论是:"最重要的发现是过去几年中这门课程在几个方面都有所发展。有学者曾经估计,1978 年有 200 所大学在开设这门课程。假如我们的样本具有代表性,美国大学中至少有 17.8% 开设一门跨文化交际学课程,那么,目前大约有 275 所大学在开设此课。这就是说,在过去的几年中,这门课程增长了 37.5%。被调查的大学还说明,在过去几年中,选修这门课的学生人数增加了。这一势头还将继续,因为 18.1% 的学校表示他们不久将开设跨文化交际学课程。不同的大学在不同的年级开设这门课程,但在三年级开设的最多,占 57.6%,大部分是选修课,占 80%。选修这门课的学生来自不同专业,包括传播学、言语交际、新闻学、教育学、工商管理、社会福利、医护等。教学方法按使用多寡排序,最多的是讲课,其次是小组讨论,以下是个例研究、客座演讲、电影、小组报告、角色扮演、实地调查、录像等。"

教学内容按重要程度排列如下：

（1）文化差异及其对于交际的影响；

（2）不同民族和不同文化之间的共同点和差异；

（3）跨文化接触及场合语言及文化，双语教育及翻译问题；

（4）特殊的文化模式及其对于跨文化交际的影响；

（5）非语言交际；

（6）内圈和外圈的形成以及民族中心主义；

（7）文化休克和文化适应；

（8）民族、种族和亚文化；

（9）主观文化理论；

（10）对不同种族、民族和国家的成见；

（11）融合理论。

有些学校在研究生课程中也开设了跨文化交际学课程。到 20 世纪 70 年代末，已达到六十多所大学。研究生课程的要求包括：

（1）使学生掌握一套统一的术语与定义；

（2）要求学生深入考察文化交际中遇到的某些特殊问题；

（3）使学生能与不同文化背景的人作广泛接触；

（4）使学生了解克服文化障碍应使用的方法；

（5）给予学生机会，使其能够就他所感兴趣的文化做调查、分析和报告。

关于跨文化交际学究竟应该包括什么内容，我们可以从有些学者的论述中得到启发。波特（Richard Porter）曾列出八个方面，即态度（包括世界观、价值观、民族中心主义、偏见、成见等）、社会组织、思维模式、角色规定、语言、空间的组织与利用、时间观念、非语言表达。几年后，波特和萨莫瓦尔（Samovar）在另一篇文章中归纳为三个方面，即观点（包括价值观、世界观和社会组织）、语言过程（包括语言及思维模式）和非语言过程（包括非语言行为、时间观念和对于空间的使用）。其基本内容并未改变，而变化无非是观察问题的角度的影响。心理学家阿盖尔（Michael Argyle）认为跨文化交际中主要的问题或困难有 6 个方面：①语言，包括礼貌用语；②非语言交际；③社会行为准则，包括赠送礼物等；④家庭和同事的关系；⑤做事的动力和动机；⑥思想观念，包括受政治影响产生的观念。阿盖尔在这里提到了波特和萨莫瓦尔所没有的提到的社会行为准则以及宗教观念。但从总的方面来看，对于跨文化交际学的内容人们的看法基本上是一致的。

与此同时，跨文化交际方面的培训和咨询也逐渐发展起来。例如，美国政府对于和平队员在派出前进行有计划的细致的训练，提高他们的文化敏感和文化适应能力，使他们能够在不同的文化环境中有效地工作。美国新闻总署对于富布赖特学者、教授也进行短期的跨文化交际培训。另外，民间的商业性跨文化交际咨询活动在近二十年以来也有了长足的进步。

二、跨文化交际学在欧洲的发展历程

跨文化交际学在欧洲发展得比较晚，而且具有不同的传统。总的说来，跨文化交际学与语言学的联系更密切。跨文化交际学被承认为一个独立的学科是比较近的事情。

国际跨文化教育训练与研究学会（SIETAR International）在欧洲的分支SIETAR Europe已经存在多年，开过多次会议。学会主席与总部采取轮换的方法：哪一个国家的人担任主席，总部就设在哪个国家。除此以外，还有另一个研究跨文化交际的组织在北欧活动，除了平时通过因特网在会员之间保持联系以外，也定期召开国际会议。

在英国开设跨文化交际学课程的大学比较少。据了解，只有莱斯特大学（University of Leicester）和卢顿大学（Luton University）正式开设这一课程。在莱斯特大学，开设此课采取多学科的方法，与美国一些大学的教法有类似之处。大学中开课少自然不是说英国学者对于跨文化交际方面的问题不予注意。英国人类学家马林诺斯基（Malinowski）的《文化论》以及其他许多著作对于文化的探讨对我们了解跨文化交际具有十分重大的意义。雷蒙德·威廉斯（Raymond Williams）的《关键词：有关社会与文化的词汇》（*Key Words: A Vocabulary of Culture and Society*）一书对于英语词汇中有文化内涵的一些词作了追本求源的研究。近年来不少学者在语用学研究中注意到文化因素，例如珍妮·托马斯（Jenny Thomas）对于这个课题研究较多，《跨文化语用失误》一文表达了她的基本观点。她把语用失误分为两种：语用语言失误（pragmalinguistic failure）与社交语用失误（sociopragmatic failure）。语用语言失误指学习者将本族语对某一词语或结构的语用意义套用到外语上造成的语用失误。社交语用失误指由于文化背景不同而犯的语用错误，牵涉到哪些话该讲，哪些话不该讲，人际关系的远近，人们的权利和义务，与人们的价值观念。在我国文化传统中，学生对于教师讲话一般需要用相当尊敬的口吻，但如果把这种讲话方式和内容照搬到英国教师身上就未必恰当。何自然指出："两类语用失误的区分不是绝对的，由于语境不同，双方各自的话语意图和对对方的话语的理解都可能不同，因而某一不合适的话语从一个角度看可能是语用语言方面的失误，但从另一个角度看，也可能是社交语用方面的失误。如果我们的售货员把汉语中的招呼顾客用语'您要点什么？'套到英语中，去招呼说英语的顾客：What do you want？他们就会感到这位中国售货员缺乏礼貌。这里既有语用语言方面的失误，也有社交语用的失误。”

三、跨文化交际学在我国的发展历程

跨文化交际学在我国的历史很短，大致上是从80代初期人们才开始注意这方面的问题。在初期，重点在于外语教学以及文化与语言的关系。许国璋先生于1982年在《现代外语》上率先发表有关语言与文化的论文 *Culturally-loaded Words and English Language Teaching*，着重讨论了词的文化内涵与翻译的关系。他提出讨论的词汇数量并不多，但是，重要的是他提出在不同的语言中表面上对等的词汇实际上在文化内涵上并不相等。在20世纪80年代学术刊物上讨论文化差异的文章为数不少。这一方面是由于人们对于跨文化交际很有兴趣，另一方面是因为交际教学方法在外语教学中的推广，使得人们认识到学习外语必须结合文化，只注意语言的形式，而不注意语言的内涵是学不好外语的。在专业的外语教学大纲中对于文化知识的教授做了规定。例如，《高等学校德语专业基础阶段教学大纲》中有这样一段话：“学习外语不仅是掌握语言的过程，也是接触和认识另一种社会文化的过程。因此，要有意识地结合语言教学向学生传授所学语言国家社会文化等国情知识，同时增强学生对两种文化差异的敏感性，使他们逐步具备文化比较能力，以便提高文化素质，得体地进行语言交际。”

第三节　影响跨文化交际的因素

在现实生活中，人们的言谈举止都自觉或不自觉地遵守着各自社会的风俗习惯，都反映着本社会群体的价值观。文化不同，人们在价值观、思维方式、生活形态以及社会规范等方面的表现就不同。处在不同文化背景下的人，在交际时往往会产生心理上的距离。从而引发交际失误、人际冲突甚至文化碰撞。因此，在跨文化交际的研究中，文化因素的探讨已成为最重要的内容之一。

从跨文化交际的现实反映中我们可以发现，影响跨文化交际的因素集中体现在三个方面：一是文化特质外化表现的民族性格；二是文化特质深层结构的价值观念；三是形成文化特质历史缘由的自然环境。

一、民族性格

民族性格以价值观念为基础，是文化特质的外化表现，是了解一个民族

的文化和行为的重要方面。民族性格又是可感知的行为特征，对交际行为有着直接的支配作用。那么，何谓民族性格呢？简而言之，民族性格是一种总体的价值取向，指一个民族在对人、对事的态度和行为方式上所表现出来的心理特点。民族性格的根由来自态度取向。

（一）态度取向

所谓态度，是指对人、对事的一种心理倾向，它决定着人们积极肯定或消极否定地对待某一个人、某一件事或某一种行为。

1. 态度的构成

根据社会心理学家的实践与研究，态度由三种成分构成：认知、情感和意动。如果我们的一种心理倾向在一定程度上具备了这三种成分，即形成了态度。

（1）认知成分是指人或物被感知到的方式，是个体对人或物的信念或真实知识。换句话说，认知成分是人们在大脑中形成的一种心理映象，即对某种对象所持的思想、信念及知识。例如，很多人的一贯想法是，美国人慷慨，中国人好客，犹太人富有，德国人严谨，很明显这是一种思维定式。

（2）情感成分包括一个人对某些人或物的评价、爱好和情绪反应，是带有主观爱好的情绪表现。情感具有执着的特点，故一般来说相当稳定。在日常生活和交际的过程中，情感成分往往比认知成分更重要。有时交际双方信息或共识可能类似，然而在情绪上却会表现出对立的态度。

（3）意动成分指人们对某种对象的行为意向，包括指向人或物的外显行为。意动成分往往受到认知和情感成分的影响。例如，一个人如果有民族中心主义倾向，往往会歧视其他种族的人，他会产生某种偏见且具有排斥群体外成员的意向。

一般而言，很多心理学家研究态度的重点都集中在人们对待其他文化群体所持的态度这一个大范围内，由此引导人们与不同文化群体的人们进行有效的跨文化交际。

2. 态度的功能

人们自己选择对人或事的态度，这完全是心理需求的结果，也就是说人的态度服务于心理功能。一些专家学者认为态度的功能有以下四种。

（1）价值表现。人们用态度来表示自尊，并肯定自我形象。

（2）自我防御。人们通过某种态度来保护他们的自身利益和自我形象。

（3）客体认知。人们持有某种态度来证明他们拥有支配世界的知识。

（4）功利实现。人们持有某种态度是因为可以得到某种利益。

（二）性格特征

民族性格的差异显而易见。虽然我们可以感知民族性格，但想要理性、准确地概括民族性格却不是一件容易的事。不过总体来看，人们对民族性格的某些特征的看法还是比较一致的。

1. 中西方民族性格特征的区别

我们以中国和美国为例说明。学者对中国和美国的民族性格的分析研究很多，然而看法并不完全一致。

（1）中国的民族性格注重人与自然的和谐、人与人之间的和谐，体现了以人为核心的人文特质，体现了中华民族的精神。其突出表现有：聪慧灵巧，机动权变；情感本位，和平宽厚；中庸恭谦，内敛含蓄；勤俭耐劳，安贫乐道；崇拜权威，家庭至上；具象思维，整体把握。

（2）西方人偏重于追求世界的本体，关注的是怎样认识自然或客观世界，而不是怎样为人处世。其突出表现有：不拘礼节，坦率真诚；相互独立，尊重隐私；讲究效率，勇于创新；自我奋斗，不信天命；自由、平等、民主；好动、善变、求异。

总而言之，中国的民族性格是入世的，而西方的民族性格是创世的。李大钊曾经指出，“东西方文明有根本不同之点，即东洋文明主静，西方文明主动是也。一为自然的，一为人为的；一为安息的，一为战争的；一为消极的，一为积极的；一为依赖的，一为独立的；一为苟安的，一为实进的；一为因袭的，一为创造的；一为保守的，一为进步的；一为直觉的，一为理智的；一为空想的，一为体验的；一为艺术的，一为科学的；一为精神的，一为物质的；一为灵的，一为肉的；一为向天的，一为立地的；一为自然支配人间，一为人间征服自然。”他对东西方民族性格的对比分析，对我们研究和比较东西方文化来说是非常有价值的。

2. 中国民族性格的改变

在改革开放新形势的冲击下，中国的很多旧观念开始受到挑战，中国人的民族性格也开始发生变化，主要体现在以下几个方面。

（1）一些不合时宜的传统观念，如“中庸之道”“安分守己”“知足常乐”等已经被抛弃，很多新观念如“勇于创新”“开拓进取”“公平竞争”等逐渐形成。

（2）中国人开始摆脱绝对化的以群体取向为上的道德束缚，人们开始要求把道德的社会功能从主要是调节人际关系转化为主要保证个人得以自我发展和自我完善上来。

（3）社会期望由“无为”和“依赖”开始转化为“有为”和“自主”，人们的主观能动性得到激发，变得更加自信、自强、自重、自立。

（4）在平等观念上，“结果均等”的传统追求被“机会均等”的要求所代替。此外，对个人生活方式的过多关注和广泛干涉开始遭到人们本能的抵制。

总之，在改革开放的大潮中，我国的传统观念在不同程度上受到了挑战。然而，文化的底层具有相当的稳定性，一些传统的价值观念，如社会和谐、尊重权威、崇尚关系、道德至上、相信命运等仍然在起作用。所以，不管变化有多大，传统观念的影响依然是不可忽视的。

二、价值观念

在跨文化交际的研究中，价值观是一个至关重要的问题。因为价值观是文化的基石，不理解价值观的差异就不能理解不同文化之间的根本差异。价值观虽然看不见，摸不着，但它却无处不在，对人类的活动起着规定性或指令性的作用，影响着人们的推理模式、评价依据、认知准绳、处世哲学、行为规则、思维方式、道德标准。人们在不知不觉中通过交际习得这套价值系统，而这套价值系统则变成了人们的集体无意识，变成了人们的信仰、心态、行为、生活等诸方面的可评价系统，变成了人们民族性格的基石。

国外学者对于价值观进行了富有启发性的探讨，如下面一些专家的见解。

萨莫瓦尔和波特：价值观通常是规定性的，它告诫人们什么是正确的和错误的，什么是好的和坏的，什么是真实的和虚假的，什么是正面的和反面的等。具体到文化价值观，它主要确定什么是值得为之献身的，什么是值得保护的，什么会使人害怕，什么是应该耻笑的、什么是应该学习的，什么样的事件会使人团结起来。文化价值观最重要的作用是指导人们的看法和行为。

克拉克洪：价值观是个人或群体所特有的一种显性或隐性的认为什么是可取的观念，这一观念影响人们从现有的种种行动模式、方式和目的中做出选择。

上述两种对价值观的诠释虽然繁简不同，但却说明了一个道理，即每一种文化都有其独特的一套系统，价值观是它的核心。

（一）性善论与性恶论

人性是人区别于动物的根本属性，然而人性有善恶之分，于是对于人性本质属性的假设，就成为重要的价值取向范畴。

1. 东方文化的性善说

中国传统的人性论是性善为本，认为人天生是善的，即“人之初，性本善”。这种人性论源于孔子的思想，他认为“人者，仁也”“仁者爱人”“为仁由己”。孟子发展了孔子“性本善”这一说法，注重发扬人的“恻隐之心”“羞恶之心”“辞让之心”“是非之心”等与生俱来的善性。这构成了中国文化中的人性论。“性本善”直接影响人们的为人处世，如传统的儒家文化强调人们要从善性出发，并固守其善性，提倡“安于现状”“安分守己”“知足常乐”。

此外，中国人习惯于柔软宽容，相互依赖，省身慎独，好静顺从，这与中国人“求稳”“求静”的心态是一脉相承的。从这个意义上讲，中国人特别强调“做人”，凡为人要做“好丈夫、好妻子”“好朋友、好邻居”“好父亲、好母亲”“好孩子、好学生”“好上司、好下属”，这是社会的期待。改革开放以后，出现了一批事业有成的企业家，他们人生经历中最深的体会几乎是一致的——在中国，“做人”重于“做生意”。也就是说只有“做人”成功，事业才会成功；“做人”失败，则满盘皆输。这就是中国文化的真实写照。

2. 西方文化的原罪说

西方的人性论与中国的“性本善”人性论相反。西方人性论是“人之初，性本恶”，这就是西方学者所谓的“原罪说”。按《圣经》的说法，上帝创造了人类，即亚当与夏娃，但他们偷吃了禁果，犯了原罪，然后堕落到万恶的现世来受苦受难。西方文化受基督教影响并且以“原罪”为起点，人们认为自己在上帝面前是有罪的，为改变“原罪”，人们不断忏悔，设法改变“罪”的本性，努力超越现世，从而到达彼岸。很多西方学者把西方文化称之为“罪感文化”，这个概念就来源于“原罪说”。

西方人普遍信奉宗教，并以此作为为人处世的信条，作为自我约束的手段。他们用这种方式取代“柔性”的社会道德层面的约束，也许更加有效。由此就造成西方人“求变”“求动”的心态，只有这样人才会改变，才会有希望。

（二）求稳与求变

天下万事万物总是处在两种状态中，那就是“稳定”与“变化”。中西方价值观念的不同，在求稳与求变上也深有体现。群体主义取向决定了“求稳”的选择，因为群体与个体相比，“变”因受到限制，不会轻易变。

1. 中国文化的求稳

在中国传统社会中，中国人习惯于在一派和平景象中“相安无事”“知足常乐”，这是受到儒家中庸哲学思想的影响。人们接受了这种“稳定”观念，相信“万变不离其宗”，善于“以不变应万变”。中国人主张“顺其自然”，奉行“安分守己”，向往“安居乐业”。国家必须稳定，家庭必须和睦，“求稳”的观念深深扎根于中国人的心中。中国社会就是在“求稳”的观念下促成了历史的进步。

中国人尚“静”，因为“静是事物的根”。但是“变”与“不变”是相对而言的，或者说“求稳”只是一种心态。与此相呼应的是道家主张的“无为而有为”，其中“有为”意味着矛盾、冲突，会破坏人间和谐；“无为”才能防止对立，避免矛盾产生。事实上，社会是不可能不变的，关键看为什么变、如何变。中国几千年的封建社会不断改朝换代，变化很多。然而在“祖宗之法不可变”的精神支配下，这种变化本质上是“一治一乱”的天道循环，基本的社会制度和格局并没有变化，更没有创新。“统一和稳定”始终是每一个朝代的头等大事，是社会发展的根本保证。一切发展之大前提是家庭、家族、社会的稳定，没有稳定就没有统一。越稳定、越统一，社会才越能进步。不然就会“天下无道，礼乐崩坏”“制度不兴”。不能不承认，中国几千年来正是在“稳定”中求生存、求发展、求进步的，这就是中华民族的文化得以延续并保存其完整性的历史原因。

2. 西方文化的求变

与中国文化形成对照的是以美国为代表的西方文化。崇尚个人主义取向的美国人更倾向于“求变”。在美国人的心目中，核心思想是“无物不变”，而且变化永不停止。“求变”表现为不断打破常规、不断创新的精神。

（1）美国人的“求变”具体表现为他们喜欢独辟蹊径，热衷于冒险探索。变好也罢，变坏也罢，他们历来“变化多端”。他们敢于“万里关山从头越”，通过奋斗改变自己的命运，始终坚信能走出一条属于自己的路。他们不满足于已取得的成就，不执着于传统的秩序，不甘受制于家庭、经济、教育乃至个人能力的条件。对美闻人来讲，“变化”“改善”“进步”“发展”与“未来”几乎都是同义词，没有变化就没有进步，没有创新就没有成就，没有发展就没有未来。美国社会充满了一种打破常规、不断创新的精神。

（2）美国人的“求变”集体表现在他们不同形态的变动，他们的求学计划、事业追求、职业选择、社会地位、居住地域都在频繁地变动。翻开美国的历史，就会发现其中充满了人们冲破传统的轨迹、标新立异的成功。正是这种“求变”的价值取向，使美国人永远处于闯新路、创造新生活的气氛之中。举世闻名的“西部大开发”激发了人口大流动，留下了很多个人奋斗、创业有成的奇迹。这种在社会意义上的“挪动”，为美国人带来了更多的业绩、财富，带来了更多的休闲、享受，也带来了更多的机会、运气。他们真正相信“事在人为”“有志者事竟成"。

（三）群体取向与个人取向

1. 中国社会的群体取向

中国社会崇尚群体取向。所谓群体取向，就是提倡凡事以家庭、社会和国家利益为重，个人利益在必要时可以忽略，可以牺牲。在处理个人与集体或环境的关系方面，人们被要求做到"循规蹈矩，安分守己"，与集体或领导保持一致，甘当"一颗小小的螺丝钉"。人们习惯于忍让，力求个人身心与整个环境相适应；人们习惯于避免"锋芒毕露"，因为"树大招风，枪打出头鸟"。群体取向的延伸表现为他人取向，中国人的所作所为较多地考虑别人怎么看、怎么说，力求使自己的言行举止符合群体的意志，正所谓"人言可畏"。因此求大同、随大流，避免"另类"行为，成了中国人为人处世的信条，这使中国人主张"审时度势""因势利导""以和为贵"。在当今中国社会，尽管传统的群体意识已远远超过了它原有的意义，但人们对集体或群体仍有很强的归属感。据喻国明等学者所做的全国性调查显示，有61.3%的被访者表示"我们对集体荣誉看得很重"。

群体取向的影响既有积极的一面，也有消极的一面。

（1）积极方面。中国人谦虚谨慎，相互依赖，共同合作，提倡集体主义，强调爱国主义；为了集体和国家利益，不惜牺牲个人的利益乃至生命；成功之时，把功劳归于集体力量和他人帮助。

（2）消极方面。过于强烈的群体主义取向使人们缺乏个人进取精神，缺乏个人竞争意识，从而导致中国在自主创新方面非常薄弱。进入新时期以来，我们始终强调树立创新意识，是很有针对性的。

2. 西方社会的个人取向

与中国文化相反，西方社会崇拜个人主义。西方的哲学家认为，社会制度产生于社会秩序建立之前的为个人利益而行动的个体之间的交往之中，这一个人本位的观点对早期美国社会发展影响很大。有的学者认为西方的个人主义取向源于15世纪的文艺复兴时期，而个人主义这一重要观念充分体现在以17世纪英国哲学家洛克（Locke）为代表的西方哲学传统之中。根据洛克的观点，"生物的个体是自然的基本单位"。曾任英国首相的丘吉尔（Churchill）把西方的个人主义描写为，"我们从我们的父母那里得到的只是我们的名字而已，不是财产。我们必须寻找机会。我之特殊不是继承来的，而是我通过拼搏取得的"。富兰克林（Franklin）把个人主义精神在其著作中具体化，明确指出"上帝帮助自助者"。

美国人相信“世界上没有两片树叶是完全一样的”，总是认为“你是最棒的”。因此每一个个体都被当作一个完全不同于其他人的独特的个体，他的思维方式、行为都与别人不同。他们拒绝被人们称为某一群体的代表，他们是自主、独立的实体，是一部小机器、一个小宇宙。他们完全不依赖别人而存在，无端地接受别人的帮助被认为是无能，靠父母生活被认为是一种耻辱。

正因为西方人崇尚个人主义，他们才各论其理、各行其是、各展其才、各得其志。这也是美国人强调外在的、个人的、权力的、功利的东西并且崇尚竞争的缘故。需要指出的是，美国人的个人主义取向并不意味着个人利益高于一切，可以为所欲为，不顾他人。他们崇尚个性解放、提倡自我奋斗，是在法律、法规约束之中的，因而在总体上是积极的、健康的。

三、自然环境

（一）地理环境

地理环境包括一个民族所处的地理位置和气候条件。多数人类学家、社会学家都认为一个民族的地理环境对民族文化的形成起着决定性的作用，在经济不发达的古代社会尤其如此。文化和环境的关系，主要表现为地理环境在很大程度上决定了人们的生存方式、生产方式，进而决定人们的行为模式和社会规范。

孔子说：“知者乐水，仁者乐山；知者动，仁者静；知者乐，仁者寿。”（《论语》）程颐在其《经谈》中又进一步阐述了孔子“知者乐水，仁者乐山”的思想，他指出，“乐者好也。知者乐于运动，若水通流；仁者乐于安定，如山之定也。知者得其乐，仁者安其常也”。儒家思想崇尚“静”，讲究“定”，在孔子看来“仁者”高于“知者”。冯友兰先生在读了孔子的这段话后，悟出了这样的道理：完全不同的地理位置和气候条件塑造出完全不同的文化特质，一是农业文化（或大陆文化），二是商业文化（或海洋文化），两种不同文化又塑造出两种完全不同的民族性格。

1. 亚洲大陆文化的特征

亚洲大陆的传统文化特征表现在：经济小农化，国家家庭化，社会等级化，礼仪规范化。一般认为，造成中华民族的传统价值观念、民族性格的原因大致有两个方面。

（1）地理环境的封闭。中国处于亚洲大陆，东边是汪洋大海，在古代没有发达的航海设施和技巧，因而阻隔了海上交通；南边在古代是尚未开发的不毛之地，瘴气弥漫难以穿越；西边是高耸的喜马拉雅山脉，想要穿越比登天还难；北边被秦始皇修了一道万里长城，筑起了人为的屏障。由此可以看出，中华民族的自然环境在古代是封闭的，历代的人们就生活在这样一个“包围圈”里，可以说与世隔绝。

（2）农业生产的有利条件。中国幅员辽阔，属温带气候，且最早的文化发祥地——黄河流域，尤其适合农耕。由此决定了中华民族以农业为主的经济形态。中国古代“重本轻末”的观念根深蒂固，“本”指农业，“末”指商业，因此中国人靠土地为生，尚农轻商。

2. 欧洲岛国文化的特征

西方的文化、民族性格、与其相适应的价值观念及制约人们行为的社会规范，这一切的诞生与海洋有着密不可分的联系。

（1）欧洲多数国家是岛国，如希腊，四面环海，陆地面积非常小，为了生存，他们唯一的选择就是去征服大海和发现新大陆，来拓展自己的生存空间。

（2）男人出海探险，老弱妇孺留在故土，家庭模式于是被瓦解。

（3）海浪凶险，出海者必须同舟共济才能渡过难关。他们在相互的交往中逐渐结成了平等的契约式关系。这就是在海洋国家中航海业最早发展并且形成商业经济的原因。

（4）长期生活在海上，西方人形成了好“动”的取向，求变、好奇逐渐成为海洋文化的特点。

（5）商人集居城里，发展了与其相适应的社会组织，建立了较为民主、平等的契约社会。

总之，西方价值观念的形成离不开他们生活的海洋环境。德国哲学家黑格尔（Hegel）曾对海洋发出过由衷的赞叹：“大海给了我们茫茫无定、浩浩无际和渺渺无限的观念；人类在大海的无限里感到他自己的无限时，他们就被激起了勇气，要去超越那有限的一切。大海激励人类从事征服、从事掠夺，但同时也鼓励人类追求利润，从事商业活动。……他便是这样从一片稳定的陆地上，移到不稳定的海面上，带着他那人造的地盘‘船’——这个海上的天鹅，它以敏捷巧妙的动作，破浪而前，凌波以行。”

（二）建筑风格

一个民族的建筑风格会受到它自身文化的影响，同时又反过来对人们的生活方式和民族性格产生着影响。西方的一位哲人曾经这样说过，“我们塑造了建筑物，建筑物也塑造了我们”。

1. 建筑风格与空间界限

中国地理环境的封闭性导致了中国的建筑风格也是封闭的。中国的建筑以筑墙闻名于世，“墙”在中国随处可见，如长城、紫禁城、四合院的砖墙、村落的土墙以至田间的竹篱笆墙。在中国的传统文化中，没有围墙就不能称为“国”，没有围墙就不能称为“家园、公园、校园”。曾经有学者对我国工业和教育两个系统的围墙长度做过推算，总计长度高达100多万千米，大约是长城的150倍。如此多的围墙，可以想象，在墙篱中生活的人在心理上肯定也会受到一定程度的影响。

西方的建筑与中国相比较而言，他们更享受的是空间带来的舒适度，他们对空间具有极端的崇尚和高度的敏感。在美国，无论大城市还是小城市，工厂、企业、学校以及家庭建筑，都以空间相互隔离开来，而乡村中农户之间的距离则更加漫无边际。美国人喜欢用大小不等的空间来调节群体和家宅。如果你到一所美国的大学参观，会很难区分学校的范围和大小，因为其起点和终点难以辨认，学校与其他建筑的分界线似乎不存在，这也可体现出西方建筑崇尚空间的显著特点。

2. 建筑风格与文化内涵

有人说，“我们创造了环境，环境反过来又塑造了我们”。的确如此，人们建造了建筑，而建筑风格则体现了更丰富的文化内涵。完全不同的城市建筑，体现了完全不同的生活方式；完全不同的民族个性，则体现了完全不同的思维方式和完全不同的交际风格。这里以北京和纽约这两个代表中西方文化的大都市为例来具体说明。

（1）代表中国文化的北京城的建筑以高墙深院的四合院结构为特点，传统的北京民宅里巷有着庄严肃穆之感。四合院是有等级的，是家长制的，偏正分明，主次有别。每个四合院都好比历史隧道，代表着传统文化。当你走在两面高墙之下的巷道，会有压力之感，因为巷道是有权力的。北京建筑本身就是文化，就是凝固的历史和传统。北京城是“静”的城市，崇尚精神，与自然和谐。由此也可看出，北京的生活节奏是慢悠悠的，安详宁静，充满了人情味；北京的人际交往是迂回的、含蓄的、模棱两可的。

（2）在代表西方文化的美国大都市纽约，林立的高楼大厦是平等的、独立的，你我分明。纽约是“动”的城市，崇尚物质，与自然竞争。由此可以看出，纽约的生活节奏是快速的，充满了竞争和铤而走险。纽约人的人际交往是直截了当的、坦诚直率的、赤裸裸的。

第三章　跨文化交际与商务英语

作为专门用途英语的商务英语以英语语言为媒介，为国际商务活动提供服务，目的是培养学生在实际商务环境中成功运用英语进行交际的能力，即正确理解、处理及回答各种商务工作中的问题，并自如地运用英语与不同文化背景下的人们进行商务交流。在实际教学过程中，商务英语教师应运用多种教学策略，将文化意识的培养与商务英语教学相结合，提高学生的跨文化交际能力。语言能力与交际能力是相互补充、相互辅助的关系，语言能力是交际能力的基础，交际能力是语言能力的发展应用。具备较强的语言能力而缺少跨文化知识，将无法满足商务环境的需求，也将带来各种不同的误解和矛盾，甚至造成无法挽回的经济损失。跨文化交际能力对于成功地进行国际商务活动显得尤为重要。

第一节　商务英语与跨文化交际的关系

一、商务活动概述

（一）商务活动的定义

商务活动是个人或企业为获取一定的经济利益而从事的一系列的管理、营销和财务等方面的经济活动。商务活动具有自己的特点。一是目的性。商务活动的目的就是通过商品或服务的交换获得利益。二是程序性。作为一项基本的人类活动，商务活动已经形成了一套活动程序。例如，国际贸易这种商务活动从市场调研开始，然后寻找贸易伙伴，再询盘、还盘、讨价还价、签订合同、商品检验、储运报关、保险、制单结汇，最后完成交易，具有很强的流程性。

但说到商务活动，一般的理解似乎就是做买卖，你买我卖，凭质论价，双方得益，就是这么简单。其实，商务活动反映了一个国家与民族的文化传统和世界观、民族观，而其中的核心是该国文化传统所特有的价值观念与行为准则。在商务活动中，小到商标、广告，大到谈判、决策方式，均反映各民族特有的文化烙印。

（二）商务活动中的文化差异

伴随着经济全球化的进一步发展，国与国之间的商务活动日益频繁，在这个过程中，不同的文化在异质的、陌生的、复杂的交际环境中相汇。各国文化的差异必将导致商务交际中的行为准则、词汇内涵、思维方式和语篇组织等均有很大程度的不同。如果从事同一商务活动的商务人士不了解彼此的文化差异，而是按照本国的文化价值观做出判断，这样往往会影响双方的沟通，导致双方交际失误。

1. 中西方价值观对商务活动的影响

（1）对企业商务管理的影响。

以英美为代表的西方人特别尊崇个人主义，这源自西方资本主义制度下生产资料以及财产的私有制观念。在西方人的眼中，个人主义指的是这样一种信条，即个人的利益应该是至高无上的，一切价值观、权利和职责都起源于个人，它强调个人的能动性、独立性、个人意愿的表达以及个人的隐私性。在美国，可以说是个人主义支撑着引领着美国文化。相应地，在西方企业管理中，企业鼓励员工个人奋斗，不断创新，并经常开展有关员工之间的个人竞争活动，以促进个人发展。在企业中个人能力主要是通过个人的实际经营业绩表现出来的，并且以契约的形式把企业与员工联系起来，将个人能力与企业报酬和补偿结合为一体。

在中国，数千年来中国思想文化特别是儒教、道教以及佛教历来强调“以和为贵”、尊崇“天人合一”、注重人情亲情和团结友爱的传统，是导致中国人看重和依赖家庭、团体和社会力量的重要原因之一。这种群体价值观相应地在企业管理中表现为公平、均富和稳定。员工以和谐为原则，讲求团队合作，反对彼此倾轧。员工对组织较容易形成感情依赖，这有助于员工和管理者之间建立和谐关系。

（2）对企业管理者决策方式的影响。

美国传统文化重视自我价值，忽视集体的价值。表现在企业决策中，美国企业注重尽快找出问题的答案，把决策的制定和执行看作完全分离的两个过程。所以他们在决策中比较注意个人的意志，因此主观性比较强，决策制定出来以后还须说服企业员工接受和执行。而在中国由于受“和为贵”思想的影响，中国的管理者通常注重群众意识，强调群体决策、民主集中，使管理决策往往是议而不决，强调共识。另外，中国企业文化中有着浓厚的传统文化色彩，表现为“七重七轻”：重道德，轻利益；重社会，轻个人；重传统，轻创新；重秩序，轻民主；重人治，轻法治；重关系，轻契约；重意志，轻实效。比如，电力企业由于其自然垄断性，计划经济时期是“皇帝女儿不愁嫁”，企业的决策只是如何按政府的要求分配电力供给，根本不担心市场。

（3）对国际商务谈判的影响。

谈判中，中国人喜欢在处理细节问题之前先就双方关系的一般原则取得一致意见，把具体问题安排到以后的谈判中去解决，即“先谈原则，后谈细节”。而西方人则往往是“先谈细节，避免讨论原则”。西方人认为细节是问题的本质，细节不清楚，问题实际上就没有得到解决。所以，他们比较愿意在细节上多动脑筋，对于原则的讨论比较松懈。由于中西方对谈判原则的重视程度不同，常常导致中西方谈判交流中的困难。

不同的文化背景也会影响谈判冲突的解决方式。在西方文化中，离散型的文化主导决定了人的自治、自由，个人界域对于人的自尊感具有至高无上的重要意义。所以美国人解决商务谈判中的冲突时，更注意客观真实的问题本身，更多依靠法律和规则。而属聚合型的中国文化一向崇尚“和谐”，解决商谈中的冲突时，更多关注人际关系的、情感的因素，大都依靠第三方的调解来化解冲突。

2. 中西方语境对商务活动的影响

人类学家霍尔根据交流中所传达的意义是来自交流的场合还是来自交流的语言，将文化分为高语境和低语境两种。霍尔这种分类所用的假设是，文化的功能之一是在人和外在世界中间建立一个高度选择性的屏幕，文化通过该屏幕各种各样的形式决定了我们注意到的内容和忽视的内容。因此，对高语境文化和低语境文化的研究不仅有利于我们认清人们注意到了什么，而且能够帮我们认识到人们忽视了什么。

高语境的交流是指大多数信息都已经体现出来了，只有极少的信息清楚地以编码的方式进行传达。低语境的交流正好相反，大多数信息都是通过外在的语言方式进行传达。霍尔认为，中国文化是一种高语境传播，人们在经历方面有极高的同质性。交流传达的意义没有必要一定包含在话语当中，可以通过手势、空间的使用甚至沉默来提供信息。高语境文化对周围的事物和环境更加敏感，不通过语言也能传达感情。在高语境文化中，通过环境就可以获得许多信息，没有必要把所有事情说出来。美国文化属于一种较低水平的语境传播。人们具有较低的同质性，缺少共同的经历意味着每次他们和别人交流的时候都需要详细的背景信息。在低语境文化中，语言传达了大多数信息，语境和参与者方面只包含极少的信息。

中西方语境方面的差异渗透到双方商务活动的各个方面。例如，美国人在谈判时往往迅速把谈判引向实质阶段，并且喜欢一个事实接一个事实地讨论，条理性很强。他们不喜欢也不善于在谈判桌上打持久战和疲劳战，常常是说行就行，说不行就不行，比较干脆、利索。美国人讲话较为明快，客套话说得不多，对谈判对手的快言快语，不仅不反感，而且很欣赏。而中国人由于受曲线思维模式的影响，凡事从整体到局部，由大到小，从笼统到具体，反映到谈判桌上，就成了先务虚再务实的解决问题的程序，喜欢最后表达自己的看法、观点或者以十分含蓄的方式表达出来。

3. 宗教对商务活动的影响

宗教是文化要素之一，是文化中处于深层次的东西。从企业的角度看，宗教思想、宗教禁忌、宗教节日等都直接或间接地影响着人们的工作和生活方式，进而影响着企业的生产、营销及其他活动。

一般来说，宗教节假日是消费品销售的最好季节，了解外国或东道国的宗教节假日，有利于企业推销自己的产品。但节假日期间，生产经营活动一般都停止了，这也会对国际化经营企业的经营活动带来影响。

宗教教义直接影响着人们的消费行为和模式。从事商务活动的人员必须考虑宗教因素对于商务活动的影响，否则就会触犯禁忌，阻碍商务沟通，从而造成经济损失，甚至引发外交、政治纠纷。

二、商务活动中的跨文化交际

（一）跨文化差异

1. 言语交际

在国际商务交往过程中，传达信息主要是通过言语交际。但任何言语都是一定文化中的言语，由于语言文化的差异而造成国际商务交往中的误解或失败的情况非常普遍。例如，品牌翻译本身也是一种跨文化交际活动。任何品牌译者都应熟悉目的语国家的文化，避免因文化冲突对企业造成不良影响。戴维·克里斯特尔（David Crystal）曾说，翻译人名、商品名时，可能会因不了解其隐含意义而出现不良结果。如“凤凰”在汉民族看来是“富贵吉祥”的神鸟，而在英美人看来是“再生”的象征。“凤凰”牌自行车在中国市场备受喜爱，而在英美等国却不受欢迎，因为骑上“凤凰”牌自行车意味着“死里逃生”。再如，“羊”在汉语文化中象征吉祥。我国的广州市又称“羊城”，这是源于一个美好的传说：在古代有五个仙女骑着五只“羊”为当地人民送来了五种谷物，并为当地的农作物带来了祝福，从此广州便又叫“羊城”。广州生产的不少工业品均被命名为“五羊牌”，由于英汉语中“羊”的风俗文化意蕴不同，英语中经常把“五羊牌”翻译为Five Rams，这种翻译效果并不令人满意。因为ram一词在英语中指未阉割的公羊，也含有“撞击、猛撞、压迫”等意义，它常常给人以“横冲直撞”的联想。试想一下，如果作为一个品牌的名字用“Five Rms”显然是不合适的，更加不会受到消费者的欢迎。

2. 非言语交际

人类交际中，还有一类是非言语交际，包括眼神、手势、身势、微笑、面部表情、服装打扮、沉默、身体的接触、讲话人之间的距离、讲话的音量、时间观念、对空间的使用、颜色、光亮、音乐等，它们在不同的文化中表达的含义是不同的。人与人之间的交流沟通，不仅仅依赖于语言，还大量地依赖于非言语符号。有的学者认为人们的直接交际活动中，30%的信息通过语言传送，70%的信息依靠非语言手段，也有学者认为90%的信息来自非言语交际。不论这些统计数字是否准确，但都可以看出非语言交际的重要作用。

非言语交际可用于伴随言语信息，也可独立于言语使用。它们可以确认、强调或反对语言所表达的信息。由于非言语交际行为是一些习惯性的和常规性的行为，所以它们常常被无意识地使用。例如，在美国经常使用的大拇指和食指交叉成圈、其他手指伸展的“OK”的手势，在日本人和朝鲜人的眼中看到的却是“钱”，而阿拉伯人辅之以咬牙的动作则表示深恶痛绝，在墨西哥和德国则含有猥亵之意，在突尼斯传递的则是恐怖的信息——“我宰了你！”又如，美国人常常弯曲摇动自己的食指以招呼别人到自己的面前，中国人使用这个手势不是叫人而是呼唤狗等动物。所以，当美国人向中国人打上这个手势的时候，后者会感到受辱而不快。

非言语交际，有其自有的特征和特点：第一，非言语交际没有固定的规则和模式，因此往往需要综合分析才能正确地理解。如哭泣，有表达悲伤的哭泣，也有与之相反的喜极而泣。第二，非言语交际自身的意义不是非常明确。第三，非言语交际信息传递的过程是不间断的、持续的。第四，一部分非言语交际的表达是通过先天遗传的，另一部分是后天习得的。

3. 宗教

宗教在某种意义上讲，是嵌入信徒身体和灵魂的东西，而且每时每到都在发挥它潜在的作用，所以宗教是文化的核心组成部分，而且位于文化的深层。宗教有不同的文化倾向和戒律，影响人们的认知方式、行为准则和价值观念，也影响人们的消费行为。

宗教禁忌也给企业开展国际商务活动带来了各种忌讳和限制。例如，我国一家出口公司向科威特出口70箱北京冻鸭，因不注意该国伊斯兰教教规，没有按照伊斯兰教的屠宰方法处理，致使货物不准进口，原货退回，在经济上、政治上都遭受损失。

4. 风俗习惯

风俗习惯是人们在生产、生活中长期形成的共同的、固定的、世代相袭的一种行为倾向和社会风尚，包括礼节、习俗、惯例、行为规范和人们的禁忌、避讳、偏好等，主要体现在人们的饮食、服饰、居住、婚丧、道德伦理、敬祖、年节、民族吉祥物、娱乐等方面的行为方式和生活习惯上。风俗习惯不具有强制效力，但仍在很大范围内制约着消费者的消费偏好与消费行为。无视风俗习惯的跨文化广告肯定不会成功。例如，一位著名的美国设计师曾试图在拉丁美洲推出一种新的香水。广告内容强调该香水清新的山茶气味，可是该香水在拉丁美洲却销售不畅，因为山茶花在拉丁美洲被用于葬礼。再如，美国人以古铜色皮肤为美，而日本和中国的女性则以白皙的皮肤为美，此时如果不了解风俗差异把美国本土适用的广告拿到中国播放，则可能弄巧成拙。

5. 时间

时间是人为的概念，具有相对性。根据霍尔的分析，对时间的态度可分为单色时间观（M-time）和多色时间观（P-time），前者指做事严格按日程安排，在规定的时间内只做日程安排上的事，而不安排其他事；后者指在做日程安排上的事的同时又可做其他事。

西方国家大多属于单色时间文化，认为时间是有限的资源，在日常生活中起着关键的作用。为了充分利用人生有限的时间，商务活动的每个环节都应制订计划和时刻表，谈判、约会等都应准时。中国属于多色时间文化，中国人的守时观念并不强。

另外，在西方，提前完工被认为是偷工减料或是计划性不强，而在中国提前完成工作，被认为是效率高，是一种应该受到表扬的行为。

6. 法律制度

法律制度是各国加强广告监管的重要手段，也有着明显的地域风格和民族特征。广告表现办法和表现策略必须受制于一个国家的法律法规，这是法律的强制性使然。以广告产品类型为例，欧洲各国禁止播放涉及宗教、烟草、烈酒等相关内容的广告，而中国广告中对酒类消费品的宣传是合法行为。在欧美的许多国家，广告中借用国家象征图案国旗、国徽等是时尚的广告表现手法，但在许多亚洲国家，擅用国旗、国徽等是违反法律的举动。

（二）跨文化商务交际

经济全球化的发展使得全球内的任何一个公司或企业集团必须打破地域限制进行跨文化商务活动，即跨文化经营管理。跨文化经营管理的核心是跨文化管理，又称为交叉文化管理，是指在跨文化条件下克服异质文化的冲突，并据此创造出企业独特的文化，进行卓有成效的管理的过程。跨文化企业的经营管理主要涉及跨文化市场营销，展会策划与文化传递，广告发布与文化冲突，客户开发与文化适应，跨文化谈判，涉外合同的订立、执行、善后和翻译，跨文化商务交际冲突管理，跨文化商务团队管理与建设等方面。总之，经济生活中的跨文化交际活动与日俱增。

跨文化企业的经营管理过程，既表现为不同文化间的冲突或离散过程，又表现为不同文化间的交汇或融合。所谓“文化冲突”，是指不同形态的文化或其文化因素之间相互对立、相互排斥的过程；所谓“文化融合”，则是指不同形态的文化或者变化因素之间相互结合、相互吸收的过程。文化冲突和文化融合作为文化交汇的两个方面有着不可分割的关系，在两种文化交汇的过程中总是共存其中、相伴而行。

（三）影响跨文化商务交际的主要因素

文化的异同性是影响跨文化交际的关键。影响跨文化商务交际的主要因素是不同文化背景的感知、成见、种族中心主义、缺乏共感等。

1. 感知

感知是对感觉到的事物的解释和再认识，包括物理的、生理的、神经的、感官的、认知的和感情的成分。感知既受文化影响，又反映文化特点。文化差异是造成感知差异的一个原因。而选择什么内容感知，如何解释、认识、评价等，又都反映着不同文化。

萨莫瓦尔等人认为，存在5种主要的社会文化因素对感知的意义起直接而重大的影响，即信仰、价值观、心态系统、世界观和社会组织。信仰分为经验性信仰、信息性信仰和推理性信仰三种，其中信息性的信仰由于是由我们所信赖的某种外部信息源提供的信息所形成的，因此受文化的影响较大。价值观的不同，是跨文化企业管理所遇到的最难解决的问题之一，也是造成文化冲突的根源之一。心态是建立在可得的信仰和价值观基础上的，深受文化环境的影响，世界观是指一种文化对于诸如上帝、人、自然、宇宙以及其他与存在概念有关的哲学问题的取向。世界观对文化产生极其深刻的影响，它以各种微妙而常常并不显然的方式在跨文化商务交际中发挥强大的影响。社会组织中与跨文化商务交际密切联系的有地理性文化和角色文化两种，前者指有地理界域所限定的国家、部落、种族和宗教派别；后者指人们在交际中根据其社会地位所特有的特定行为举止的具体规范。

2. 成见

成见涉及对由不同个人组成的群体的信仰，这些信仰基于先前形成的看法、观念和态度。成见在跨文化商务交际中是十分常见的现象。成见作为头脑中的印象，常常是僵化的、难以改变的，对于成功地进行跨文化商务交际是无益的。

3. 种族中心主义

种族中心主义是将从自身文化发展出来的价值和理论应用于其他团体和人群；种族中心主义意味着偏见或曲解。其以意识判定群体优劣，再以群体优劣意识判定个人特性。由于种族中心主义通常是无益可得的，并且总是在有意识的层面反映出来，它使跨文化商务交际的过程遭受破坏。

4. 缺乏共感

共感是设身处地地体味别人的苦乐和遭遇，从而产生情感上共鸣的能力。商务交际过程中缺乏共感的主要原因是人们经常站在自己的立场而不是他人的立场上去理解、认识和评价事物。在跨文化商务交际中，如果不了解他国的文化，就很容易误解他人的行为，造成沟通障碍。

（四）消除跨文化商务交际障碍的途径

任何一个国家的文化都有其优秀的、独特的一面，文化对跨文化商务交际的影响涉及营销、组织、激励、人员选拔、团队管理与建设等各个方面。如何对待跨国文化，是决定企业在经营管理中能否取得成功的关键。由于文化冲突是文化差异造成的，所以消除跨文化商务冲突的最佳方案是促进文化的融合。具体做法如下：

1. 识别不同文化的差异

企业在跨国经营时，一方面要考虑投入产出的经济效益，即在生产过程中尽可能选择最廉价的资源，获得尽可能大的产出；另一方面又要以满足世界市场需求为目标，这就要求企业对销售地的文化（如风俗、价值观、消费观念、语言等）进行详细的调查和分析，这样才能适销对路。

2. 实施多元文化相容策略

在跨国公司的子公司中并不以母国的文化作为子公司的主体文化。母国文化和子公司文化之间虽然存在着巨大的文化差异，但却并不互相排斥，反而互为补充，二者同时运行于公司的操作中，这样可以充分发挥跨文化的优势。美国的麦当劳公司和肯德基公司在中国经营的巨大成功可谓是运用跨文化优势、实现跨文化管理的成功典范。

3. 提高跨文化商务人员的跨文化商务沟通技能和技巧

首光，要理解文化，既要理解他文化，又要理解自己的文化。只有在既对母公司的企业文化，又对国外文化进行详细了解的情况下，才能比较它们的异同，从而为进行跨文化管理提供参照系。其次，善于“文化移情”。即母公司管理者必须在某种程度上摆脱自身的本土文化，克服“心理投射的认知类同”，摆脱原来自身文化的约束，从另一个不同的参照系（他文化）反观原来的文化，同时又能够对他文化立足于一种较为超然的立场，而不是盲目地落到另一种文化俗套中。

第二节 跨文化交际与商务英语教学的思考

随着我国经济的迅速发展，海外贸易规模的迅速扩大，国家需要大批精通商务英语的人才，很多高校顺应形势，开设了商务英语专业，培养具有跨文化交际能力的英语人才，为我国的国际贸易服务。商务英语教学不同于传统的英语教学，有着更强的应用性，对英语文化的理解要求很高，因此对于商务英语教学来说，跨文化交际能力的培养至关重要。

一、跨文化交际能力在商务活动中的作用

跨文化交际能力作为国际经济贸易活动中最重要的能力之一，在了解不同国家和地区人群的商业价值观、经营方式与消费心理方面有重要的作用。通过对不同地区和国家文化差异的了解，能更好地解决在商务活动中出现的文化障碍，同时对于进行国际经济贸易的企业来说，成功不仅取决于产品与服务，更取决于跨文化的商务交际能力。为了使商务活动中的交易与磋商在不断交流中向对己方有力的方向进行，参与人员掌握跨文化商务交际的方法和技巧至关重要。在经济发展的进程中，对于具有跨文化商务交际能力的人才需求日益旺盛，这要求商务英语专业在人才培养方案中要重视跨文化交际能力的培养。

二、培养跨文化商务交际能力的重要性

（1）跨文化商务交际能力的培养是英语专业英语课程教学的要求。《高等学校英语专业英语教学大纲》2000 年 4 月版对英语专业学生在文化素养方面提出要求：“英语专业高年级学生要熟悉中国文化传统，具有一定的艺术

修养；熟悉英语国家的地理、历史、发展现状、文化传统、风俗习惯。”《大纲》对于培养学生文化素质方面提出了明确详细的要求，这说明文化在我国外语教学中已经成了不可忽视的因素。作为商务英语专业的学生，要掌握语言知识、商务知识和社会文化知识，三者缺一不可。

（2）跨文化商务交际能力的提高有助于学生更有效地学习和使用英语。培养跨文化能力能够帮助学生更彻底地理解英语，更恰当地使用英语。东西方文化的差异在英汉两种语言中得到了充分体现。例如，东方人重辩证思维，讲究悟性，西方人重理性和逻辑思维。文化不同，语言的表达方式也不同。汉语中主动句较多，反映了中国人长期以来以人为中心的思维习惯。而英语中被动句较多，反映了讲英语民族重客观、重逻辑。了解这种差异以后，中国学生在英语写作和翻译过程中就会有意识地向目的语的语言表达方式去靠拢。

（3）跨文化商务交际能力的提高有助于商务英语专业的学生更好地就业。当前的商务英语教学基本都依照“英语 + 商务知识”的模式进行，这种模式往往使学生误以为会说英语，懂得商务知识，就能进行跨国商务活动，造成学生缺乏跨文化交际的意识，也谈不上培养跨文化交际的能力了。事实上，许多成绩优秀的学生毕业踏入工作岗位后深感交流的困难，其原因不能完全归结为语言能力的因素，而主要是文化能力的欠缺。在具体的交际实践中，他们会不自觉地借助母语的使用规则、交际习惯和思维方式来表达思想。与不同的文化因素发生交叉与碰撞会产生误解和冲突，有时甚至直接影响谈判的成功。在就业面试时，商务英语专业学生如果能够与面试官讨论外资企业管理中的文化差异现象和文化冲突问题，就有可能在应聘大军中脱颖而出。因此，对学生进行商务文化意识和跨文化交际能力的培养，成为商务英语教学的重中之重。

三、商务英语专业教学中跨文化交际能力培养存在的问题

随着经济全球化的进一步发展，中国作为全球第二大经济体，国际贸易日渐频繁，因而形成了很大的商务英语人才缺口。商务英语作为国际商务知识和英语语言的结合，其人才培养目标是具有英语交际能力和扎实商务知识的复合型人才。由于政治环境、历史文化背景和传统习俗的不同，不同国家和地区的人员的商业价值观和消费心理之间存在着较大的差别，因此在国际商务活动中，商务人员面临的不仅仅是不同于本国的政治制度和法律体制，还涉及商务文化的碰撞与冲突。在这种情况下，跨文化交际就显得尤为必要，而在商务英语专业教学中跨文化交际能力的培养还存在着一些问题。

（一）对于文化认知不足

一个民族和国家的文化，除了包括本土的传统习俗、行为习惯等，还包括民族的价值取向等。商务英语教学课程中，往往把前者当作重点，忽视了后者的重要作用，使学生对于不同文化的了解不够深入。

（二）商务英语专业的文化内容教学与其他英语专业混淆

大多数教师在进行文化内容教学的时候沿用以往的教学系统，忽视了专业本身的特点，使商务英语专业学生与其他英语专业学生所学的内容大同小异。在这方面，教师在教学过程中要有意识地重视商务文化的传输，注意文化内容在商务活动中的应用，培养学生跨文化交际意识，使其能更好适应未来的涉外商务工作。

第三节　跨文化交际能力与商务英语人才培养

英语作为世界性的语言，在许多场合都起着交际桥梁的重要作用。在商务英语活动中具备跨文化交际的能力，能够增强不同文化之间的认同感和包容性，进而拉近双方距离，增进彼此的沟通效果，提高办事效率。现阶段，国内的商务英语教学仍然延续着英语和商务知识分别讲解的教学模式，导致很多学生认为掌握英语交流能力，了解商务知识就能够胜任英语商务工作，然而实际上这样的想法是欠妥的。这样的商务英语教学模式忽视了对跨文化交际能力的培养，导致很多优秀的商务英语毕业生在工作岗位上发现因为缺乏对工作对象文化背景的基本了解，导致彼此之间沟通十分困难，其中语言能力造成的困扰较少，更多的是文化方面的不足。因为在沟通过程中，会不自觉地套用母语的语言规则和文化习惯，相同的语句在不同的文化中却有着不同的意思，如果不小心触碰到文化禁忌，可能对商务谈判的最终结果造成消极影响，所以在商务英语教学中培养学生的跨文化交际能力十分关键。

一、跨文化交际能力概述

（一）跨文化交际能力的含义

“跨文化交际能力”是跨文化交际研究领域中的一个重要课题。跨文化交际能力指的是跨文化交际环境中的交际能力，即来自不同文化背景的人之间进行交际时，具有强烈的跨文化意识，善于识别文化差异和排除文化干扰并成功地进行交际的能力。简单地说，跨文化交际能力是指能够使跨文化交际顺利、成功进行的素质和能力。

跨文化交际能力与文化交际能力的不同之处在于，跨文化交际能力解决的是同一语境中不同文化之间交际规则的冲突和碰撞。西方学者认为，“交际能力”需要两个重要条件：“有效性”和“适宜性”。“有效性”是指交际者使交际行为实现预期效果、达到预期目的的能力。“适宜性”则是指交际者使交际行为适合交际情景的能力。而这两种能力正是交际能力的核心，更是跨文化交际的核心。由于文化背景的不同更容易导致交际行为的不当和无效，因此跨文化交际往往更需要有效的、适宜的交际能力。

（二）跨文化交际能力的组成

跨文化交际视野下英语教学的本质就是培养学生的跨文化交际能力。跨文化交际能力主要由四部分组成，即语言交际能力（verbal communicative competence）、非语言交际能力（nonverbal communicative competence）、语言规则和交际规则的转化能力（competence of transformation of two rules）、跨文化适应能力（competence of cultural adaptation/adjustment）。下面就对这四部分的内容分别进行介绍。

1. 语言交际能力

语言交际能力是跨文化交际能力的核心和基础。语言交际能力不仅包括必需的语法知识，还包括了解和运用语言概念意义和文化内涵意义的能力；不仅指语言运用的正确性，还指语言运用的得体性，即明白在什么场合、对什么人、在什么时候说什么话。单纯的语言知识和脱离具体交际语境的语言技能都不是真正的语言交际能力。

2. 非语言交际能力

人们经常将“交际能力”与“语言交际能力”等同起来看待，其实这一看法并不全面，而且不符合交际实际，因为交际能力实际上不仅包括语言交际能力，还包括非语言交际能力。非语言交际行为和手段是交际行为中的重要组成部分，它不仅对语言交际行为起着很好的辅助作用，而且在交际遇到障碍时对交际的顺利进行起着不可替代的作用。

非语言交际能力是语言交际以外的一切交际行为和方式，是一种不用言辞的交际，它主要包括以下几个方面。

（1）副语言，如沉默、非语言的声音、话语转换等。

（2）体态语，如身体各部分的动作、体触行为等。

（3）客体语，如皮肤颜色的修饰、身体异味的掩饰、衣着、化妆等。

（4）环境语，如空间信息、身体距离、领地观念、对拥挤的态度、时间信息、声音、颜色等。

3. 语言规则和交际规则的转化能力

（1）语言规则与交际规则。所谓语言规则，指的是语音、词汇、语法规则体系。交际规则，是指指导人们相互交往的行为准则。

在英语的学习过程中，要学习英语的语言规则，就需要学习母语与英语之间的语言规则的转化，特别是语法规则的转化。但对于交际规则和跨文化交际中还存在交际规则的文化差异问题，就不一定人人都知道了。每一种文化都有特定的风俗习惯、思维方式、价值观念、行为准则，而这些对交际行为的规范就是交际规则。文化不同，交际规则也就不同。因此，跨文化交际能力包括语言规则和交际规则的转化能力。

（2）两种规则转化的必要性。在学习跨文化交际能力时，只学习语言规则和交际规则远远不够，还要学习语言规则的转化，更要学习交际规则的转化。也就是说，跨文化交际能力需要学习两种规则的转化，但要想学习两种规则的转化，在国际交往中就要学会国际交往规则。因此，在我国英语教学中，不仅要重视英语的语言规则，还要重视英语的交际规则，不能偏重语言规则的教学而忽视交际规则的教学。

在跨文化交际中，发音不对、语法错误、用词不当等都可能会被外国人所理解，因为他们知道你是“外国人”。如果用语正确，却违反了外语国家的交际规则，则会触犯对方，引起对方的反感。这就是海姆斯（Hymes）所说的“交际干扰”（communicative interference），即由于照搬母语文化的交际规则而造成的文化误解。沃尔夫森（Nessa Wolfson）曾指出，母语国家的人在与外国人交谈时，对外国人的发音和语法错误往往采取宽容的态度；相反，对违反谈话准则的行为一般则认为是态度无礼。由此可以看出，在跨文化交际中适当进行交际规则的转化是保证跨文化交际成功进行的基础。例如，在使用汉语的问候语时，要考虑到汉语问候语体现的是中国人群体文化的特点，表达的不仅仅是问候之意，还有关切之情。如果将其直译为另一种语言，或照搬中国文化的交际规则，就很可能造成文化误解，甚至是文化冲突。

4. 跨文化适应能力

跨文化适应能力又称文化适应能力，指的是跨文化交际双方相互交际的适应能力以及对异国文化环境的适应能力。具体来讲跨文化适应能力指的是善于克服文化休克障碍，正确了解和认识来自不同文化的交际对象，对自己的行为举止、思维方式、情感态度、交际规则等做出必要的调整，以适应新文化的生活、学习、工作和人际交往环境，并被新文化的人所接受。

在国外生活和工作的人常常觉得难以适应所在的文化环境，通常采取的应对方法不是逃避，就是直接冲突，这就是文化休克（culture shock）的表现。文化休克，是一种十分常见的现象，不是某一文化特有的问题，我们要了解和认识它，并学会应对它，而应对的方法就是掌握文化适应能力。

二、强化跨文化交际能力，提高商务英语教学质量

跨文化交际的顺利进行首先需要交际者掌握目的文化的信息系统，包括学习语言、认识语言和文化的关系以及掌握非语言交际系统。

（一）培养跨文化意识

1. 跨文化意识概述

语言是文化的一部分，也是文化的载体，要学习语言必然要了解一定的文化。因此，外语教学显然不应单纯地讲授语言知识，还要传授一些文化差异方面的知识，改变英语教学的现状，培养学生的跨文化意识。

汉维认为，“跨文化意识”就是理解和接受文化差异的能力。随后，有西方学者将“跨文化意识”的定义解释如下：

跨文化意识是跨文化交际中认知方面的问题，指的是对影响人们思维与行动的文化习惯的理解。跨文化意识要求人们认识到自己具有文化属性，也要基于同样的认识去探寻其他文化的突出特征。只有这样，他们才能在跨文化交际中有效地理解他种文化的人们的行为。由于每一种文化都有其独特的思维方式，不同文化之间的误解往往会在跨文化交际中造成严重问题。

这个解释认为跨文化意识属于认识问题，是对影响人们思维和行为的文化习俗的理解。从上述解释可以看出，跨文化意识要求人们既要将自己视为文化人，也要将他人视为文化人，并努力探究彼此间的文化差异，这样才能真正理解对方的行为。然而这种观点存在一个漏洞：承认差异和接受差异是不同的。要保证跨文化交际顺利、有效地进行，交际双方应做到两点：知己知彼，发现文化差异；能够接受和正确对待这种差异。

具备了跨文化意识的人们可以体会到，社会不同，人们的观念和行为也有所不同，他们承认文化的多样性和世界的多元化，懂得世界上任何文化都是合情合理的，相互之间既存在差异性，又不失平等性。因此，深入理解和真诚接受文化差异是非常重要的。而要做到这点，就需要具备一定的跨文化意识。

关于跨文化意识，还有一种说法更加简单易懂，即跨文化意识是理解、接受和处理文化差异的能力。这种观点强调了一个重要的事实：世界上有多

种文化，任何一种文化的存在都是合情合理的，各种文化之间也都是平等的，没有优劣之分。因此，理解和接受各文化之间的差异极为重要。要实现这一点，我们必须具备一定的跨文化意识，即“在跨文化交际中，对不同文化之间的差异和冲突具有感觉的敏锐性、理解的科学性、处理的自觉性”。

2. 跨文化意识的培养目标

（1）学生要有较强的获取外国文化信息的能力，并能做出客观的评价。通过影视、报纸、经典名著等媒介，学生将会获得大量的外国文化信息，这就需要他们能以“我”为主，具有自己的判断。

（2）学生应具备良好的文化理解能力。因为在学习外语的过程中，学生会经常碰到一些具有丰富文化内涵的词汇和典故等。

（3）学生要对外国文化持客观态度。通过不断学习与实际交际，让学生在一个相对真实的场景中去了解和掌握外国文化，并能最终做出评价，取他人之长，补自己之短。

（4）学生应具备进一步学习外语及其文化的能力。因为外语及其文化的学习和掌握是一个循序渐进的过程，它没有终点，学生需要不断地研究、学习，以提高自己的能力。

（5）学生应具有较强的交际能力。随着社会历史的不断发展，国际交往将日益频繁且深入，学生要迎接时代的挑战，必然要具有较强的交际能力。

（二）掌握目的文化的信息系统

1. 学习目的文化下的语言

语言是交际的工具，也是熟悉对方文化的重要途径。因此，要培养跨文化交际能力首先要让交际者熟悉目标文化的语言。当然，世界上语言种类如此之多，我们不可能全都学会，但学会世界上通用的语言、了解其日常用语还是很有必要的。英语作为一种国际通用语言，它不仅是大多数国家学校教育中的主要外语，还是国际会议、商务往来的官方语言和通用语言。因此，学习英语是提高跨文化交际能力的一个重要砝码。

2. 认识语言和文化的关系

语言承载文化，同时也反映文化，这一点在习语和谚语上表现得尤为明显。英语习语的特点是字面意思与习语本身的意思不同，只有了解习语的文化内涵才可能正确理解和使用习语，才能促进交际。另外，交际者的成长环境、教育背景也是影响其理解和使用词汇、习语的一个重要因素，因此交际者必须时刻注意这一点，从而选择合适的词句表达和交际策略。

3. 正确理解和使用非言语符号

除语言符号外，人们在交际中还经常使用大量的非语言符号，如目光、体态、味道等。这些非语言符号在不同的文化中有着不同的含义，误用或误解非言语符号很容易引起误会或矛盾。因此，跨文化交际者必须正确理解和使用目标文化中非言语符号的含义，以促进交际的顺利进行。

（三）加深对东西方文化差异的认识

霍尔的语境理论认为汉语、日语属于高语境文化，英语属于低语境文化。谈判中，高语境文化一般更加委婉，喜欢用间接的方式表达不同意见，其谦虚的文化传统使其一般不会直接说“不”，而是用“I'm sure you understand my situation”“I have to think about it”等语言来表达，而低语境文化人们难以理解这些微妙的间接的拒绝，可能会误认为对方已经同意。除了思维方式上存在差异，东西方文化在问候、称赞、感谢、致歉、委婉语和禁忌乃至体态语言方面也存在着明显的差别，在商务英语教学过程中需要让学生注意英汉交际文化上的差别，教师要引导学生自行总结不同文化之间的差异，在了解英语文化的同时也加深对自身汉语言文化特点的理解，在发现差异的过程中也逐渐找寻共性，避免因为文化背景不同造成的沟通困难。

（四）引导学生广泛接触西方文化

在大学里，英语教学的课时非常有限，但对于学生而言，他们在课余有充分的可支配时间，因此不能仅仅依靠教师在课堂上的教学来培养跨文化交际能力。除了课堂英语教学外，教师应引导学生通过课外学习获得跨文化交际能力。英国语言学家马林诺斯基说过：“语言深深地扎根于文化现实和该民族人民的习俗中，语言研究离不开这一宽泛的语言行为环境。要理解语言，归根到底要懂得说话人的整个文化背景和生活方式。”因此，教师要引导学生利用课外时间广泛阅读英语文学作品、报纸杂志和时事评论等材料，这样不仅可以让学生领略到地道的英语书面和口头表达方式，还能让学生了解一个民族的习性、心理状态、文化特点、风俗习惯、社会关系等，从中吸取文化知识，增加文化素养，拓宽西方文化视野，提高跨文化交际能力。另外，有外教的学校还应充分发挥外教在西方文化传播中的作用，让学生直接与外教交流，听外教做报告或讲课，学习西方的文化习俗和交际技巧，其言传身教会对学生起到一种潜移默化的作用。

（五）提高对文化冲击的适应性

很多人在第一次和某种文化接触时都会出现一定的抵触和不适应的情

况，为了将商务交际继续下去，要想办法缓解文化冲击，提升自身的适应能力。在商务英语教学过程中，教师在进行语言教学时可以适当增加英文文化知识相关的内容，讲解一些趣闻，消除学生对英文文化的抵触情绪和陌生感，在商务知识教学中可以适当添加一些英文文化礼仪相关内容，同时教师可以鼓励学生观看一些有教育意义的英剧美剧，尤其是一些生活氛围很强的优秀剧集，如*Friends*、*Big Bang Theory*、*House of Cards*等，这样的剧集中有大量生活化的细节可供学生学习，学生在追剧的过程中，将英语文化中人们沟通交流时丰富生动的肢体语言和面部表情与台词内容、语调发音变化联系起来，能够有效锻炼学生英语文化背景下的思维方式。学生以学习的态度追一部剧，对语感和跨文化交际能力提升帮助十分明显。

（六）注意物理、人际环境因素

1. 时间观念

时间观念是交际活动中的一个重要因素。不同文化下的人对时间的取向不同，交际风格和交际过程也就有所不同。例如，单一时间取向文化下的美国人通常严格守时，迟到者有必要向他人表示歉意，做事也很讲究效率，交际风格较为直接。而多向时间取向文化下的人则不那么严格守时，例如，商务合同在2～3小时的午餐休息时间内签署，在会议快结束时才开始谈生意等现象就经常发生。

2. 物理环境

不同文化下相同的交际活动有着不同的交际规则。例如在美国，商务谈判通常在会议室举行，谈判双方面对面坐着，气氛比较紧张。了解非言语交际中的时空语有助于交际者明了目的文化中的交际规则和交际风格，从而使举止更加得体，使交际行为更加有效。

3. 习俗

习俗是文化的一部分，入乡随俗是跨文化交际的一项重要的能力。如果不了解目标文化下的某些习俗，跨文化交际就会出现各种各样的困难。在出国之前，了解当地的习俗有助于我们更快地适应陌生环境，更顺利地实现交际的目的。

（七）学会处理冲突

交际中难免发生冲突，而跨文化交际由于文化之间的差异更容易产生冲突。要想使跨文化交际顺利地进行下去，交际者就必须学会处理冲突。下面就介绍五种美国人处理冲突的方法，以供参考。

1. 退避

退避是避免冲突的一种常用的、简单的方式。这里所说的退避不仅包括心理上的退避，如沉默不语或在预感可能发生冲突时绕开话题等，还包括身体上的退避，如远离冲突。

2. 竞争

竞争也是处理冲突的一种方法，但这种方法较为强硬，常表现为交际者通过威胁、言语侵犯、胁迫或剥削等方式将自己的意志强加于对方，从而使对方认同、接受自己的行为、观点、价值观等。

3. 和解

和解和竞争正好相反，它是指交际者放弃自己的立场、观点，接受他人的思想，从而与对方达成一致。这种方法在处理冲突时十分有效，但却意味着交际者本身较为软弱，或要求交际者本身对“谁胜谁负”持无所谓的态度。

4. 折中

折中介于竞争与和解之间，是指交际双方为解决冲突而找到一个双方都能接受的途径。这种方法虽然能使交际双方都感到满意，但同时也意味着双方都要做出一定的牺牲或让步。

5. 合作

合作是通过富有建设性的方法来满足交际双方的需要和目的的一种处理的方法。合作不同于折中，它是以积极的态度来看待冲突、解决冲突，以实现交际关系的融洽。

三、商务英语教学中跨文化交际学的导入

教师在讲授基本语言和专业知识时，还应注意培养学生的社会文化能力，理解中西方文化传统的差异。选用课堂教材的时候要结合真实的语言材料，向学生讲解西方国家中打招呼、介绍、访问、宴请、告别等社会交往中的文化因素，潜移默化地帮助学生提高语言形式的正确性，重视语言应用的得体性，从而逐步获得跨文化的敏感性。采用以学生为主体的教学模式，加强课堂的互动，模拟真实商务情景，切实提高学生的跨文化交际能力。

（一）案例教学法

案例教学法是由美国哈佛商学院所倡导的培养高素质和创新型管理人才的一种特殊的教学方法，有助于培养和鼓励学生主动参与讨论，合作找出解决问题的方法，教师在教学中扮演的不是传统的知识传授者的角色，而是设计者和激励者的角色。在实际的商务英语课堂上，教师可以提供某个真实的

国际社会的商务案例、贸易案例或跨国商务谈判案例，鼓励学生自己动手查阅相关的专业理论知识，并了解相关的文化差异，提出自己的方案，讨论后就他人的解决手段提出自己的意见，最终找出问题的最佳解决途径。

（二）小组活动法

小组活动是20世纪70年代初在美国教学中兴起并在现今流行的教学策略。小组活动是指在教师的具体指导下，学生2¯6人组成合作小组，共同完成学习任务。合作学习给学生提供机会共同学习，相互讨论。这种模式不仅可以扩大学生的知识领域，更可使他们了解学习的目的和合作的重要性，建立并维护小组成员间的信任。在有问题出现时，也可以进行有效的沟通和交流。

商务英语教学的跨文化交际能力的培养是当前商务英语人才培养的一个重要的课题，只有采用灵活多样的教学方法，融文化意识的培养于专业知识的教学当中，才能真正促进学生跨文化交际能力的提高。

（三）发挥高校学生在跨文化交际能力培养中的主动性

在教学过程中，教师应改变只把重点放在语法和词汇上的教学方式，应在教学过程中有跨文化意识，针对教学内容分析不同文化之间的差异和共性。这要求教师改变以教师为中心的传统教学模式，发挥学生的主动性，把交际能力和文化素养放在较为重要的位置上。

（四）授课教师要转变观念

以往的外语教学中教师都起着绝对的主导作用，并且教师常常只把重点放在语法和词汇教学上，这样学生就不可能学会语言的实际运用，也无法获得跨文化交际的能力。因此，授课的教师必须要转变自己的观念，切实认识到文化冲突的危害性和培养学生跨文化交际能力的重要性。首先要改变原先的以教师为中心的传统教学模式，采用以学生为中心的个性化、主动式学习模式。其次，强调文化因素在涉外商务活动中的重要作用，把目的语文化意识作为教师教学和学生学习的目标之一。另外，教师也要不断加强自我学习，提高自身的综合文化素质，只有这样，才能全面把握英语文化知识教育的量与度，以及教学的具体步骤和方法，以达到预期的教学目的。

（五）优化课程设置

课程设置问题是目前商务英语专业本科阶段教学关注的热点之一。目前我国高校中开展商务英语教学起步较早的学校在课程设置方面大都已经比较完善，课程设置主要分为三个模块，即基础语言技能、商务知识、文化知识。就文化知识在商务英语课程中的设置而言，一方面，对跨文化交际能力的培养可以融合到英语基础知识的传授中，在商务英语听说相关课程中，突出语言是文化的载体，适应交际的目的。在商务英语写作与翻译课上，不仅要让学生掌握准确的语法知识，还要注意在不同语境中语言使用的差异。另一方面，向学生介绍有关说英语国家的政治制度、法律体系及商务环境等文化知识，增强学生对文化的一般敏感性。需要设置的课程主要有：英美概况、英美文学作品欣赏、影视欣赏、商务英语谈判、跨文化交际学、东西方文化实例分析和英美社会文化讲座等。通过这一系列的学习，学生一定会更深层次地了解相关的英美文化和商务文化等内容，并在实践中接触英语，提升不同文化元素中跨文化交际的意识和能力。

（六）改进教学内容与方法

美国杰出的语言学家萨丕尔（Sapir）指出："语言不能脱离文化而存在，不能脱离社会继承下来的各种做法和信念。"中西文化之间存在巨大差异，而传统的外语教学一直把重点放在语言知识的传授上，忽视了语言使用与文化因素的相互作用和跨文化交际能力的培养。为了改变这种情况，必须改进教学方法。在英语课堂教学中，教师应将跨文化交际技巧的培养放在与语言技巧培养同等重要的位置上。在改进教学方法时，一定要使新的内容与学生所学的语言知识紧密联系，并与语言交际实践紧密结合。在教学过程中应注意对比中国文化与西方文化的差异，当语言材料中出现文化现象或当文化因素干扰语言教学时，要及时进行文化讲解。文化教学要采取循序渐进的原则，在初学阶段要以语言教学为主，到了高年级，应逐渐地将教学重点转移到交际能力的培养上，加强教学中的文化渗透。教师可鼓励学生多看一些课外读物，如关于西方国家历史地理、社会文化、风俗习惯、经济贸易等各类书籍，不断扩大学生的知识视野，使学生更全面地理解别国的文化。此外，还可以举办一些专题讲座，以满足学生的求知欲望，培养出具有较高跨文化交际能力的人才。

1. 提高教师的跨文化教学意识

教师必须不断更新教学观念，提升自身的商务知识与文化素养，使自己具有较强的目的语商务文化意识。只有全面了解西方国家与本国不同的政治制度、法律体系及管理理念、经济环境等，才能更好地传授学生西方国家的商务文化，培养能够在不同文化背景下进行交际的商务人才。为了解决教学与实践相脱离的问题，高校可以通过进修培训或安排教师到对口企业一线挂职锻炼等方式鼓励教师不断提高专业实践教学的能力，还可以从企事业单位中聘请既有较高理论水平又有较强实践能力的跨文化交际人员任兼职教师，进一步完善“双师型”教师队伍建设。

2. 完善实践教学模式

实践教学是培养学生跨文化交际能力一个重要环节。积极组织各种跨文化交际实践能锻炼学生各方面的技能，使学生尽早学会如何将知识转换为能力，并学会在实践中解决问题，提升应变能力。在设置本专业的教学计划时，可以将整体教学方案划分为理论教学与实践教学两部分。教师在传授理论知识的同时，要引导学生成为课堂的主动建构者，让学生成为课堂学习的主体，把更多的课堂时间交给学生。教师应利用校园网络虚拟课堂和虚拟实验室加强学生动口和动手能力的训练。比如，学生可以在虚拟课堂中扮演商务文化场景中的某个角色，以真实的商务沟通情景作为参照，体会商务交际中可能遇到的困难。教师还能通过师生互动，或者邀请专业人员走进课堂进行示范等多种方式来调动学生的学习积极性。教师需要注意应提前布置任务，让学生提前准备，并对学生的表现进行点评。除此之外，模拟跨国商务谈判是学习商务交际技巧的有效途径，谈判人员所代表的国家或地区的生活习惯、思维方式、信仰、价值观、道德标准与社会舆论等都是不容忽视的细节，跨文化沟通在整个谈判过程中至关重要。模拟跨文化商务谈判对于培养学生谈判的能力、思维的敏锐、语言的说服力、跨文化交流的能力也都非常重要。

3. 增加课堂讨论

案例教学法是跨文化知识、意识、思维和交际能力的综合训练过程。课堂上，教师可向学生提供反映商务文化冲突的典型案例，或由于文化冲突导致商务谈判失败的例子。然后通过组织学生进行理论分析和解释，讨论出相对应的措施，进而了解外国文化与本国文化的差异，最终提高学生跨文化意识。最后，教师应做出必要的评价和指导。教师还可以通过向学生展示一些跨文化音像材料来激发学生的学习和了解外国文化的兴趣，并要求学生讨论录像内容，分析中西方文化差异。学术交流或者专题讲座也是让学生深入了解各国文化差异的有效途径，可以通过邀请外国学者与学生进行文化交流或举办文化专题讲座，设置互动讨论环节来引导学生注意中西方文化差异并了解不同国家的文化。英语教学的课时毕竟有限，但学生在课余有充分的可支配时间，因此，教师应引导学生广泛阅读西方文学作品，报纸杂志和时事评论等材料或欣赏英文原版电影、电视剧等，尤其是那些描述生活真实场景的情节剧，从中了解一个民族的习性、心理状态、文化特点、风俗习惯、社会关系等，从而让学生在实际生活中多方位地接触英语，自始至终都置身于英语文化的环境中。鼓励学生将在课下了解到的各种英美文化现象定期在课上进行交流，并引导学生拓宽西方文化视野，提高跨文化交际能力。

（七）对第二课堂的应用

培养英语思维能力，以英语的思维方式学习英语，有利于成功地进行跨文化交际。教师除了在课堂教学中培养学生的英语思维外，还应该鼓励学生积极开展第二课堂活动，比如在课下，要让学生常把自己想说的话写成书面文字，或者经常组织学生到“英语角”去练口语。尽量创造能让学生进行英语语言思维活动的条件，提高学生实际运用英语的兴趣与能力，让学生重视英语思维的训练。除了课堂教学，课下组织丰富的跨文化沟通交流活动对文化知识的学习和跨文化交际能力的培养也有着很大的优势，教师可以组织专题讲解，请外籍教师对学生进行系统全面的文化与交际能力锻炼，可采用模拟商务谈判的形式，让学生亲自体验中英两种语言文化下体态语言上存在的差别。教师可以在课下活动开展前请学生做好准备工作，在活动过程中采用抢答、做游戏、看无字幕英文电影等形式，缩小学生和英语文化之间的距离，增加学生和英语文化人士交流沟通的机会，提高学生的跨文化交际能力，从而获得更好的商务英语教学效果。

（八）丰富课堂内容和教学形式

教师应改善教学方法，以多种形式将语言知识与商务实践紧密结合，同时重视中西方文化在各种方面的明显差异。在教学内容的安排与设置上，不仅笼统地了解各国文化，还要学习不同的商务文化、行业的职业文化等，建立起培养跨文化交际能力的课程内容网络，使跨文化、商务和交际的各个方面融合在一起。针对教学方式的改进，教师可以通过创设不同国家的、不同行业的商务活动情境，来帮助学生进行相对简单的演练，并根据存在的问题给予指导和纠正。

（九）建立相对完整全面的商务英语专业课程体系

商务英语专业学生的跨文化交际能力培养，应主要围绕着三方面来进行，即跨文化思维能力、跨文化适应能力和跨文化沟通能力的培养。为此学校应建立相对完整的国际商务交际课程体系，比如国际商务谈判、国际商务礼仪、跨文化交际等课程。

商务英语专业人才需求的日渐旺盛与国际商务活动的复杂性给跨文化交际能力的培养提出了新的要求，学生的跨文化交际能力应以语言知识为基础，进行文化背景、商务规则的学习与技能的提升，同时，为改进商务英语专业的教育教学，学校应重视跨文化交际能力的培养，在教学方法和课程内容上不断改善，提升商务英语专业学生的跨文化交际能力，为未来的涉外商务活动提供专业性强、视野开阔、适应能力强的人才。

跨国的商务活动，无论是跨国公司的管理还是跨国公司的营销，从表面看是跨国经济活动，实质上是人与人之间的跨文化合作与交流，跨文化交际的成败将决定跨文化商务活动的成败。因此在商务英语教学中注意学生实际跨文化交际能力的培养，既有利于让学生在跨文化交流中学习语言、使用语言，又有利于让学生在交流中检验自己的语言，然后在交流中改正，在不断改正中学会正确地使用语言。

第四章 商务英语教学理论研究

要对商务英语教学及跨文化交际的教学实践进行研究，首先应对商务英语教学相关的理论进行研究。经过长期的发展，国内外相关学者对商务英语的教学理论进行了深入的研究，并取得了丰富的成果，其中具有代表性的理论有 ESP 理论、CBI 理论、需求分析理论、建构主义理论、人本主义理论、莱特博恩教学理论等。

第一节 ESP 理论

一、ESP 概念

20 世纪 60 年代，西方开始兴起专门用途英语（English for Specific Purpose，ESP）的教学。目前，国内专业英语课程及大学英语课程的教学正向着 ESP 的方向发展。ESP 被认为是应用语言学的一个分支，近几十年来一直受到广泛关注。作为一个新的学科领域，它产生于 20 世纪 60 年代后期。ESP 的出现是社会历史发展的必然，是多种原因促成的。其中，经济领域、语言学领域和教育心理学领域的发展是其主要动因。第二次世界大战结束后，西方国家的科学技术、经济活动迅猛发展，世界经济空前繁荣，国际交往日益频繁。美国和英国作为全球经济大国和科技大国，其深远影响促使英语成为国际交流语言。人们出于各种实用目的而学习英语，例如商业交往、技术交流、学术研究等。他们学习英语具有很强的目的性和功用性，学习者希望得到有针对性的英语教学，满足他们自身的愿望及需求，这便向英语教学提出了挑战。专门用途英语教学也就应运而生。

目前，ESP 种类、课程内容和教学形式都呈多样化，并且出版了专门用途英语的专业期刊和书籍，如 *ESP Journal*、*ESP World* 以及 *ESP—A Learning-Centered Approach*、*ESP Today*：*a Practitioner's Guide* 和 *Developments in ESP* 等。伦敦城市大学设立的 ESP 专业硕士学位还体现了对 ESP 学习者的不同培

养目标。我国自20世纪80年代起，各地非文科类高校在本科专业开始ESP教学，即设置专门用途英语课程。目前，国内大学英语课程及其专业英语课程的教学正向着ESP的方向发展。

专门用途英语具有多元性的特点，即其包含的形式是多种多样的。专门用途英语教学中涉及的语言和语言学知识必须围绕学生所学专业，为学生更深入地研习专业领域的英语知识服务。专门用途英语中的“专门”两字显示了其教学目的，其教学内容也涉及特定职业领域相关的专业知识。ESP教学是我国大学英语教学改革的发展方向，英语教学将越来越多地与某一个方面的专业知识或某一个学科结合起来。从20世纪80年代开始，已有学者开始将国外ESP教学的理论和实践情况介绍到国内；20世纪90年代以来，我国外语教育界出现了对ESP教学理论较系统的研究。同时，有的学者开始了ESP教学的实践性研究。随着专业课程和双语教学的逐步展开，势必进一步促进对ESP教学的理解和认识。然而，近年来，研究ESP的文章中却少有关于ESP课程设计的研究文章。

哈钦森（Hutchinson）和沃特斯（Waters）对课程设计的定义是：“设计一门课程从根本上来说是提出一系列的问题，以便为以后的大纲设计、教材编写、课堂教学与评估提供一个理论基础。”其他学者也谈到了课程设计包括需求分析、教学大纲、教学方法及教材等若干因素。

哈钦森和沃特斯总结了课程设计的全过程，首次提到ESP课程设计的步骤。根据他们的理论，专用英语课程设计的步骤归纳为：需求分析、教学目标、教学手段、教学大纲、教学方法和教学评估。他们认为，课程设计是一个过程，人们研究收集有关学习需求的一些原始资料，是为了设计综合性的教学方案，其最终目的是引导学生获得某些特定的语言知识。通过这一过程，原始的关于学习需要的数据被解释从而创造出一系列完整的教学体验，其最终目的是要引导学习者达到一定的知识水平。随着心理学、语言学、逻辑学及其他课程的进一步发展，专门用途英语的课程设计应该在已有的课程设计概念基础上，建立以学习者需求为基础的课程设计，充分考虑学习者自身的愿望、需求和不足。

二、ESP课程设计的原则

根据有关学者在ESP国际会议上的发言，ESP教学前景和教学课程设计的变化有密切联系，包括大纲设计原则的变化以及根据此原则而采用的最合适的教学法的变化。秦秀白将ESP的性质定义为“一个多元的且以不同形式出现的教学理念”。根据国内外的教学实践，ESP的教学原则可以概括为：

（1）真实性原则。有学者提出“真实的语篇”（authentic texts）加上“真实的学习任务”（authentic tasks）才能体现ESP教学的特色。真实性（authenticity）是ESP教学的灵魂。秦秀白认为教材内容要来自与专业相关的真实语料，练习设计和课内外教学活动都应体现专用英语的社会文化背景（sociocultural context）。

（2）需求分析原则。有学者认为，相对而言，学习者的语言需要在ESP中较容易确认，这是ESP引人注目的特色之一。根据这一需要，秦秀白认为需求分析（needs analysis）是制定ESP教学大纲、编写ESP教材的基础。在ESP教学领域，需求分析包括两方面的内容：一是目标需求的分析，即分析学习者将必然遇到的交际情景；二是分析学习者的学习需求，包括缺乏哪些技能和知识以及学习方法。

（3）以学生为中心的原则。课件的制作应考虑学生的兴趣，应以学习者为中心，并给学习者“留有余地”，即不是一味地详尽陈述某一章节的全部内容，而是结合每一课的不同特点，给学生留出提问、思考、讨论和查找更多更详细相关资料的时间和机会，将课堂教学变为以多媒体教学设备为辅助手段的师生间互动、学生间互动的动态过程。另外，老师可将学生的作业发布到网上，大家可相互交流、切磋，并发表自己的建议、感受等。可让学生在网上联机展开讨论、相互评价。这样一来就大大缩短了传统课堂讨论的等待时间，同时也能使学生发现相互之间理解问题、思考问题的独特之处，从而汲取他人之长。

三、ESP课程设计的理论依据

不同的学者从不同的需要出发，根据各自的课程设计理论，进行ESP课程设计的研究。外语课程设计所需要的学科理论指导包括：语言学、教育学、二语习得理论、系统论、管理学、交际学和心理学理论等。有学者曾指出ESP教无定法，可采取任何一种适用的教学方法，教师可采用情景教学法、交际教学法、案例教学法、任务型教学法和建构主义指导下的自主学习教学法等。刘法公指出国外ESP教学的主要方法有：语域分析教学法（弄清语域并对其加以分析）及语篇分析教学法（不断使学生脱离句子的层面，把语言分析的目光扩大到语篇，实现更多的学生在课堂上的交流和探讨）。同时，他指出，适合中国学生的教学法应是比较教学法。比较教学法是充分运用教材相似相对的方面进行分析比较，提高教学效率的一种教学方法。在教学设计时，经常重新组合，使之互为映衬，使认识更深化。它通过同中之异或异中之同的比较更深刻地理解教材，即通过比较、辨析，教师引导学生找出ESP词汇、语义、句法、问题等方向的特殊性。

周梅提出，建构主义理论为ESP课程的指导理论，建构主义理论认为学习是学习者在新旧知识之间主动构建意义的过程。它强调以学生为中心，进行自主和互动式学习。谷志忠以《涉外文秘》课程为例，在建构主义理论的科学指导下，详细探讨了建构主义教学理念（主要包括建构主义的知识观、学习观和师生观），ESP建构主义教学设计（主要包括ESP学习环境设计、ESP学习资源设计和ESP协作学习）以及《涉外文秘》课程教学设计案例，并得出结论认为，建构主义理论指导下的教学设计——抛锚式教学法可以让学生更积极主动地参与到学习过程当中，提高他们解决现实问题的实际能力，能更好地让他们为未来的工作做好准备。

四、ESP课程设计的发展阶段

ESP没有确切的开始年月，但国外语言学家普遍认为ESP在20世纪60年代兴起。ESP代表人物之一的约翰·斯韦尔斯（John Swales）在综述ESP发展史时是这样概括的：彼得·斯特雷文斯（Peter Strevens）发现400年前就有了供外国旅游者用的短语手册，库尔特·奥皮茨（Opitz）发现200多年前船员们已在使用高度专门化的双语海事词典，但我个人认为ESP的历史比以上提到的都要短，应把ESP的起点定为1962年。ESP发展至今已有近50多年的历史，学界一般都认可哈钦森和沃特斯将专门用途英语划分为五个发展阶段，即语域分析、修辞或语篇分析、目标情境分析和以学习为中心。那么，与此相对应的是ESP教学方法等课程设计的更新和进步。

在国外，ESP课程设计具体模式著述颇丰。斯特雷文斯提出了ESP课程设计的雏形，他认为ESP教学是以学生为中心的教育。教育以学生为中心的趋势带来了一个新的观念，即“需求分析”；ESP教学课程设计必须和教学趋势密切相关，包括大纲的设计和教学法的变化，同时提出ESP教材编写和教法问题。玛丽（Mary）也提出了ESP课程设计具体模式，她认为ESP课程的发展建立在分析学生的需要之上，即他们需要用英语做什么，他们需要英语的背景以及他们目前的英语水平。然后，教师选择教材和活动，从课文转向任务，并且在这些课文和任务的背景下教英语。她以旅馆服务员的课程为教材和活动设计的例子，介绍了ESP教师应根据多样性情景，分析学生的需要、评价熟练水平、规定目标和目的、选择和改写教材、设计课堂教学、创造一个适应成人的学习环境、评定学生的学习进展情况。

在国内，ESP课程设计具体模式的研究领域被学者进一步扩大和细分，研置方法更为多样，包括对国内外ESP课程需求分析的研究；对ESP教学方法的专研究；对 ESP 教学手段等问题的研究；对 ESP 教学大纲设计的研究；还有学者进行课堂教学实证性的研究。这些研究扩展到了 ESP 教学设计的各个层面，改善了 ESP 教学设计的质量，促进了 ESP 教学实践的发展。

（一）以教师为中心的教学模式

以教师为中心的教学模式最早可以追溯至400年前。早在17世纪30年代，捷克的资产阶级民主主义教育家夸美纽斯（Comenius）就出版了《大教学论》一书，提出班级授课制度，以实现“教一切人”的理想，开创了以教师为中心的教学模式。以教师为中心，顾名思义，就是在整个教学过程当中，虽然教学的四个要素，即教师、学生、教学内容和教学媒体各有分工，互有侧重，但始终围绕教师这个教学要素中心。教师安排组织教学内容，利用各种教学媒体，以讲解、板书、多媒体课件等教学手段向学生传授知识。以教师为中心的教学模式中，教师始终是课堂教学的中心，是知识的传授者、灌输者，他控制课堂教学的内容和节奏，决定使用的教学方法和教学媒体，对学生、教学内容和教学媒体三个教学要素的影响一直都是单向的，而且有着绝对的权威。因此，刘法公认为，语法翻译教学法使课堂缺少双向交流机会，老师独立地讲，学生被动地听，无法达到交际的目的。陈坚林曾对教师、学生、教学内容和教学媒体四个要素的关系做过评论，这种模式下，学生是教师灌输知识的对象，教材是教师向学生灌输的内容，教学媒体则是教师向学生灌输的方法、手段。很显然，这种只有教师的单向知识灌输、没有学生积极参与的空洞说教，根本无法激发学生的学习兴趣，培养学生在目标情境当中的应用能力更是无从谈起。一般情况下，ESP 课程并不适合采用以教师为中心的教学模式。

（二）以学生为中心的模式

以学生为中心，顾名思义，就是在整个教学过程当中，学生成为四个教学要素的中心，教师、教学内容和教学媒体都是为学生服务的。

以学生为中心的教学模式，在整个教学过程中由教师起组织者、指导者、帮助者和促进者的作用，利用情境、协作、会话等学习环境要素充分发挥学生的主动性、积极性和首创精神，最终达到使学生有效地实现对当前所学知识的意义建构的目的。在这种模式中，学生是知识意义的主动建构者。教师是教学过程的组织者、指导者、意义构建的帮助者、促进者。教材所提供的知识不再是教师传授的内容，而是学生主动建构意义的对象，媒体也不再是帮助教师传授知识的手段、方法，而是用来创设情境、进行协作学习和会话交流，即作为学生主动学习、协作式探索的认知工具。

教学内容不再局限于原本为教师独有的教材了，资源更为丰富，范围更为宽泛，学生可以自行对教师提供的，或者互联网上提供的各种相关学习资源进行重组加工，教材甚至也可以成为学生主动建构意义的对象；媒体也不再是专属教师的教学工具了，而是被教师用来创设情境，进行协作学习和会话交流，成了学生自主学习、协作探索的认知工具。很显然，这种模式与以教师为中心的教学模式相比，教师、学生、教学内容和教学媒体四要素所起的作用又不尽相同，侧重点也完全不一样。以学生为中心的教学模式强调学生是学习过程的主体，是知识的主动建构者，可以充分激发学生积极探索、主动发现的学习兴趣和热情，有利于学生创新思维和应用能力的培养。

但是，何克抗认为，以学生为中心的教学模式设计忽视了对教学目标分析，忽视了教师指导的作用和教学模式设计，不能让学生放任自流。鉴于上述两种模式的各自特点及长处与短处，在具体的教学模式设计过程当中，教师最好能综合运用这两种模式，注意优势互补、扬长避短，充分发挥各自的长处。因此，在计算机多媒体和信息网络技术的支持下，教师主导、学生主体的教学设计模式也就应运而生了。

（三）教师主导、学生主体的模式

教师主导、学生主体的教学设计模式，有时也被称为双主模式，是以教为主导和以学生为主体两种教学系统相结合的产物。双主教学模式既能发挥教师的主导作用，又能充分体现学生的主体作用，在基本保留“传递—接受”的条件下，让学生更多地去主动思考、主动探索、主动发现。双主教学模式是当今教学的主流模式，它吸收了两者的优势和长处，摒弃了它们的缺点和不足。陈坚林认为，计算机网络与外语课程整合不仅可以创设理想的教学环境，更重要的是使教学结构体系发生了根本变化。传统以“教”为中心的教学结构转变为了“学教”并重的教学结构，即教师主导、学生主体的教学结构，教学过程中的四个教学要素之间的关系也发生了相应的变化。

一些学者认为，合格的 ESP 教师应充当五种角色：①他首先是个合格的英语教师；②他必须是个合格的课程设计者，并能为学生提供实用可行的教学资料；③他既是专业教师的合作伙伴，也是学生的合作伙伴；④他必须是个合格的教学研究人员；⑤他还应该精通 ESP 的测试与评估，并根据教学需要对学生的学习情况进行适时的分析和总结。可见，ESP 教学对教师提出了更高的要求。谷志忠认为，在教师主导、学生主体的教学设计模式当中，教师的角色和定位都发生了重大变化，具体包括：①设计者的角色，即教师利用计算机网络的优势，结合学生的学习风格、初始能力和学习特点设计并创造适合他们的学习环境和学习资源；②协助者的角色，教师指导学生进入一个精心设计、资源丰富的学习环境，让学生自己通过彼此的合作协商进行学习或解决问题，并在学生寻求帮助时及时介入，给学生提供必要的建议、帮助，简单示范解决问题的步骤；③管理者的角色，教师还需要就学生在学习过程中遇到的各种问题或突发事件进行协调和处理，充当一个管理者。该模式下的 ESP 教师标准和国外的 ESP 教师标准比较接近。

程世禄认为，以“学生为中心”的 ESP 发展阶段既强调学生是学习的主体，同时又注意创造良好的学习环境，使内因和外因相结合。学生主体则意味着教师认可并尊重学生的认知主体地位，给予他们足够的学习自由度。更重要的是，学生自身发生了根本性的变化。首先，角色的转变。实现了从“被动学习”向“主动学习”的转变。其次，自主意识的提高。学生强化了自己对学习负责的主体意识，学习积极性普遍高涨。他们学会了基于自己以往的经验，依靠自身的认知能力，形成对问题的看法、理解和判断，并最终提出自己的解决方案。最后，应用能力的培养。学生在 ESP 课程学习过程中面临更多的真实性任务，可以在模拟情境中亲身体验，并和伙伴合作协商来解决问题，从而获得解决实际问题更为直观的经验和感受。教师把更多的时间花在设计学习资源、学习环境和真实任务等上面，并通过适当的介入引导学生通过自己的摸索、实践，来分析、解决问题，或通过合作协商最终完成任务。这样的教学模式是当前比较提倡的也是比较好的模式，一是有利于发挥学生的积极性和主动性，二是有利于实现师生互动，有利于教师及时把握教学环节，达到既定教学目标。

第二节　CBI 理论

CBI 教学法最早从加拿大沉浸式教学法的成功获得启示。加拿大推行的中、小学双语教学形式多样，其中一个方法，就是通过使用目标语来进行诸如自然科学和历史学科的教学，甚至大学的某门学科的教学，他们称之为“依托课程内容的语言教学法”。将目标内容领域的知识或技巧与语言技能的提高这两者的教学结合起来，在一门课中完成，这样语言教学不再孤立。结果证明当语言教学与学科教学相结合时，当语言作为学习学科知识的媒介或工具时，便产生了最理想的外语或二语教学效果，学生目标语的语言能力得到最迅速的发展。这种现象得到许多国家的语言学家和外语教育专家的关注，他们也相继开展了实践和实验。

一、CBI 理论简介

20世纪和21世纪之交，国际上流行CBI教学法，也被称为“内容本位教学”或“依托式外语教学”，即把内容与语言结合起来进行教学。CBI教学法最早是从加拿大沉浸式教学法的成功中获得的启示，通过使用目标语进行某门学科知识的教学，他们称之为“依托课程内容的语言教学法”。结果证明用这种方法学习某门课程时，外语能力提高最快。这种现象得到许多国家的语言学家和外语教育专家的关注，他们也相继开展了实践和实验，结果也出现了很多成功的范例。如有学者为英语为非本族语的学生开设了一门“多重内容课程”，其中包括二语习得、计算机科学、人类学、生物、心理学这些对专业背景要求不是很高的课程。通过对比，研究者发现上这些课程的英语班学生在英语水平测试中的成绩远远超过了单纯学习英语的英语班的学生，而且在以后的学科学习上也超过了后者。

二、CBI 理论的内涵

CBI 理论的核心是：如果语言教学能基于某个学科知识来进行，将外语学习同内容有机地结合起来，教学效率往往会大大提高。一些学者认为当语言教学与学科教学相结合时，当语言作为学习学科知识的媒介时，便产生了最理想的外语或二语学习条件。这是因为，当学生的注意力集中在内容上，把目标语作为工具来探索知识，这时的学习状态最接近于母语学习，因此效率也就越高。即①关注内容可以把形式学习的焦虑感降到最低程度；②内容学习大大增加了可理解的输入量；③这种方式极大地调动了学生学习的兴趣和积极性，学生就学科内容或是感兴趣的话题进行真实且广泛的交流最能促进二语习得；④高层次的认知活动有利于语言水平的进一步提高。

三、CBI 的教学模式

（一）主题模式

所谓主题教学模式就是将课内课外有机结合起来，将教与学有机结合起来，课内课外连成一片。课内从不同侧面围绕一个学生感兴趣的、引人思考的共同主题，把听、说、读、写、译等语言活动有机地结合起来。教学活动包括主题预演、辩论、演讲、小短剧、写作文等，旨在激发学生的学习兴趣，培养听、说、读、写、译语言综合应用能力。课外教师指导学生主动阅读、练习听力，主要是教师指导下的学生自动阅读和视听活动，阅读材料和视听材料的教学量应是课内的 3 倍以上。

（二）课程模式

课程模式教学以目标语编写的各类专业教材为课程内容，学生主要是学习学科知识，同时习得语言能力。教学对象为有学术和科研要求的群体，学生语言能力要求在中等或中等以上，课程教学由专业教师来担任。

（三）专题模式

专题模式的授课内容与某一行业或专业有密切关系。教学材料来自实际工作岗位或有关学科领域，常用于各种职业或团体的培训，为特殊岗位培养特殊人才。专题模式的教学可以由专业教师主持教学，也可以由语言教师负责。学生通过学习大量的学科内容提高语言运用技能，并学会利用该语言解决专业问题。

（四）辅助模式

辅助模式又称附加模式，是一种相对复杂的教学模式，同时开设专业课和语言课。语言为专业课服务，由专业课和语言课教师共同承担教学，专门为那些主修专业课但在语言方面又跟不上教师讲课的学生开设。辅助模式的教学评估分为专业和语言两部分。

第三节　需求分析理论

一、需求理论

需求理论是由英国经济学家阿弗里德·马歇尔（Alfred Marsha）提出的。所谓需求，是人体对内外环境客观要求的反映，属人体的一种缺欠状态，表现为个体的主观状态和个体主观倾向性。英语的“需求”，来自古英语 need 的定义，其含义是不佳或贫困的需求。相应的拉丁词是 egestas，也指的是穷困、贫穷、不佳和缺乏。“需求”一词有三种解释方案：第一是破旧、贫穷、匮乏和有需要的；第二是需求、不足或没有；第三是要求和期望。需求的对象和内容可能是人体生理所需的某种基本物质（如食物），亦可是一些复杂的社会和个体因素（如知识、技能、成就、声望等）。

需求的定义大致可以归纳为以下几类：①考夫曼（Kaufman）认为需求体现出了当前的结果与所期望的结果之间的差距，或者称作距离，或者体现为事物的当前状态和期望达到的状态之间的距离；此外，还有一种观点，认为需求并非是用来测定当前状态与所期望状态之间的差距，而是测定被选择的单体的一种感知的理解。②考菲（R.T. Coffing）认为需求可以理解成一种个性化的心理体验，是要求测定被选择的个体对“应该是什么”概念化的心理体验。不同的人存在于不同的背景当中，因而会产生差异化的需求。③哈莱斯（J. H. Harles）认为需求是一种新的问题的出现，体现为实际情况偏离正常轨道时所引起的某种新的问题。④需求是原动力。它代表了体现个体生存和发展要求的一种不平衡反映，以鼓励人们自我发展，消除这种不平衡或紧张。

在教育学的相关文献中，学者们从主体角度出发，将需求从形式上分为社会需求以及个人需求。社会需求，意思是在一定生产力水平的限制之下，在一个特定的历史时期，社会发展对人力资源、物资资源、教育发展速度等需求的总体呈现；而个人需求，意思是指在一定社会关系的限制之下，个人根据自身所处的政治地位、经济条件、生存环境、社会对人才的需求状况，并配合个人的理想信念，不断完善自我，以期得到一个成功的职业生涯和教育的需求。近年来，“以学生为中心”的教学理念得到了越来越多人的认同。“以学生为中心”的实质是考虑到学生的真实需求，尊重学生的学习个性和特点，培养学生自主学习的能力，而不能庸俗地理解为在课堂上让学生“说了算”，让学生自己去“表演”或“表现自己”。中国传统教育中的所谓“因材施教”，就是说要根据学习者的实际情况来调整教学目标、设计教学方法等。现在，国外有些外语教学理论提倡“协商式大纲”（negotiated syllabus），就是教师和学生根据外语学习者的客观情况和实际需求，双方共同制订学习目标、学习方案、评估方式等。

心理学从人的个体角度出发，将需求认定为人作为个体生存在社会上的一种必需。哲学中需求是指生物体、个人、社会团体和整个社会对其存在和发展的客观条件的依赖和需要。马克思主义哲学强调人的需求和动物的需求在本质上的不同。人的需求建立在劳动的基础上，必须通过劳动创造出物品来满足需求。我们的需求和享受具有社会性质，是以社会的尺度去衡量的。历史唯物主义还认为，目的性是人活动的基本特征而目的不是主观意志的产物，它根源于客观世界，以客观世界为前提，目的是需求的主观形态，目的就是意识到的需求，所以，需求是驱使人积极行动的最终动因。而唯心主义则否认需求的客观实在性，夸大情欲、愿望、喜好等需求的主观形式，似乎人的需求的产生和满足是随心所欲的。旧唯物主义则把人的需求归结为自然需求，并以此去解释社会历史的发展。对于社会学而言，需求是一个人通过一系列的行为所要达到的目标或目的，它对一个人的生存和发展，具有十分重要的意义。人与人是不同的，所以需求也是因人而异的，但是在社会生活中的人们是紧密联系的，个人的需求在一定程度上都会对别人产生影响。另外，人和社会都是不断发展变化的，因而人的需求亦是如此。需求不仅仅是一种目标，更代表着一种行为能力。

以上几个方面可以看出，哲学和社会学所关注和研究的重点与心理学不同，它们不仅仅是研究心理学所关注的人类需求的本质和独特性，而是更侧重于放在一个不断发展变化、复杂的社会大环境下，一系列个人需求的行为对整个社会发展所产生的影响。

二、学习需求

学生、教师、学者对需要的定义和理解各不相同，并且每个学生对需求的理解程度也不尽一致。那什么是学生的学习需要呢？学习需要分析是指通过系统化的调查研究过程，发现教学中存在的问题，通过分析问题产生的原因确定问题的性质，论证解决该问题的必要性和可行性，以确定优先解决的教学设计课题，分以下四方面：①学生的学习需求和将来对工作的需求；②公众认为的学生在面临未来社会选择和需求时应学的知识；③学生为了一定利益目的，在学习中必须要做的工作；④学习者在学的过程中，主观想要得到的东西。从理论上来看，“需求” 的概念，其内涵以及外延的深度和广度可见一斑。将“需求”的研究领域主要放在“学习者在学习过程中，主观想要得到的东西”这一范围，也契合教育要“以学生为本”的根本宗旨。

学习需求作为现实社会和教育体系的客观需要，在学生的观念和头脑中自然地形成了对学习的主观需要。为协调教育过程中的种种矛盾和失衡，满足学生对英语学习的需求，教育者应采取积极手段以推动学生自主学习兴趣，即学习的动机。兴趣作为学习动机的先决条件，是渴望获得真理和认识大千世界的丰富心理活动。可见，培养学生学习兴趣，满足学习需求，是促使其学习活动产生动力的根本原因。

三、学习需求分析

在经济界，需求分析被广泛应用，常用在市场分析和消费者的需求分析中，并形成较为成熟的运行模式。在教育领域，虽不乏评估考察，但真正意义上的教育需求分析产生于20世纪中期。需求分析是采集数据进行分类整理的过程，且多数与群体及机构利益相关。另一种说法是，需求分析是在找寻现实与期望之间差距的过程；而哈莱斯的观点则是，需求分析是寻找解决问题的具体方法。总而言之，需求分析涉及材料信息的汇集与分析，是实证调查与诊断的过程，是从过程中寻找差距而解决实际问题的措施。

由以上可知，学习需求分析是在教学过程中，通过大量实证分析后，发现问题，从而论证解决问题的调查和研究过程。学习需求分析涉及四个方面的内容：①物质条件，如学习场所、材料、时间等；②心理条件，如教育心理学需求、学习兴趣、动机等；③知识技能条件，如现有知识、学习策略和方法等；④支持条件，如教师、学校等。该项分析的最终目的是找出现实同期望之间的差距，以设计和规划解决方案，实现最终目标。这要求教育工作者，以学生为研究对象，采用正确、科学的方式采集信息，了解学生的学习需求和缺失，以明确教育现状和达成目标间的差距，制定对策，弥补差距，这就是学习需求分析。

在具体施教过程中，教师讲授的内容与学习者需求和兴趣保持一致非常关键，外语学习者最了解自身的需求，知道将来能用所学的外语做什么、什么语言技能最重要。针对学习者需求开设的外语课程更能激励他们学好外语，开发他们自觉学习和使用外语的能力，此外，外语学习需求分析还可以帮助外语教师了解学习者外语学习中的要求和不足，在教学过程中开展一些有意义的教学活动，让学习者掌握真实生活中所需的语言技能，使整个外语教学活动更具有针对性，更贴近学习者实际需求。

需求分析在外语教学中处于“核心”地位，外语教学过程的每一个环节均离不开外语需求分析的指导。目前，在设置一门外语课程时，需求分析已成为不可缺少的启动步骤。通过需求分析，课程设置者除了能了解外语学习者的学习背景和现有外语水平与期望之间的差距外，还可了解学习者希望通过这门课学到的内容，掌握的外语技能，从而为外语课程设置的必要性论证提供可靠信息。在论证之后，外语需求分析亦能让课程设置有的放矢地制定教学目标、教学大纲和适时安排教学。

第四节　建构主义理论

一、建构主义理论概述

皮亚杰（Piaget）和维果茨基（Vygotsky）是20世纪最早研究建构主义（constructivism）学习方式的两位心理学家。“图式”“同化”“顺化”“平衡”是该理论的几个重要概念。皮亚杰关于建构主义的基本观点是：“学习是一种双向交互作用的成果，一个人的原有知识与新接收到的信息之间出现的非

‘平衡’情况是学习发生的前提，当新的信息与个人原有知识之间的交互作用以‘同化’或‘顺应’的过程方式进行时，学习便发生了，而作为学习的结果或是原有的认知‘图式’得到充实或是认知图式被构建了新的内容。”“同化”和“顺应”是皮亚杰图式理论的两个重要概念。“同化”就是把外界的信息纳入已有的图式，使图式不断扩大。“顺应”则是当环境发生变化时，原有的图式不能再同化新信息，而必须通过调整改造才能建立新的图式。维果茨基提出了“文化—历史发展”理论和“最近发展区”概念，在他看来，个体的学习是在一定的历史、社会文化背景下进行的，社会可以为个体的学习发展起到重要的支持和促进作用。在个体自我的可能发展水平和与人协作并受到他人指导的可能发展水平之间存在着某种差距，这种差异被定义为“最近发展区”。皮亚杰的图式理论和维果斯基的“文化—历史发展”和“最近发展区”理论是建构主义的主要理论基础。

二、建构主义理论指导下的教学应用

建构主义理论的内容很丰富，其核心概括来讲就是以学生为中心，强调学生对知识的主动探索、主动发现和对所学知识意义的主动建构。基于建构主义理论教学观，其核心内涵是：强调“学”，强调以学生为中心，强调学生对知识的主动探索和主动建构。这也与传统的以教师为中心，强调“教”，有本质的区别。建构主义理论也是任务型教学、辩论教学的重要理论基础。建构主义理论认为，学习发展是社会合作活动，知识是由自己构建的，而不是由他人传递的。这种构建发生在与他人交往的环境中，是社会互动的结果。建构主义理论强调学习者个人从自身经验背景出发，建构对客观事物的主观理解，重视学习过程而反对现成知识的简单教授；强调人的学习与发展发生在与他人的交往和互动之中。教学应该置于有意义的情景中，而最理想的情景是所学的知识可以在其中得到运用。建构主义理论支持下的任务型语言教学主张学习过程应充满真实的个人意义，要求外语教师学会促进学习者的全面发展——学习能力的发展、积极的情感因素和健康人格的发展。

因此，建构主义学习理论认为“情境”“协作”“会话”和“意义建构”是学习环境中的四大要素或四大属性。

（1）情境，学习环境中的情境必须有利于学生对所学内容的意义建构，这就对教学设计提出了新的要求，也就是说，在建构主义学习环境下，教学设计不仅要考虑教学目标分析，还要考虑有利于学生建构意义的情境的创设问题，并把情境创设看作是教学设计的最重要内容之一。

（2）协作，协作发生在学习过程的始终，协作对学习资料的搜集与分析、假设的提出与验证、学习成果的评价直至意义的最终建构均有重要作用。

（3）会话，会话是协作过程中不可缺少的环节。学习小组成员之间必须通过会话商讨如何完成规定的学习任务；此外，协作学习过程也是会话过程，在此过程中，每个学习者的思维成果（智慧）为整个学习群体所共享，因此会话是达到意义建构的重要手段之一。

（4）意义建构，这是整个学习过程的最终目标，所要建构的意义是指事物的性质、规律以及事物之间的内在联系。在学习过程中帮助学生建构意义就是要帮助学生对当前学习内容所反映的事物的性质、规律以及该事物与其他事物之间的内在联系达到较深刻的理解。这种理解在大脑中的长期存储形式就是前面提到的“图式”，也就是关于当前所学内容的认知结构。

由上述的“学习”的含义可知，学习的质量是学习者建构意义能力的函数，而不是学习者重现教师思维过程能力的函数，换句话说，获得知识的多少取决于学习者根据自身经验去建构有关知识的意义的能力，而不取决于学习者记忆和背诵教师讲授内容的能力。建构主义作为一种新的学习理论，自20世纪末以来备受关注。这一新理论认为学习不是简单地由外部到内部的转移和传递，真正有效的教育是建立在学习者真正理解的基础上的。学习是学习者主动地建构内部心理表征，学习者在一定情境中借助他人帮助，利用必要的学习资料，通过意义建构来获取知识，掌握解决问题的程序和方法，优化完善认知结构，获得自身发展。

根据建构主义理论，学习者不可能独立于客观条件的限制进行学习，学习者的学习建立在自身的经验基础之上，并且经历自主选择信息、加工信息和构建信息的过程。因此，教师应该为学习者提供便利的认知工具，努力创建真实或逼真的学习情境，建立以学习者为中心的学习环境，从而激励学生自我探寻未知世界。从另一角度讲，教学过程即是在特定的情境下，教师支持学习者获得解决问题的能力，创立学习者获取该能力的情境，鼓励学习者对知识体系进行探索，自我建构并且完成实践的过程。

建构主义学习理论把“教师”“学生”“任务”和“环境”作为学习所必需的四大要素，强调学生是认知的主体，学生应该认识到自己拥有解决问题的自主权，通过独立探究、合作学习等方式，努力使自己成为知识的积极建构者，逐步提高自控能力，学会自主学习，为终身学习打下良好的基础，同时又不忽视教师的指导作用。教师是意义建构的帮助者、促进者、支持者、引路人、评价者，教师要为学生创设良好的学习情境，提供多样化的信息来源。可见，有效的教育是建立在学习者真正理解的基础上。

第五节　人本主义教学理论

人本主义教学理论是现代西方的一种重要的教育思潮，它和人本主义心理学相结合，阐发了一种以学生为中心，以发展学生自我潜能和价值为目标的人本主义教育观。该理论在20世纪80年代被提出，以“完整的人”的发展为最基本的价值取向。自我以及自我实现是该理论的核心概念，它体现为教育思想对人性的复归，对学习者情感因素的重视。

一、人本主义教学理论概述

人本主义心理学是二十世纪五六十年代在美国兴起的一种心理学思潮，其主要代表人物是马斯洛（A. Maslow）和罗杰斯（C. R. Rogers）。人本主义学习观与教学观深刻地影响了世界范围内的教育改革，是与程序教学运动、学科结构运动齐名的20世纪三大教学运动之一。美国人本主义心理学家罗杰斯的非指导性教学就是这一流派的代表。人本主义教学观是在人本主义学习观的基础上形成并发展起来的，该理论根植于其自然人性论的基础之上。人本主义心理学家认为，人是自然实体而非社会实体；人性来自自然，自然人性即人的本性。他们的共同信仰是每一个人都具有发展自己潜力的能力和动力，行为和学习是知觉的产物，一个人大多数行为都是他对自己的看法的结果。由此，真正的学习涉及整个人，而不仅仅是为学习者提供事实。真正的学习经验能够使学习者发现他自己的独特品质，发现自己作为一个人的特征。从这个意义上说，学习即“成为”，成为一个完善的人，是唯一真正的学习。

罗杰斯在人本主义的“性善论”“潜在论”和“价值论”的基础上，多次明确提出了有关教育目标的观点。他认为，教育应该把学生培养成富有灵活性、适应性和创造性的人，教育应该注重具有主动性、独立性和创造性的人。概括地说，罗杰斯认为，教育所培养出来的人应该是个性充分发展的人。这种人具有主动性和责任感，具有灵活地适应变化的能力，是自主发展的人，是能够实现自我价值的人。

人本主义教学理论秉承马斯洛的人的“自我实现”理论，把教育的宗旨定位在：教育要真正关照人的终极成长，促进人的“自我实现”，培养“完整人格”，而非受教者成绩提高之类的短期目标。因此，人本主义始终关注的是人的整体发展，尤其是人的“内心生活”的丰富和发展，即人的情感、精神和价值观念的发展。人本主义教学论的教育目标应是促进“整体的人”的学习与变化，其价值追求是“完整人格”，培养独特而完整的人格，使之能充分发挥作用。人本主义强调的教育目的不仅是传授知识，更重要的是塑造完美人格，通过发展学生的潜能提高学生的自我学习能力。为此，作为培养人才的专门机构，学校的人才培养目标是：培养能从事自发的活动并对这些活动负责的人，能理智地选择和制定方向的人，能获得有关解决问题知识的人，能灵活地和理智地适应新的问题情境的人，能自由地和创造性地运用所有有关经验灵活处理各种问题的人，能在各种活动中有效地与他人合作的人。

人人都有自我实现的成长倾向和需要，所以，人不仅要维持自己的现状，还要发展自己。每个学生都具备解决自身问题的能力和动机。教师的任务是创造一种恰当的教育气氛，采用有效方法去调动学生天性中解决自身问题的动机和能力，帮助他们重新发现自己，认识自己，评价自己，认识自己内在的成长潜能，以此消除其“自我概念”上的不协调及其所造成的心理障碍。人本主义教育思想提倡给学生以无条件的积极关注，提倡从一开始就创造并维持一种没有威胁感、可以降低焦虑的、安全的气氛，提倡教育中的“非指导性”。只有这样，才能有效地帮助学生勇敢地面对自己的“自我概念”的不和谐，自由地表达自己既未被歪曲也未被否定的真实的生活体验，并进而对自己的成长负起责任。

罗杰斯将心理咨询的方法移植到教学中，提出了非指导性的教学模式。他极力批判传统教学将教师和书本置于教学活动核心位置的做法，认为这种方式只能使学生成为“奴隶”。在罗杰斯看来，教学活动应把学生放在居中的位置，把学生的“自我”看作教学的根本要求，所有的教学活动不仅要服从“自我”的需要，而且也要围绕着“自我”进行。基于此种认识，罗杰斯所提出的“非指导性教学”要求具有以下特点：在课堂中创造一种接受的气氛；围绕着发展个人的和小组的目标而进行；教师的角色不断变化。由此可见，非指导性教学并不是完全站在传统教学的对立面，只不过强调了传统教学忽略的而确实对学生的发展有利的方面，即应赋予学生更多的空间支配教学过程。非指导性教学模式改变了传统的师生关系，拓展了教学研究的视角。罗杰斯倡导过程哲学观，反对任何固定、僵化、一成不变的东西，他从未明确和系统地描述过非指导性教学的系统方法，但我们从其基本理论假设中还是可以发现“非指导性教学”的以下实施策略。

第一，教师应对自己坚信不疑，教师应当对学生的独立思考及自学能力充满信任。

第二，教师应同其他人共同担负起教学活动责任，课程计划、教学管理、经费预算、政策制定等都应是一个小组的共同责任。

第三，教师为学生提供学习资料。

第四，学生探索自己感兴趣的问题，在探索的过程中，每个人就自己的学习方法做出选择，并对这些选择所产生的结果负责，据此形成他们自己的学习计划。

第五，提供一种有利于学习的气氛，这是一种充满真诚、关心和理解的气氛。

第六，学生的重心集中在学习过程中的体验，学习内容虽然重要，但却是第二位的。

第七，强调自我训练，学生将训练看成他们自己的责任。

第八，重视自我评价，小组成员或教师的反馈信息也会影响学生的自我评价。

第九，在这种促进成长的气氛中，学习活动得到有效开展。

罗杰斯将教师定位于“促进者”的角色，认为教师不应是传统意义上的控制者，而应在教学过程中着重承担起“促进者”的角色并履行相关任务。他认为教师的作用主要表现为以下几个方面：一是帮助学生引出并澄清问题；二是帮助学生组织材料，为学生提供更广泛的学习活动；三是作为一种灵活的资源为学生服务；四是作为学习的参与者——小组成员而参与活动；五是主动与小组成员分享他们自己的感受。

罗杰斯认为，要发挥促进者的作用，教师应处理好与学生之间的人际关系，因此，要求教师注意以下几点：一是真诚。教师必须去掉假面具，与学生坦诚相见，畅所欲言，不要有任何的虚伪。二是接受。接受有时也称信任、奖赏，教师应分担学生碰到问题时产生的痛苦和压力，分享学生取得进步时产生的喜悦和欢乐。三是理解。作为促进者的教师需要站在学生的角度去体会和了解学生的内心感受，而不是用教师的标准审视学生的一切。

人天生就有好奇心，寻求知识、真理和智慧以及探索秘密的欲望，不用督促，不用指导，也不用传授。整个学习过程就是自我的发展与实现的过程，这不仅是学习和教育的价值所在，从更广的意义上说也是生命的价值所在。只要有一个适当的学习环境，学习者就可以凭借自身的巨大资源，自动、自我地完成学习。罗杰斯认为每个人生来就有学习的动力，并能确定自己的学习需求，学生做不到这一点是由于受到学校和社会的束缚。

学习分为两类：一类是无意义的学习，这种学习只涉及心智，是一种“在颈部以上”发生的学习，与个人的情感与意义无关，与完整的人无关。另一类学习是意义学习，这种学习不是指那种只涉及事实累积的学习，而是指一种使个体的行为、态度、个性以及在未来选择行动方针时发生重大变化的学习。这不仅仅是一种增长知识的学习，而是一种不再和情感对立的认知学习，是一种与每个人各部分经验都融合在一起的学习。罗杰斯认为意义学习包括四个方面：①学习具有个人参与的性质，即整个人（包括情感和认知两方面）都投入到学习活动中；②学习是自我发起的，即便在推动力或刺激来自外界时，要求发现、获得、掌握和领会的感觉也是来自内部的；③学习是渗透性的，也就是说，它会使学习者的行为，态度乃至个性都发生变化；④学习是由学习者自我评价的，因为学习者最清楚这种学习是否满足自己的需要，是否有助于获得他想要知道的东西，是否明了自己原来不甚清楚的某些方面。

在“完整人格”“意义学习”的理论基础上，人本主义教育理论建立了自己的教学评价模式。意义学习的核心是学生直接参与学习过程，参与学习目的、学习内容、学习结果评价的决策。意义学习反对以考试和考核为主的外部评价，提倡自我评价，认为这是发展学生独立性的先决条件。这种评价作用的本质是使学生为自己的学习承担起责任，使得学习更加主动、有效和持久，学生主动参与学习和评价过程。这种评价没有固定的模式，主要是让学生主动地与自己进行纵向的比较，而不是与别人进行横向的比较。这种纵向的比较有利于学生全面认识自己的过去，正确地为自己的现状定位，合理科学地规划自己的未来。学生可以从自身的兴趣、个性发展等多种因素综合进行评价，从评价结果中全面地审视自己，从而不断完善自己。

二、人本主义教学理论在商务英语教学中的应用

在传统的商务英语教学中，学生往往机械地记忆一些语法规则、词汇，反复操练一些枯燥的、冷漠的、缺乏真实性的对话或句型。教师是课堂的中心所在，教师的任务是单项的“传道授业”，而学生则像是一个容器，充当着被动接受知识的角色。在这种“填鸭式”的教学中，师生之间，同学之间缺乏交流，学生的主动性、创造性被严重遏制，学生的个体差异被忽略，学生的情感因素（affective factors）被抹杀，导致学习效率低下。

因此，为了进一步提高英语教育教学的质量，在重视语言本身的同时，必须关注学生本身及其情感等方面的因素。这恰恰正是人本主义教学法的研究重点。人本主义心理学的教育观和学习理论蕴含着丰富的内涵，对当前英语教育教学的研究有着重要影响。为了改革英语教学，研究者们在英语教学观、课堂设计、师生关系等方面都进行了一些探索。英语教学方法中，比较著名的包括暗示教学法、社团学习法和交际教学法等，这些都是和人本主义的教学理念异曲同工的。它们都有如下特点：第一，理论依据是心理学，而非语言学；第二，学生的情感情结状态被视为影响学生语言学习的重要方面；

第三，教学深刻理解并认同全人教育的理念，缓解学生的焦虑、自卑，帮助其建立富有安全感、能高效学习英语的环境。人本主义教学法在英语教学中的应用重点放在了如下几个方面。

（一）促进学生自我完善

人本主义教学法对英语的教学、学生的学习过程有什么影响呢？有学者进行过相关的研究，较有影响的是莫斯利维茨（Moskowitz）。莫斯利维茨曾花长达 15 年的时间研究如何把人本主义理念应用在教学活动中，他做出这样的假设：人本主义教学法能有效增强学生的自尊，能使学生深刻了解自我的情感，发现自我价值，并能欣赏和悦纳他人，培养出积极乐观的生活态度。所有的改变都能给学生带来积极的作用，促使学生在不断完善自我的过程中不断取得更高的成就。莫斯利维茨进一步就人本主义教学法应用在外语学习中的学生学习英语的态度、自我观念、对同伴的感情三方面开展了一系列的调查。他设计了三组调查问卷开展这项研究：

1. 学生学习英语的态度

此调查用于了解学生对英语学习的感觉和认知，对教师的态度，还有学生在课堂中的情绪反应。问卷调查显示，相比传统课程的教学氛围，学生更喜欢英语课堂，对教师的评价较为肯定，从而使英语学习的难度有所降低，更多的学生能感受到轻松愉快的体验，学生在教师的引导下比较容易放开，大胆地用英语发言或对话。

2. 课堂中的对自我和他人的观念

此调查用于探索在课堂上学生的自我认识以及对同学的态度。问卷调查显示，大多数学生表示提高了对自我和他人的认识；提高了自我认同感，能够发现自我的优势和潜力；能设身处地地为其他同学着想，同时也能获得他人的肯定和理解，表现出对集体的关注和热爱。

3. 课堂中的同伴关系

此调查用于了解学生在班级中的受欢迎程度。问卷调查显示，学生希望自己的学习小组得到更多同学的肯定和加入。人本主义教学法的课堂能够增进学生的彼此欣赏和接纳。综合莫斯利维茨以上的调查结果，我们发现，人本主义教学法，提高了学生接纳和参与英语学习的程度，激发其学习英语的热情和动力，情感上的这些改变促使学生获得更多学习英语的心理能量。

人本主义教学观强调学生是学习的主体，要尊重学习者自己的意愿。教师应该看到学生具有个体属性，即学生作为个体，其个人情感、风格和意志等部分都存在差异，同时还认为每个学生均各有其天赋的学习潜能。因此，教师不但要研究怎么“教”，更重要的是要研究学生怎么“学”，让学生充分发挥个人能动性，以个人为本设计教学内容和教学方法。教师在设计课堂的时候，要体现以学生为中心的理念，为其创造更多的独立性的、创造性的、合作性的学习活动，使学生成为课堂的主人。

（二）情感因素及其对英语学习的影响

语言学习是一种非常复杂的心理过程，同时也是人类最为普遍的一种认知活动，因此，语言学习的整个认识活动过程必然会受到情感智力因素的深刻影响，比如会受到诸如动机、意志、兴趣、喜悦、厌恶、性格等情感特征的调节。著名学者加德纳（Gardner）和兰伯特（Lambert）指出，语言学习者的主观态度、学习动机和性格倾向等对外语学习影响最大。克拉申（Krashen）的监控模式（the Monitor Model）理论中的情感过滤假说（Affective Filter Hypothesis）讲的也是学习者在学习目的语的认知过程中所形成的情感困惑，因而情感因素对语言学习的影响不容忽视。斯特恩（Stern）曾断言，情感因素对语言学习的影响至少和认知因素一样大，而且往往更大。斯特恩提出影响学习者的情感因素主要有以下三个组成部分：态度、动机及性格。

1. 态度

态度包括：①认知成分，即对某一目标的信念。②情感成分，即对某一目标的好恶程度。③意动成分，即对某一目标的行动意向及实行行动。在二语习得中，态度尤为重要。这包括对目的语社区成员的态度（如：I would like to get to know some English people.）、对目的语学习的态度（如：Learning English is a waste of time.）以及对语言与语言学习的整体态度（如：I'm interested in learning foreign languages.）。显然，对英语民族文化抱有好感，渴望了解其历史、文化及社会知识，十分有利于英语的学习。相反，如果对某种文化抱有轻蔑、厌恶或仇视的态，就很难认真地去学习该文化的语言。如果对英语的结构和表达法感到新奇，那么学习英语是一个不断发现新鲜事物的过程，是一种乐趣、一种探索，相反，如果把英语表达法想象得过难，那么这种学习态度必然会影响英语学习效果。

态度可以改变。教师在语言教学中应重视学生的态度问题，通过展现丰富多彩的目的语文化，与学习者思想情感互相沟通，改变学习者厌学的态度，让学习者感受到语言学习的乐趣，享受到进步和成功的喜悦。这也是人本主义教学理论的重要原则之一。

2. 动机

动机是指引起、支持、推动与维持个体进行活动以满足需要、达到目标的内在动力，是决定行为的内在力量。动机是指：①对某种活动有明确的目的性；②为达到该目的而做出的努力。加德纳认为，二语习得中被动机驱动的个体有如下表现：首先个体表现出指向性行为，语言学习总是指向一定的学习目标；其次个体为满足需求，实现预期目标而付出努力。许多心理学家指出，动机在学习中是一个很有效能的因素，能够大大促进学习。

动机一般可分为两类：工具型动机（instrumental motivation）与融入型动机（integrative motivation）。前者是指个体学习目的语更多地强调该语言的有用性和实用价值，借助对语言的掌握达到某一特定的目的（如：找工作、阅读外国报纸、通过考试等）。后者是指个体对目的语社区的成员与文化有种崇敬感，渴望与他们交流，了解他们的风土人情、生活方式等。因而，教师应该了解学生的动机，并帮助其形成稳定的、持久的学习动机。

3. 性格

性格是一个人表现在对现实的态度和行为方式上的比较稳定但又可变的心理特征，是个性最重要的组成部分。瑞士心理学家荣格（C. G. Jung）认为人生命中"力比多"（Libido）的活动是一切行为变化的基础，由此他根据"力比多"活动倾向于外部环境还是内部环境将性格分为外向型（Extroversion）和内向型（Introversion）。一般认为外向型的人在学习外语方面占据优势，因为他们都比较善于社交，有着较强的基本人际交往技巧（Basic Interpersonal Communication Skills，简称 BICS），而社交倾向性有助于得到更多的练习机会，获取更多的语言信息。传统意义上的优秀学生也都具备外向型的性格特征，如课堂积极回答问题，善于与老师同学沟通交流等。教师也对具有这些特点学生表现出明显的偏爱。王雪梅在《论性格倾向对英语学习的影响》一文中通过对随机抽取的 70 名英语学习者的调查，得出结论：在英语综合能力上，性格内向者与外向者不分上下；其中，在听写方面外向者占有较大优势，而在完形填空、阅读理解、词汇、语法方面，则是内向者占有较大优势。因此，教师不应因学生性格的不同而对其产生偏爱或不满的情绪，应该对其性格采取尊重的态度，对性格内外向的学生一视同仁，"因材施教"，使其扬长避短，并培养其自信心、进取心和坚强的毅力，使其性格在英语学习中成为积极因素从而更加有效地进行英语学习。

情感因素作为影响学习者英语学习的一个重要因素，越来越受到语言学家和英语教师的重视。它在语言学习过程中起着动力、定向、调节、强化的作用，直接参与和制约着语言教与学的过程及其教学质量，影响学习者智力水平的发挥。情感因素的三个组成部分——态度、动机、性格，在学习者的英语学习中起着至关重要的作用。正确的学习态度，明确的学习动机，积极的性格趋向，无疑会帮助学习者更为有效地进行英语学习。

因此实行以人为本的教学方法，必须给予学习者足够的情感尊重与重视，使情感因素在语言学习中起到积极的促进作用，从而形成轻松有效的英语教学环境。

（三）消除学习者的心理障碍

英语教学中常见的心理障碍有交际畏惧（communication apprehension）；考试焦虑（test anxiety）；负评价焦虑（fear of negative evaluation）；挫折心理和苦恼（discouragement and worry）等。交际畏惧指的是个人对于他人的真实或预期交际产生的恐惧或者焦虑。典型的交际畏惧的行为模式是交际回避或者退缩。交际畏惧者在介入他人的会话以及追求社交方面显得更加勉强。对外语能力自我评估低的学生容易出现较高程度的外语交际畏惧。考试焦虑指的是带着恐惧的心理来看待考查过程中成效不充分的倾向。换而言之，学生担心考不好。考试焦虑可能是学生学习技能中的缺陷引发的。一些学生在考试过程中感受到焦虑，是因为他们不知道如何去组织安排考卷上的材料。负评价焦虑是指对他人的评价有畏惧感，对负评价产生沮丧心理以及担心别人会对自己做出负评价的预期心理。对自己今后成绩原本就期望过低的人，在人际交往及完成任务过程中会产生自己不如人的感觉，而这种经常性的提醒会威胁个体自尊需要的满足，挫伤其自尊心和自信心，使其在活动开始前就产生比较明显的焦虑。挫折心理是指学生在从事有目的的行动过程中，遇到难以克服的困难和干扰，致使个人需要不能满足而产生的一种消极的情绪状态。学生在学习外语时，想讲讲不出，想听听不懂，故常产生挫折感。从心理学角度看，苦恼是指由于心理上发生纠葛，内心产生矛盾而引起的情绪上的不安和焦躁，它也属于一种心理受挫现象。

外语教师要善于运用心理学的原理，探索和研究在英语课堂过程中有效的教学方法。改革教学评价体系，尽量使用形成性教学评价体系，从学生发展、提高的角度来看待学生的成绩，避免考试排榜，并尽量淡化学生的某一次不理想的考试成绩。罗杰斯人本主义心理学十分强调师生关系，融洽的师生关系能产生皮格马利翁效应，形成积极的情感背景和良好的学习环境。高层次融洽的师生关系是在互相理解基础上产生的，而促进理解的有效途径是心理换位和心理相容。心理换位是指教师、学生各自置于对方的心理位置去认识、体验和思考。心理相容是指师生在心理上彼此接受、容纳对方。通过心理换位和心理相容，师生在理解基础上产生情感共鸣，课堂教学气氛轻松愉快，师生配合默契，教师能顺利地完成教学任务。

（四）改变教学手段

人本主义学者强调课堂教学的主体是学生，主要任务是引导学生自主学习。因此，有学者把人本主义教学法的教学手段进行了归结，所有教学手段最终都是为了实现学生的自主性学习。人本主义教学法指导下的英语课堂，可以采纳以下一些手段：增加个体活动，如演讲、朗诵、话题对话、小组讨论等；采用真实事例、资料图片、音乐、网络等教学手段呈现英语的实际应用，加深对英语文化的理解，让学生感受到学习英语有助于适应社会生活，具有必要性和实用性，多呈现英语语言的精妙之处，让学生有机会从美学的角度欣赏这门语言。总而言之，教师应多创设真实或与专业相关的交际情景，注重英语语言内容和情感的理解和应用，忽略一味讲解语法或抽丝剥茧地精读课文的做法；关注学生在学习过程中的收获，提高自主学习能力；通过肢体语言、声调、表情等表现个人授课的魅力，塑造出轻松愉快的课堂气氛。

（五）商务英语写作教学中的人本主义教学法

过程教学法，一直以来被认为是体现了人本主义的教学理念。过程教学法呈现出两个方面的优势：①注重学生的情感因素。教师注重营造一种安全且具有鼓励性，不容易使学生产生排斥和畏惧情绪的学习气氛。学生由始至终都主动投入，但又不是“孤身作战”，因为过程教学法主张创设多种同伴和小组互助学习活动。其中，当每人完成初稿后，同学间所进行的互评、互改，既是学生自我“指导”的重要途径，也是联结同学们情感关系的有效方式。②教师批改方式的改革。例如，对于学生英语写作的批改，过去以评分和纠正错误为主的批改方式，往往容易让学生只注重分数；人本主义教学法指导下的过程教学法主张通过师生间的交流和教师的多次评阅反馈学生写作的信息。这一明显的改变，使教师从英语写作的权威者、批判者转换成英语写作的组织者、协调者和反馈者。在教师的巧妙引导和鼓励下，学生从畏惧教师、害怕写作转变为轻松地上课、愉快地写作，努力地尝试，认真地参与到英语写作的各个过程，逐步提高写作的效能感，时刻感受到写作的乐趣和意义。

但过程教学法也有其缺点：①由于教师在学生写作之前没有进行足够的指导，学生写作之前没有范文可参照。因此，他们对一般常规写作模式没有清楚的概念。有些教师往往要求学生在写初稿时想到什么就写什么，结果在他们的第一稿中往往会出现严重的组织结构方面的问题。②忽视文章的体裁类别，各类文章都采取同一种过程，且花费时间较多。因此无法在短时间内培养学生的写作技能，不适用于接受短期培训的学生。③语言知识的输入不够，导致学生在写作过程中容易因太多语言困难而发生写作障碍。

因此，真正把人本主文教学理念贯穿于英语写作教学，在英语写作教学中实践适于学生的人本主义写作教学法，就必须取长补短，综合考量，做到：

第一，确立学生主体性。要确立学生在写作过程中的主体性地位，创设真实的写作情境，促进学生对写作内容的积极思考，引导学生主动参与，积极合作，培养学生自主学习能力。

第二，强调教师主导性。承认学生的主体性地位，并不意味着否认教师在写作教学过程中的主导性地位。相反，鉴于我国学生的实际情况，更要突出教师作为教学指导者的主导性地位。教师在写作教学的各个阶段，要给予学生有针对性的指导，帮助学生及时发现问题，指导学生主动顺利地完成整个写作过程。

第三，教学内容要实用。写作题材的选择要切合学生的兴趣和实际需要，要与学生的生活经验相互映射。教学内容要充分考虑学生的认知需求，要能让学生掌握各种题材文章的写作。注重语言输入，训练学生的遣词造句、修辞运用、语篇组织等，以有助于将来的进一步升学和职业发展。

第四，教学形式和手段要多样化。在写作教学过程中，灵活运用情境创设、资料搜索、头脑风暴、主题词提示、任务布置、同学讨论、辩论、多媒体、网络等教学形式和手段，调动起学生的积极性，参与学习、发散思维，并且为学生提供更多素材、帮助学生组织语言。

第五，建立平等的师生关系。教师要摒弃从教师角度居高临下看学生的态度，要以平等的心态对待学生，相互沟通、交流，在写作教学过程中当好学生的指导者，使学生在良好的心理状态中倾听和接受教师所输出的内容，确保写作教学的愉快、有效。

第六，使用激励性评价。教师要用发展的眼光评价学生，要多使用激励性话语，不要只是指出各类错误，对学生任何一点微小的进步都要及时表扬，加以鼓励，使学生在写作过程中不断体验进步与成功。

第六节　莱特博恩教学理论

1993 年，莱特博恩（P. M. Lightbown）和斯彼德（N. Spada）经过多年的深入实践，观察了解，精心研究，把外语学习理论分为四大类：行为主义理论、认知理论、创造性构造理论和第二语言相互作用论。

根据莱特博恩理论的观点，笔者认为行为主义理论、认知理论也适用于商务英语教学。因为商务英语教学本身是建立在语言教学基础上的，而且商务理论知识的学习也首先要解决商务英语的词汇、语法等问题。

一、行为主义理论与商务英语教学

根据行为主义者的观点，所有学习，不管是语言，或者是非语言，都是通过相同的强化过程和习惯的形成而产生的，学习者是通过他周围说话者和积极巩固对他们正确的重复和模仿而接受语言输入的，刺激—反应论是行为主义理论的基础，行为主义理论主张语言是一种人类行为，而不是一种思维现象。这种行为是通过习惯的养成而学会的，因此语言的发展被描述成一系列习惯的习得，一个人学习外语也是和第一语言相结合的。

行为主义者认为，错误是第一语言习惯干扰外语习得的结果。这个心理学理论已经和对比分析假设连在一起。对比分析假设认为，外语学习的心理过程与儿童母语习得不同，儿童母语习得不受任何其他语言干扰，而外语学习者在学外语之前，已经养成了一整套母语习惯，这些习惯对学外语可起正迁移（positive transfer）或负迁移（negative transfer）作用，这个迁移理论是对比分析心理学的基础。一般来说，与学习者母语相同的语言成分易学，不同的难学，如“I am a student.”这句话，对英语初学者来说就好学，因为英语句子的顺序和汉语顺序一样。但“He is very tall.”这句话初学者就易丢掉is，因为汉语“他很高”中不涉及系动词。又如“They study English.”好学，但“He studies English.”就难学，因为汉语里动词不分人称，对比分析的核心就是通过对比两种语言的异同，预测到学生学习语言的困难和易犯的错误，从而有针对性地做好教学工作。

不过，专家们发现，并不是所有预测到的错误都会发生，有些没有预测到的错误后来也的确发生了，如成年初学者用比较简单的句子结构代替复杂的句子结构，比如“No study.”研究结果表明：学习者第一语言的影响不是简单的习惯问题，而是一个相当微妙和复杂的过程。行为主义者否定认知，因而不能正确解释人类的行为。

商务英语是在职场上使用的英语，它是通过在职场进行商务活动强化过程和习惯而形成的。商务英语注重商务沟通能力，比如商务函电的写作，商务谈判中英语语言的运用等，这些现象都体现了刺激—反应论，也体现了行为主义理论的基础。商务英语应用于某些特定的商务场合，并通过习惯的养成而学会，比如，商务谈判中某些语言的使用，某些固定句型、句式的使用，商务函电中某些固定句型、句式以及某些固定表达法等的使用，因此商务英语语言的发展可以被描述成一系列习惯的习得。

对比分析的核心就是通过对比两种语言的异同，预测到学生学习语言的困难和易犯的错误，从而有针对性地做好教学工作。

行为主义关于语言习得的观点也同样适用于商务英语。商务英语虽然和普通英语有着密切的联系，但是普通英语的语言习惯也会干扰商务英语语言的使用，比如一些普通英语词汇，用于商务英语中，它的意义就完全发生变化。例如：arbitrary 这个词，在普通英语中它的意思是“任意的”，但是在商务英语中，它的意思却是“仲裁”。

通过对比普通英语和商务英语的异同，可以预测到学生学习商务英语语言时会遇到的困难和易犯的错误。商务英语的专业性很强，它是随着商品生产及贸易的发展而形成的一种文体形式，反映的是商务活动的语义内容。商务活动从本质上讲必然和普通大众相联系，同时也有专属于以商务活动为职业的专业人士的内容。商务英语不以语句的艺术美为追求目标，而是讲究逻辑的清晰、思维的准确严密和结构的严谨性。

商务英语是专门用途英语的一个分支，所以商务英语教学是社会发展的必然，是普通用途英语教学的扩展和延续，是英语语言教学贴近经济社会、培养实用型英语人才的一大变革。商务英语教学虽然起步较晚，但发展很快。商务英语是英语的功能变体，是英语在国际商务领域和活动中的使用，就词汇而言，商务英语词汇有自己的特点，但与普通英语词汇也存在着联系，从词汇上着手研究商务英语，最终的目的就是为了做到恰当、得体、准确地使用商务英语，这要求商务英语教师要有针对性地做好商务英语教学工作。

专门用途英语教学是用情景分析法来进行的。商务英语属于专门用途英语，所以在很长时间里，情景分析法一直是商务英语的主要研究方法。该方法是建立在功能语法和社会语言学理论基础上的。语言是社会交流的工具，这是社会语言学家的观点，学生在学习过程中受到很多因素的制约，这是功能语言学家一直坚持的观点。在各种语言教学理论的影响下，教师再次确认了培养学生商务交际能力的重要性，认为学生应该学会在各种小组商务情景中做出不同的适当的反应，练习使用商务语言，而不是只学习词汇和语法。让学生处于不同情景中学习相关的表达法，这是在不同商务场合培养学生交际能力的唯一有效的方法。

二、认知理论与商务英语教学

认知心理学家认为：学习者必须尽力去理解或表达语言的每一个方面，学习者渐渐地通过经验和实践能自觉地运用语言。认知论与刺激—反应论是针锋相对的，它和先天论（内在论）有一定的相似之处，但又并不完全一样。认知学习主要包括知识的掌握过程和问题的解决过程，情感学习与技能学习的认识部分也属于认知学习。认知有广义和狭义之分，从广义来讲，认知指人的认识活动;从狭义来讲,认知指知觉的理解性,即领会理解意识到的东西,指思维、记忆、感知、识别、分类等心理过程。

认知理论学说不同于行为主义学说，认知理论认为，学习是对客观事物之间关系的认识，强调刺激与反应之间产生的各种可变因素。它还认为学习是对环境的适应，是一个积极主动的过程，学习是通过学习者的认知，获得客观事物的意义和意象。学习是由一系列过程所组成，认知论者不反对语言习得能力的先天固有性，但也不把语言习得能力全归于天赋。

索里（J. M. Sawrey）和特尔福德（C. W. Telford）认为，认知学习是指刺激与反应所经历的观念过程，也是获得意义和达到期望的过程，而不仅仅是一系列的反应，它常常被形容为认知结构的形成。这些认知结构由一个人感知和理解他的物质世界和社会世界的一般方式所组成。

认知理论学说有各种派别。如:完形说(格式塔学习理论)、顿悟说、符号—完形说、乔姆斯基（A. N. Chomsky）语言学习论等。

认知理论本身不能轻易预测什么样的结构将通过实践实现自动化，什么东西将被调整。认知理论还不能预测哪一种第一语言结构将被迁移和哪一种不被迁移。有些心理学家经研究还发现有两种不同的组织功能：一种叫功能不变式，这种功能是一种遗传的心理功能，不会改变，它决定人类怎样与环境相互作用并向环境学习；另一种组织功能叫认知结构，这种功能是功能不变式与环境相互作用的结果。客观存在是人类向环境学习的产物，它以什么形式出现既取决于第一种组织功能，也取决于学习环境的特征，心理学家认为语言不能包括所有的认知能力，只能反映认知能力的发展，却不能决定认知能力的发展。语言能力的发展不能先于认知能力的发展，语言对智力发展的影响并非直接的、普遍的、决定性的；语言的影响可以是间接的和特殊的，语言的影响可促使智力的发展。

乔姆斯基提出的先天论（Innate Theory）与刺激—反应论相对立，乔姆斯基认为，正常的儿童在短短的几年之内能掌握规则抽象的语言，说明儿童的大脑里有一种天生的“语言习得机制”（1anguage acquisition device）。这就是说儿童具有一种遗传的机制，通过这种机制儿童掌握了语言规则，儿童生下来就有一种适宜学习人类独有的语言知识的能力。这种理论认为，语言是一种以规则为基础的复杂系统，而不是一些习惯的总和。语言习得机制的最终目的是语言规则的内在化（internalization），这些语言规则就是理解和产生语言的基础，环境是促进语言习得机制的先决条件，不能单靠接触环境而习得语言知识。乔姆斯基认为：认知不是认知书本上已写好的知识，而是要认知在人脑中很难说出的东西。

张佐成在《商务英语的理论与实践研究》中写道："……教育目的分类框架包括认知领域、情感领域和心理行为领域。认知领域强调知识学习和智性发展；情感领域包括态度和价值观；心理行为领域包括动手能力和技巧。在商务英语教育中，认知领域包括商务学科知识的学习、语言系统知识的学习和包括分析、综合、辩证、批评思维在内的智力方面的发展。情感领域包括发展学生对文化差异的敏感性，对其他文化的态度和处理跨文化交际的策略和技巧。心理行为能力覆盖了包括语言主用能力和实际处理商务活动能力在内的一系列能力，也就是以符合商业程序和惯例的方式产出、传递和消受商务话语的能力。"

从张佐成在《商务英语的理论与实践研究》的论述中我们可以发现，认知理论在商务英语教学中的拓展和具体应用，体现了认知理论在各个学科中运用的广泛性。

商务英语教学是对职场上商务语言的运用和商务专业知识之间关系的认识，商务英语教学必须通过社会调查，以满足职场的需求，教学内容必须适应职场和商场，必须体现商务英语语言的独特特点。通过商务英语专业学生对商务学科知识的学习、语言系统知识的学习和包括分析、综合、辩证、批评思维在内的智力方面的发展和认识，获得职场和商场使用商务英语语言的意义和意象。商务英语的学习由"英语语言教学 + 专业知识教学（商科知识教学）+ 商务技能操作教学（商务实践教学）+ 人文素养教育教学"这一系列过程所组成。这一过程也非常符合索里和特尔福德的观点，也就是"认知学习是指刺激与反应所经历的观念过程，也是获得意义和达到期望的过程，而不仅仅是一系列的反应，它常常被形容为认知结构的形成。这些认知结构由一个人感知和理解他的物质世界和社会世界的一般方式所组成"。

商务英语的学习过程经过职场和商场等准环境的模拟实训的刺激，学习者为适应这种与普通英语语用环境不同的英语的表述，就要对一系列独特的、专业性极强的商务语言进行反应，与环境相互作用并向环境学习，并形成另一种组织功能——认知结构（cognitive structure），从而获得了使用商务英语语言的意义以及实现在不同职场中使用商务英语进行贸易洽谈和合作的目的。因此我们可以得出结论，商务英语的学习符合完形说（格式塔学习理论）、顿悟说、符号—完形说、乔姆斯基语言学习论等。

商务英语的学习过程是一个复杂的、多元化的广博知识学习过程。它要求学习者具有全面的、综合的语言知识体系、商科专业知识体系和良好的人文知识体系，尤其是对跨文化交际学知识体系的掌握。

第五章 商务英语教学方法

自现代商务英语课程诞生以来，关于教学方法的探讨、研究与改革就从未停止，合理有效的教学方法能够有力地推进英语教学实践活动的展开，同时，也能够丰富商务英语教学理论。本章主要围绕任务教学法、项目教学法、交际教学法、情景教学法（多媒体教学法）和案例教学法这几种教学法展开。

第一节 任务教学法

任务教学法自 20 世纪 80 年代兴起以来受到许多研究者和教师的关注，相关的研究、探讨和应用一直延续至今。虽然也有某些持怀疑态度的看法，如罗恩·辛（Ron Sheen）在对任务教学法提出异议时指出那些周期性的激进的外语教学新方法并没有取得原先所承诺的效果，然而任务教学法依然是英语作为外语教学中一种较普遍的教学方法。是什么使得这一教学方法得以延续并且备受关注，其理论基础是什么，这一方法对当今的外语教学有什么启示等基本的问题依然需要明确。另外，有的教师会认为采用一种新的教学法只是一个具体的教学方式方法的问题。其实问题并不那么简单，也许对这一教学法及其理论层次再作探究会有利于更好地认识这种教学法，并给外语教学提供一些参考。

一、任务教学法的背景及意义

任务教学法是外语教学法研究者和第二语言习得研究者在大量研究和实践的基础上提出来的有重要影响的教学理论。它把语言应用的基本理念转化为具有实践意义的课堂教学模式。所谓任务型语言教学（Task based Language Teaching）是直接通过课堂教学让学生用英语完成各种真实的生活、学习、工作等任务，将课堂教学的目标真实化、任务化，从而培养学生运用英语的能力。也就是说以具体的任务为载体，以完成任务为动力，把知识和技能融为一体，通过听、说、读、写等活动，用所学语言来执行具体任务，在执行过程中发展运用自己所学的语言。任务教学法立足于学生本身，把学生作为教学的主体，教师从学生“学”的角度设计出各种教学活动，让学生在完成各种任务的过程中逐步形成运用语言的能力。

语言学家们将教学中的“任务”定义为指导学生在学习目的语的过程中领悟、使用、输出语言和互动的课堂交际活动。学生在完成任务的过程中运用目的语进行理解、交际。任务作为课堂的一种语言学习活动应具备以下特点：①以意义为中心；②以解决某一交际问题为焦点；③任务完成的结果是评估任务是否成功的标志。如要求学生在课堂中“Categorize the following commercial products.”就是“任务”的一种。

任务型课堂教学设计中的任务由下列五部分组成：①教学目标。英语课程的教学目标是培养学生的语言交际能力。这不仅是指正确地说和写的能力，还包括社会语言能力、语篇能力和策略能力。②输入，指设计任务的资料。输入的来源多种多样，包括课本、报纸杂志、学生作品、影视作品、歌曲等。③活动，指教师布置的任务。④师生角色。学生是交际者，其主要任务是沟通信息，具有学习的自主性，并经常进行两人或小组活动。为使学生成为交际者，教师应扮演促进者、组织者和监控者的角色，有时也加入活动中担当学生的“伙伴”。⑤环境，指课堂教学的组织形式。包括任务完成的方式（个人操练还是两人或小组合作）和任务时间的分配，也包括课堂教学或课外活动等。

任务教学法目前被很多国家采用，它是一种以人为本的，能体现语言价值的、先进的、有效的教学途径。

二、任务教学法的主要特点以及内涵

传统教学方式下，学生通过学习英语知识来掌握英语技能。但是，任务教学法是一种新型的教学方式，强调学生在教师的指导下完成安排的学习任务，深化学生对于知识的掌握，提高学生的学习能力。该教学法指出，仅仅是依靠简单的语言知识学习与技能训练，难以真正达到教学目标。在教学中教师应紧紧地围绕着既定的语言项目，为学生设计科学合理的任务，并给予学生必要的指导，从而让学生掌握知识与技能。

其中，任务教学法包括多个方面内容：前期的准备工作，中期任务，后期阶段巩固等。在准备阶段中，教师应向学生明确教学任务的主题，根据学生学习中可能存在的问题预先制订可行性解决方案，为下个环节学习做好铺垫。在中期的任务阶段中，教师向各个小组分配角色与任务，引导学生共同完成这些任务，同时，教师在这个过程中扮演指导者的角色，在学习上给予学生必要的指导，引导学生通过合作与讨论得出正确结论。教师可引导学生进行表演，而后以小组成员的表演结果为依据，对任务完成情况进行总结，强化学生对任务的了解。在后期巩固阶段之中，主要是在核心任务顺利完成之后，教师应以目标为中心，布置课后任务，适当开展相对应的活动让学生进一步巩固知识。

三、任务教学法的优势

和传统的语法翻译教学模式比较起来，任务教学法有以下几个明显的优势：

首先，任务教学法彻底改变传统的“应试教学”模式，将要掌握的学习内容分解为一个个需要完成且具有一定挑战性的任务，有效地激发了学习者的主观能动性和学习的自觉性；而笔者借助计算机多媒体现代教育技术针对特定任务和情景添加的一些相关的图像图表、音频视频资料，作为一种“理解性输入”的多维立体信息，因其生动形象、图文并茂，可以充分调动学生的兴趣和动机，强化信息刺激，使得学生对所学知识有更直观的认识和了解，学习效果更扎实、更持久，极大地提高了单位时间内教与学的效率。

其次，任务教学法加强了实用性英语教学，特别突出和加强了学生的听、说与交流能力的训练与培养，以适应社会对有较强国际竞争能力的人才的需求。任务教学法强调学习过程、有目的地交际和意义表达，鼓励学生多开口，注意培养学生在真实环境中应用英语解决实际问题和困难的综合能力。计算机多媒体技术的融入也使得教师设计模拟任务和提供真实语料更为便捷。教学当中补充的音频、视频内容涉及商务英语的方方面面，从生产管理到物流配送，从人才招聘到职业培训，从广告策划到市场营销，从金融证券到国际贸易，应有尽有。对于有相关专业知识背景的学生来说，这种特定语境下的音频、视频资料既可以巩固自己的专业知识，又可以提高自己的英语听、说水平。这种图文并茂、生动形象的多维立体信息输入使学生学得轻松、学得愉快，更重要的是学得更投入。

最后，任务教学法培养了学生的团队意识，提高了学生解决实际问题的能力。教师将学习内容分解成一个个具有一定挑战性的任务，学生必须通过与他人沟通合作去发现问题、分析问题直至最终找到解决问题的方法。该环节模拟出来的商务环境使学生能有机会尝试完成一项近似真实的工作任务，最大限度地为学生们创造交流的机会。这种强调任务的意义而非语言的形式的教学可以让学生在心理障碍最小的状态下自然习得语言，并通过完成任务、解决问题来理解团队精神，有意识地去培养自己的商务意识、跨文化意识、话语策略和决策能力，并最终实现在走出校门之后能很快地融入社会中去的目的。

四、商务英语教学中对任务教学法的应用

（一）商务英语的教学要求

由于商务英语课程属于特殊用途英语（ESP）范畴，其教学要求与一般的通用英语（EGP）课程的教学要求有所不同，这就使得我们应用任务教学法的具体过程和步骤也不尽相同。ESP课程教学要求目标明确、针对性强，其课程设计的精髓就在于目标需求分析。因此，ESP课程的老师在运用任务教学法之前，要首先了解学习者的目的和动机，分析学习者将来使用英语的情况，找出他们在交际过程中所需要的语言知识和技能，然后有针对性地设计任务，组织教学。商务英语课程要求老师在比较系统地介绍商务知识、帮助学生了解和熟悉商务环境的同时，更要侧重于进一步巩固并提高学生在基础英语阶段所学到的语言知识和听、说、读、写的技能，并结合具体的商务内容，有针对性地扩大词汇量，培养学生阅读理解有关商务材料的能力，以实现学生最终能熟练运用商务英语进行商务活动的教学目标。

（二）任务教学法在商务英语教学中的应用原则

首先，商务英语教师必须了解教学大纲对教学的要求，以实际应用为出发点，确定实施任务所需要的语言内容，要以本节课的具体教学目标和教学内容为基础。其次，教师要制订活动计划，根据学生学习英语的态度、年龄、性格特点和目前的水平确定活动目的，选择活动类型，然后再设计活动步骤。最后，教师要进行角色定位，考虑在执行该任务中自己和学生的角色；同时还要考虑活动的组织形式、学生座位安排以及活动的监控方式。教师要密切关注活动进展情况，给予指导并及时调整。

在商务英语课堂中采用任务教学时，应遵循以下原则：

（1）教师设计任务时要提供给学生明确、真实的语言信息。语言情景和语言形式要符合语言实际功能和语言规律，要使学生在一种自然、真实或模拟真实的情景中体会和学习语言。

（2）设计任务时还要注意语言形式和语言功能相结合。要让学生在掌握语言形式的同时学会自我培养掌握语言功能的能力，在完成任务的过程中，学生要能用上他们所学的知识和技能，并使用交际性语言。教学任务要有利于提高学生使用语言的完整性、流畅性和正确性。

（3）活动要多种多样，使不同类型的学生都能自主参与；任务要有层次和梯度，以适应不同能力的学生；任务完成时应该能展示出结果；要为学生提供思考问题和操作的模式，使任务有可操作性；在任务进行中，要为学生提供个体活动的时间和空间，使学生自我完善，得到全面发展。

（4）学生通过完成具体任务来学习语言，为了特定的学习目的去实施特定的语言行动，并通过完成特定的任务获得和积累相应的学习经验。在任务完成以后，学生可用分小组口头报告、书面报告等方式展示出成果。

总之，教师应设计出各种使学生有讲话的冲动及表达的欲望的活动。教师在课堂实践中，必须具备较强的组织能力和驾驭课堂的能力，给学生充分发挥想象力和创新能力的空间，指导他们在有表达欲望的活动中获取知识。

（三）任务教学法在商务英语教学中的教学程序

在这些原则的科学指导下，根据使用的教材的内容，应用教学任务法将课堂设计进一步细化为基础知识铺垫、前期任务导入、学生自主学习、分组学习讨论、真实语料点评和书面汇报总结六个教学程序。

1. 基础知识铺垫

作为任务教学法的第一个程序，教师首先要向学生简要介绍本章要学习的主要内容，然后再介绍一些与之相关的概念、术语和常识。

2. 前期任务导入

有了基础知识的铺垫之后，教师可以针对本章内容引入我们日常生活当中较为熟悉的话题，并逐步导入前期任务。

3. 学生自主学习

因为对导入的任务感兴趣、有热情，学生的自主学习会更积极、更有效。为了完成任务，他们会主动阅读相关内容，仔细查找与任务相关的资料，并在必要的时候向老师寻求帮助。该环节强调以学生的自主学习为中心，让学生进一步了解并掌握任务的相关知识，为后面的分组学习讨论、真实语料点评打下坚实的基础。而教师的角色则从由传统的课堂权威转变成任务的设计者、组织者和学习的协助者。这种转变有助于培养并强化学生的自主学习意识和独立意识。

4. 分组学习讨论

学生在学习相关术语、了解相关专业背景知识之后，再用目的语以小组讨论、配对练习、角色扮演、正反方辩论等形式来完成教师设计的任务时就显得得心应手、游刃有余了。该环节通过分组学习讨论的方式将整个班级拆分为多个小组，这样就可以最大限度地为每位同学创造交流的机会，避免了以前那种一个班级总是那几个同学积极发言而大多数同学旁观的局面出现。由于学生的英语水平参差不齐，教师在该环节不应过分拘泥于学生语言形式和语法错误，而应侧重强调任务的意义，鼓励学生积极参与。最后，教师再就学生完成任务的效果进行分析评估，并提醒学生有意识地去逐步培养自己的商务意识、跨文化意识、话语策略和决策能力。

5. 真实语料点评

ESP 课程教学的一个突出特点就是需要给学生提供真实语料，而日新月异的计算机多媒体技术和网络的发展使得教师为学生提供集视频、音频、图像和文字于一体的真实语料成为可能。让学生运用自己所学的专业知识对真实案例进行分析点评一直是任务教学法当中最受学生欢迎的教学环节，真实语料点评一方面为学生提供了一个理论联系实际的机会，有助于提高他们今后分析问题、解决问题的能力；另一方面又可以让学生现学现用，使他们觉得自己学到的知识很实用，可以派上用场，而不是与现实脱节的无用知识。

6. 书面汇报总结

在执行和完成任务的过程当中，学生自然运用语言的机会很多，独具中国特色的“中式英语”时常出现。虽然我们在分组学习讨论和真实语料点评的两个环节鼓励学生多用目的语讨论，但为了防止在集中关注意义的同时损害了语言形式的发展，老师有必要在后续任务阶段让学生提交一份有关任务的书面汇报总结。增加这一环节主要有两个方面的考虑：一方面可以帮助学生系统地梳理一下所学的内容，达到“温故而知新”；另一方面又可以通过规范、地道的书面语来督促他们逐步更正自己的“中式英语”，并最终过渡到商务环境中的标准英语。

五、任务教学法在商务英语教学中的注意事项

在我国，任务型教学法近年来已成为“先进”的语言教学的代名词，广大不同层次的英语教师认真学习任务型语言教学理论，积极开展任务型课堂教学实践，取得了一些可人的成绩。但同时在教学的过程中我们发现，任务型语言教学在商务英语的课堂设计中还是存在种种误区和偏差的。

（一）任务设计无信息差

“有差距”是“任务”具有的特点之一，任务应与学生现有的知识能力有一定差距，学生必须在学习所学内容之后才能完成。这些差距可以是知识差距（knowledge gap）、能力差距（ability gap）、技能差距（skill gap）、信息差距（information gap）以及文化差距（culture gap）等。在课堂教学中，教

师布置任务往往忽略了设计信息差。信息差指的是一位学生掌握了信息，另一位不知该信息的学生从信息掌握者那里通过交流得到信息来完成任务。倘若在课文中要求学生在城市中找到某一地点，如邮局的位置，由于学生都知道简图上的邮局的位置，问路方完全不需要对方的帮助就能找到邮局的位置。这就不是能产生意义协商的有信息差的任务活动，而只是能帮助学生熟悉语言形式的机械操练。所以，教师选择的阅读材料要适当地超出学生现有的阅读水平。

（二）任务设计缺乏真实性

在任务型语言教学中会有缺失语境的现象，任务型教学活动的设计不接近真实生活，活动缺乏真实性，达不到让学生在语境和交际活动中去认识语言、学习语言的目的。事实上，英语本身只是一种交流工具，我们学习它是为了学以致用，为了能解决一定有现实意义的问题，完成各种真实的任务。商务英语阅读课中的任务设计不但要重视结果，更要注重对过程的评估。具体体现在以下几个方面：任务的目标和要求要有实际意义，阅读前阶段要尽可能地激活学生的相关背景知识；任务的内容和形式要尽量真实可行，阅读阶段让学生带着问题去阅读，做到任务明确；活动的问题设置要由易到难，体现难度梯度，促使学生获取、处理和使用真实的信息，用英语与他人交流，发展英语思维能力和分析能力、解决实际问题的能力、综合运用知识的能力以及创新能力，让学生相互讨论，促成互动，让每一位学生均能阅读有所得，通过努力完成任务。此外，活动不应该仅限于课堂教学，而要延伸到课堂之外的实际学习和实际生活之中，培养学生在真实生活中运用英语语言的能力。

（三）解决任务的策略传统化、单一化

在任务型教学中，学生往往缺乏应对策略，大多数学生没有意识到当交际超出语言知识范围时，可以采取一些方法来解决问题。学生们普遍把语言知识等同于交际能力，认为口语表达出现的问题是由于知识的不足。在课堂提问中，我们可以看到有的学生因为单词量的不足或存在某种心理障碍，在课堂回答问题时，要么三言两语结束了表达，要么就用等用语逃避回答，造成语言形式单一，重复过多。大多数学习者讲话流利度不够，对语法和句法的过度关注，语言间停时间过长，甚至会有冷场。学生对学习英语的兴趣不高，甚至有的表现出厌学的情况。其原因主要有以下几点：

第一，专业知识不够扎实。

第二，受传统学习方式的影响，缺乏分析问题的逻辑思维能力，依赖老师讲解，习惯听讲式上课。

第三，不良的阅读习惯。如唇读（lip reading）、笔读（pencil reading）、有声阅读（vocalization reading）、回读（regression reading）等。阅读时，不会从整体着眼理解全文，而是习惯于将注意力集中于某一语言点或语法现象上。

第四，语言基础知识不扎实，词汇量偏小，特别是专业术语积累严重不足，文章中出现的一些专业术语常常成为学生阅读过程中的拦路虎，其复杂的句子结构让学生无所适从。可见，任务型教学法可以从整体上提高学生的学习兴趣，有益于发展语言能力和综合思考分析能力。但要完成有意义的学习任务，学生的外语表达能力必须达到一定的水平，它要求学生具有独立思考的能力，在学习任务的引领下，由教师调控、帮辅，自觉将被动接受化为主动探索，把语言知识学习与语言运用有机地结合在一起。

第二节 项目教学法

商务英语实训课作为专业课学习的延续和发展，其目的是通过一系列商务仿真情境交际练习，培养学生的商务意识，训练学生商务口语基本技能和技巧，从而提升学生从业竞争能力及职业素养。项目教学法为上述目标的实现提供了平台。实践表明，项目教学法指导下的商务英语实训课，提高了学生商务英语的基本工作技能和业务操作能力；提高了学生的自主学习能力、沟通能力和创新能力，是培养学生未来职业能力的有效途径。然而，在实践的过程中也有些需要注意的问题，如项目情境的设立和内容的选取，要符合学生的认知规律；项目的评价存在过程性，教师应当合理把握；要保持部分学生学习的积极性；在教学活动中，教师要不断提高自己的业务能力和实践操作能力；教师要扮演好学生的指导者的角色，给学生自主权的同时合理督促学生等。

一、项目教学法的发展及意义

项目教学法是美国进步教育运动的产物，其详尽清晰的界定首先是由美国教育家基尔帕特里克（Kilpatrick）在其论文《项目教学法》中做出的。“项目教学法”，在20世纪70年代的北欧和中欧历经了伟大的复兴。许多当今的教育改革运动——综合学校运动、社区教育运动、开放课程和实用教学都用到了项目教学。在美国职业技术教育以及其他领域中谈及建构主义，探究学习，问题教学和设计教学时，项目教学被称为最佳和最适当的方法之一。“项目”的理念源于17—18世纪，法理学家的“案例分析”和行政人员的“沙盘演练”等术语出自其同类。项目与试验、案例分析和沙盘演练的相似之处在于都根源于职业的专业化；与试验、案例分析和沙盘演练的不同之处在于项目教学法不是经验性的、解释性的和策略性的学习，而是一种“建造”性的学习。

项目教学法通过“项目”的形式进行教学。为了使学生在解决问题中习得一个完整的体系，所设置的项目包含多门课程的知识。项目教学法就是在教师的指导下，将一个相对独立的项目交由学生自己处理。信息的收集、方案的设计、项目的实施及最终评价，都由学生自己负责，学生通过对该项目进程的了解把握整个过程及每一个环节。这是一种典型的以学生为中心的教学方法。

二、项目教学法的优势

在教师讲授、学生接受的传统教学模式的影响下，中国学生形成了严重的依赖性和惰性。这种性格的养成不但不利于学生的学习，而且对其以后的工作也会造成障碍。项目教学模式，是一种实战型的教学模式，教学没有现成的答案，需要师生共同参与、合作，而其结果又是未知的。教师也不再是传统意义上的讲授者，而是“引导者”，帮助学生通过对项目的学习了解现实商务工作环境和程序，对商务活动形成一个基本的概念，提出相关的问题引导学生独立思考形成自己的看法，促使全班同学参与到讨论中来，最终产生令人满意的学习效果。项目教学模式一扫传统教学呆板、单调，能够激发师生主动参与的兴趣，使学习变成解决一个又一个现实的任务，而且也有利于教师的反思性教学，是对师生能力的一次又一次的考验和提升。因此，学生会对学习充满热情，学习效果自然也会得到提升。

三、项目教学法在商务英语教学中表现出的特点

国内学者将项目教学法嫁接到商务英语教学中，使商务英语专业教学直接与学习者将来从事的职业挂钩。商务英语项目教学就是针对相关的语言教学，使学生和他们将来从事的职业建立关系，使其完成一些有职业价值的项目。通过总结归纳部分学者的观点，得出项目教学法的主要特点如下：

①实践性：项目的主题与真实世界密切联系，使学生的学习更加具有针对性和实用性。

②自主性：提供学生根据自己的兴趣选择内容和展示形式的机会，使学

生能够自主、自由地进行学习，从而有效地促进学生创造能力的发展。

③发展性：长期项目与阶段项目相结合，构成为实现教育目标而进行的认知过程。

④综合性：具有学科交叉性和综合能力运用的特点。

⑤开放性：体现在学生围绕主题所探索的方式、方法和展示、评价具有多样性和选择性。

综上所述，商务英语项目教学法的落脚点还是语言的学习，通过项目的形式，在语言的学习过程中，使学生的自主学习能力、社会交际能力、肢体语言和话语能力等都得到很好的发展，这些能力的发展也都是语言阶段性发展的重要标志。项目教学法是一种教育理念，可以细化为行之有效的教学策略和应用较为普遍的教学方法。商务英语引入项目教学法不仅将理论与实践相结合，而且着重于人的整体发展，关注学生在项目中每一步的成长，是一种建构性的学习。

四、项目教学法在商务英语教学中的实施过程

项目选择要根据实践项目的目的、内容、条件等实际教学情况，深思慎取，科学选择，依据学生的具体情况而定，做到事半功倍。其原则包括：①具有某种课程的综合性；②难易程度适中，具有循序渐进性；③具有趣味性；④贴近生活，贴近工作岗位；⑤具有启发性；⑥具有目的性；⑦具有真实性和动态性。

项目选择的方式有两种，一种方式是教师选择，另一种方式是学生在教师的指导下，自主选择。在选择过程中，教师可以根据课程的特点，结合大型商务谈判的实际工作要求，为学生设计模拟商务谈判的项目。

（一）项目教学的前期准备

1. 提高学生的认识

在实践项目教学法前，教师要对学生讲明实践教学的目的、内容、意义和具体要求，并做好实践教学前的一切准备工作，包括实验报告纸、录像机、录像带等各种教学设备，全方位营造实践教学氛围，使学生在思想上给予重视，从而为实训项目的完成奠定基础。

2. 教师对学生进行辅导

教师在项目实施中的作用是主管、指导、顾问和协调人，并且教师在项目中的参与程度和所起的作用是逐步形成的。教师对学生的指导首先表现在对项目选择的指导上，其次表现在对学生在项目实施过程中的及时指导。商

务谈判教师指导学生选择常用商务谈判专业术语，指导学生进行风险分析并撰写可行性报告；商务英语教师指导学生利用网络资源查阅相关的文献资料，指导学生设计调查问卷的内容，分析调查的结果，撰写调查报告；国际贸易实务教师为学生讲解外贸交易的具体实施步骤以及在交易过程中应特别注意的问题；翻译课教师指导学生对所选材料进行英汉互译；综合英语教师指导学生制作课件。教师对学生的指导，为学生完成实训项目奠定了心理基础。

3. 学生做好课前准备

由于成果展示是项目教学的核心部分，而项目均以小组的形式进行，所以学生必须进行充分的课前准备。模拟商务谈判项目，学生须查阅各种资料，撰写可行性报告，练习商务谈判的各种专业术语。商务运作能力训练项目，学生选定情景，如开设咖啡屋，并在设计问卷时考虑周全，如学校附近的哪个地方最为合适，大小如何，需要提供什么产品，价格如何定位，如何制作菜单，工作人员职务、职责、薪资、工作时间长短如何确定，如何进行宣传才能充分吸引顾客等，这一过程充分锻炼了学生周密分析问题的能力。学生还可以练习进行交易前的准备，进行国际市场调研，制定出口商品经营方案，与客户建立业务联系；练习交易磋商的形式、内容、程序、报价核算等内容；在实际训练中使用询盘、发盘、还盘、接受等外贸术语，模拟操作外贸出口业务的流程。在准备的过程中，学生分组活动，扬长避短，优势互补。每个学生都有表现的机会，有的学生口语差，但逻辑思维或分析判断能力强；有的学生在翻译方面有优势，就负责文字的翻译；有的学生记忆力好，就进行口头阐述；有的学生计算机操作能力强，便负责课件的展示。

（二）项目教学的成果展示

项目实施必须有明确的目标，从而使学生有明确的学习目标和感性认识，知道在实施项目时要解决的问题是什么，明确自己在小组中扮演的不同角色。建构主义认为，学习的目标具有定向性，只有学习者清晰地意识到自己的学习目标，并形成与获得所希望的成果相应的预期时，学习才可能是成功的。在建构主义学习中，学习目标如同灯塔一样起着整体的导向作用。加涅（R. M. Gagne）的学习层级理论认为：学生的学习存在着层次关系，从任何特定的学习目标出发，都可以找到一些作为先决条件的更简单的学习目标。在动态的学习过程中应鼓励学习者确立自己的目标，通过不同的途径达到目标，并评定自己在达到目标过程中获得的进步。

运用项目教学法，并使其在商务英语教学中对语言发展起促进作用，主要是促进语言系统的发展变化。在当前，关注个体语言发展吸引了大部分人的注意力，人们通常会对语言的各个组成部分进行分析对比研究，例如，语言、词汇、语法、句法等。然而因为语言系统本身处于不断变化发展的过程，它会随着时间的推移，以及社会环境、遗传因素、个人背景等很多因素的影响发生改变。在商务英语教学中运用项目教学法，就可以很好地克服这点。它不仅仅强调建构主义中人们对知识的建构，强调认知、情感以及社会文化等因素的共同作用，同时也不排除以华生和斯金纳为代表的行为主义语言发展观点，承认语言的学习需要靠不断地模仿和练习。特殊语境下的商务英语语言变化过程主要体现为特定语言与日常语言的转换。在真实的项目设计中我们需要考虑身份的差异（年龄、性别、地位、心理特征等）。因而，要从心理语言学的角度出发，探讨商务语言模式、语言生成与语言理解的相互作用，从而揭示商务人士内在心理变化过程，描述商务语言的发展变化过程。

项目教学法所依托的复杂性思维范式要求在教学的过程中把系统的外语教学框架中的艺术因素与科学因素结合起来；而这也必然是“技术性实践”与“反思性实践”的结合。教师必然既注重语言的艺术魅力也注重语言本身的科学规律；也必然从传授语言技能的“技工”向反思外语教学的研究型教师转变。因此，无论单一的强调哪一种范式都会有所偏颇。企图用一元范式或二元范式来解读复杂的外语教学是行不通的。将项目教学法运用于商务英语教学，探究的不仅仅是简单、线性的因果关系，它关注的还有教学中的情境性、时间性、偶然性，以及在这一特殊环境下复杂的教学活动和师生关系。

第三节　交际教学法

语言教学可以说是一项在教学理论或原则指导下教师指导学生解决问题的活动。教师的课堂教学活动都是在某种理论或原则的指导下进行的，教学的成功在于理论的正确指导，在于教师采用与理论相适应的教学手段，并根据学生的具体情况发挥个人的创造性。在目前高校英语专业中，商务英语是较为热门的专业，经贸英语、国际商务英语、外贸函电、外贸实务、商务谈判等都属于商务英语类课程范畴。英语专业中开设此类课程能更好地满足社会对外语类复合型人才的需求，这也是英语专业教学改革的方向。与英语专业中的其他课程相比较，商务英语类课程最大的特点是语言技能与专业知识的密切结合，这一特殊性决定了教师在教学中既要注重培养学生的英语语言技能，同时还应讲授商务专业知识，这无疑对英语教师提出了更高的要求，使教师觉得教授此类课程有较大的难度。此外，为了能取得理想的教学效果，达到预期的教学目标，该如何运用某种教学理论进行指导，采用何种教学手段，也是教师们苦苦思索和探求的重要问题。

一、交际教学法的内涵及其主要特点

交际教学法（Communicative Language Teaching Approach）又称功能—意念法（Functional-Notional Approach）或语意—意念法（Semantic-Notional Approach）。它是一种既培养学生语言能力又培养其交际能力的教学法，其理论主要来自社会语言学、心理语言学和乔姆斯基的转换生成语法。交际法语言教学理论最突出的特点是重视对学生语言交际能力的培养。它克服了传统教学法重形式轻内容、重语言系统成分学习而轻语言实际应用等方面的局限性，真正体现了语言的交际作用。

事实上，学习一门语言，最终目的就是为了交际，即用语言来传递、交流信息，表达思想感情。交际法语言教学理论的另一个特点是重视语言使用的恰当性。学习语言不仅仅是学习语言系统成分的正确用法，而且还应学会语言的使用场合，即在不同场景下如何恰当、准确地使用语言。换言之，学习语言除了要学习语言规则，即语音、语法、词汇的各种规则，还应掌握其语用规则、各种文化词汇等。交际法的创始人之一、著名的应用语言学家威多森（H.G. Widdowson）认为，掌握一门语言意味着掌握其词汇、句法，而且要会在语言交际中进行恰当的应用。交际法是70年代在欧洲兴起的外语教学法，这一语言教学理论的确立，从不同侧面反映了随着社会经济、科技和文化的发展以及各国交往的日趋频繁，社会对具有交际能力的外语人才的不断需求。

二、交际法在商务英语教学中的应用

外语教学的任务是培养能在不同文化背景中进行交际的人才，这是外语教学的指导思想。商务英语教学也没有背离这一教学宗旨，从某种意义上说，商务英语教学对培养涉外交际人才的要求更高，也就是说，它旨在培养语言技能与专业技能相结合的复合型涉外交际人才，这也反映了当今社会对外语教学的新要求。在明确商务英语的教学目标任务后，接下来就是如何在正确、可行的教学理论或原则的指导下来实施、开展教学活动。交际教学法语言教学理论正是在当今社会对涉外交际人才的需求不断增加这一背景下兴起并流行的，而且该理论的核心思想就是语言交际能力的培养。因此，交际教学法可以作为指导商务英语教学的语言教学理论。

（一）采用“分两步走”策略来组织、开展教学活动

商务英语最明显的特点是语言技能与商务专业知识的密切结合，这在客观上要求教师既要注重对学生语言技能的培养，强化学生的听、说、读、写、译等各方面的能力，而且还应重视商务专业知识讲授，使学生具有扎实的商务专业知识。交际法教学原理已经表明，语言学习不仅要学习语言的系统成分，而且还应重视语言的实际应用。因此，在商务英语教学中，教师可“分两步走”来组织、实施课堂教学。“分两步走”主要是指把整个教学安排分为两个环节：第一个环节，即所谓第一步，是指教师首先对基本商务专业知识进行讲解，比如对一些基本理论、基本概念、技术术语、专业词汇等进行介绍、分析，使学生能有较全面的了解。第一步应以教师为中心，教师必须用英语作为课堂语言，并详尽阐述、讲解专业知识。因此，教师不仅要有娴熟的语言技能，而且还应具备良好的专业素养。第二个环节，即第二步，是指教师组织学生并以学生为中心开展形式多样的课堂活动，进行各项语言技能及商务技能的训练，如专项讨论、案例分析、单证制作、模拟洽谈、辩论、口（笔）译练习等。商务英语是应用性很强的一门学科或专业方向，具有很强的实用性和操作性，因此组织丰富多样的课堂教学活动不仅是必要的，而且是完全可行的。值得注意的是，在第二步中。教师应着力营造一种商务气氛，使各种操练能在一定的商务氛围中进行，以取得最佳效果。不难看出，这两步之间是密切联系，不可分割的，第一步应是第二步的基础和必要条件，第二步则是第一步的目的和归宿。“分两步走”充分体现了交际教学法对语言教学的要求，而且也使语言技能与专业知识融会贯通。

（二）重视对商务专业基础知识及商务英语语言特征的分析

交际法是一种既培养学生语言能力又培养其交际能力的教学法。对语言的学习，掌握语音、语法及词汇的各种规则，可为语言交际能力的培养奠定扎实基础，因此对语言系统知识的讲解是符合交际教学法客观要求的。我们知道，商务英语类课程一般大都在英语专业的高年级阶段开设，学生已具备较扎实的英语语言基础，因此在这一阶段无须对普通语言知识进行精讲。由于在低年级阶段学生没有学过商务类课程，学生对国际商务基础知识、基本概念、操作环节了解很少，尤其是对一些技术术语、专业词汇及缩略词更觉得生疏，难以理解和掌握，因此教师应把某一商务领域的基础知识、操作流程、基本概念、专业词汇及术语的讲解作为重点，比如讲授国际货物贸易时，教师应就货物贸易的数量、品质、包装、价格、运输、保险、支付、检验、索赔、仲裁、不可抗力等内容作为一个整体系统讲解，并最终体现在一份国际货物

销售合同之中，使学生从整体上加以把握。此外，商务英语有较为明显的语言特征，如用词规范、句子结构严谨、惯用术语及缩略词、套语频繁、法律文体等，这是商务英语与普通英语的不同之处，也是商务英语的重点和难点。因此对于教师而言，在讲解语言知识时，不宜对普通英语的语言系统做过多的精讲，而应重点分析、讲解商务英语的语言特征，尤其是对极易与普通英语中的常见用法混淆或令人费解的一些专业词汇、技术术语、习惯用法、缩略词等更应详尽分析比较，讲清讲透。频繁使用专业词汇是商务英语的主要语言特征之一，许多专业词汇蕴含深层的含义，是商务英语学习中的重点和难点。比如《国际贸易术语解释通则》中的有关买卖双方的权利和义务划分、风险转移、运输方式、保险等规定最终体现在 13 个价格术语之中，而且这些价格术语又以缩略词形式出现，如 FOB、CIF、CFR、DAF 等。作为国际贸易惯例，这些价格术语明确了买卖双方的权利和义务，并为合同履行、争端解决（如仲裁、诉讼）提供了依据。同样，国际贸易中的有关支付方面的各种规定也包含在几个术语之中，如 L/C、D/A、D/P 及 T/T 等缩略词分别对支付的整个操作规程、适用范围做了详尽的描述，供当事人选用。此外，还有许多普通词用作术语的例子：

（1）We are sending you the offer subject to our final confirmation.

（2）Please establish the confirmed L/C 20 days before the date of shipment.

（3）The seller shall present the following documents required for negotiation / collection to the banks.

以上 3 个例句中的 offer、confirm、negotiation 及 collection 是英语中常用的词汇，分别理解为“提供”“确认”“谈判”及“收集”，但在商务英语中这些词则通常作为专业词汇，分别含有“报价”“保兑”“议付”及“托收”的意思。与普通用法截然不同，这些词汇在商务环境中包含丰富的专业知识，如果不能理解其特定含义和特殊用法，就会影响商务活动的顺利进行，甚至导致严重后果。

（三）增强对商业文化的敏感性

交际教学法的一个显著特点是重视语言使用的恰当性，即学会在不同场合恰当、准确地使用语言。这就要求在语言交际过程中，不仅要遵循语言的基本规则，如语音、语法及词汇的各种规则，而且还应把握反映深层目的语文化内涵的各种语用规则、交际风格及文化词汇的用法，以便使交际顺利进行。商务英语教学主要是培养在涉外商务环境中进行交际的人才，因此我们同样应注意文化因素在涉外商务环境中对交际所产生的影响，尤其是不同的商业文化在这方面的作用。商业文化主要包括人们在商业活动中的经营理念、经营管理方法、商业心理、商业价值观等方面的内容。研究者发现，不同国家的商业文化存在着很大的差异，在涉外商务交往中因商业文化差异所引起的商业文化冲突会严重阻碍商务活动的顺利进行。

1. 在经贸洽谈方面

在涉外经贸洽谈过程中，往往会因谈判人员的性格特点、谈判方式、行为举止及价值观等方面的差异引起商业文化冲突。事实上，不少涉外谈判人员对经贸活动中所遇到的具体情况往往会无意识地参照本国的文化价值观。例如中国公司的商务人员见到外商时会递上一支烟。在中国，向客人敬烟是表示礼貌和友好，而在国外，特别是欧美国家有不少人反对吸烟，向客人敬烟反而是不礼貌的表现。因此，商务人员应避免“文化参照”，适应异国文化差异。在商务谈判中，商务人员应熟悉别国的文化背景，把握谈判对方的性格特点，以便在谈判中处于主动地位。

2. 在涉外商业广告设计方面

由于不同文化背景中消费者的需求、消费心理、品味及爱好等存在着很大的差异，因而在涉外商业广告设计方面，也会面临诸多文化因素的干扰。这就要求广告设计者更多地了解异国文化背景，尤其对那些反映异国民族文化的语言词汇，即所谓的文化词汇有较深刻的理解。例如，在德国，“啤酒”一语有着丰富的文化底蕴，反映出该民族的饮食传统及消费爱好，它是广大消费者喜爱的饮料，德国啤酒有很好的声誉，因此一则奶酪广告，可以用一大杯起泡沫的啤酒来烘托主题，以迎合消费者的品位和消费心理；而在法国，如用一杯红葡萄酒来代替啤酒，则更能迎合消费者的心理，因为红葡萄酒为法国人所钟爱，具有悠久的历史。又如，在美国，一则广告的口号可以是“Don’t spend a penny until you’ve tried.”（试用前别花一分钱。）而在英国，“spend a penny”则有轻视某人之意，因而不宜采用这样的广告口号。因此，一则成功的涉外商业广告取决于对异国语言文化的理解，唯有如此，才能更好地传递广告主题及广告信息，才能体现广告的商业功能。

由此可见，对异国商业文化的介绍应是商务英语教学的重要组成部分，教师应注重对不同国家之间商业文化差异的分析，强化学生的商业文化意识，增强对商业文化的敏感性。

（四）强化学生的语言技能及商务技能

传统教学法片面强调语言系统成分的学习，而忽视语言的实际应用。而交际教学法不仅重视语言系统成分的学习，而且强调语言的实际运用，注重对学生交际能力的培养。交际能力培养是外语教学的目标和任务，是从事教学活动的根本出发点。商务英语教学也应从培养学生的涉外商务交际能力这一目标要求为出发点，着力运用形式多样的教学手段和技巧，开展丰富多彩的课堂教学活动，使学生在语言技能及商务技能等方面得到训练和强化。在具体教学活动中，教师可根据教学内容的安排，有针对性地选择合适的教学手段，组织学生进行商务语言技能的训练。这方面常用的教学手段主要有：

1. 课堂辩论

教师有针对性地设计一些真实典型的案例，比如国际贸易中因当事人在货物质量、交货时间、货物运输、货物保险及价款支付等方面所引发的争端，以及在国际投资中因生产、管理、销售及利润分配等问题引发纠纷的案例。教师可要求学生运用所学知识对所存在的问题进行分析，并提出解决方案。一般来说，解决争端的方法主要有协商、调解、仲裁及诉讼四种，而且对争端的解决会有各种不同的意见，因此教师可要求学生对不同的解决方案进行分析、辩论，进而认定何种方案更为合理、公正。此外，对一些教材中有争议的问题，尤其是某些理论上的争议，亦可让学生各抒己见，共同探讨。

2. 模拟洽谈

国际贸易及国际投资是国际商务活动的两个主要方面，而这些商务活动离不开洽谈这一环节，因此模拟洽谈既可培养学生的语言技能，亦可强化学生的商务技能。采用这种方法时，教师应事前选定合适的主题，比如选择订立销售合同、合资经营、委托销售、专利转让或许可等作为洽谈主题，然后将学生分成几个小组，并将“外方代表”“中方代表”“翻译”“法律顾问”等角色分配给学生，供其选择扮演，故这种方法也可称为“角色扮演”。

3. 单证制作

单证制作是从事国际贸易必不可少的环节，单证在国际贸易中具有很重要的作用，例如提单不仅是运输合同的证明，而且又是货物所有权的凭证；信用证则是银行付款的保证；其他单据如商业发票、形式发票、订单、装箱单、质量证书、原产地证、保险单及汇票等也都有其相应的作用。单据不仅体现了当事人的权利和义务，而且也是仲裁或诉讼时不可或缺的证据。因此让学生亲自动手制作单据是此类课程重要的实践环节，有利于培养学生的商务技能。

4. 野外作业

商务英语类课程的教学不应局限于课堂教学，教师应设法创造条件为学生提供现场观摩、考察及实践的机会，比如说，与企业、海关、商检局、港务局及银行等单位建立合作关系，并组织学生到这些单位参观、考察和实习。

此外，还可鼓励学生参加各类贸易洽谈会、展销会，直接与外商交流。通过亲自体验，无论在语言应用方面还是在商务操作方面，学生都会有新的感受和提高。

语言教学离不开教学理论的指导。教学实践证明，运用交际教学法不仅能提高课堂教学效果、活跃课堂气氛、培养学生兴趣、增进师生交流，而且能使学生在语言技能及商务技能等方面得到很好的锻炼和强化。由此可见，交际法是目前指导商务英语教学的一种较为可行的语言教学理论。

第四节　情景教学法

商务英语专业是商务知识与英语语言紧密联系的专业性学科，是培养面向社会的英语专业人才的应用型技能培训课程。该专业的教学目标是要求学生应具备扎实的商务知识，岗位基本技能和职业修养。模拟商务场景是帮助学生检验知识储备、体验真实场景、进行人际交往的有效手段。采用情景教学法，模拟真实商务场景，在培养学生综合能力，提升岗位意识和职位能力中起到了非常重要的作用。

一、情景教学法的内涵

情景教学法在20世纪70年代之后被引进中国。众多学者对情景教学法比较统一的解释为：情景教学法是指在教学过程中，教师有目的地引入或创设具有一定情绪色彩的、以形象为主体的生动具体的场景，以引起学生一定的态度体验，从而帮助学生理解教材，并使学生的心理机能得到发展的教学方法。

英国建构主义理论是情景教学法的理论基础。该理论提出，教学应以学习者为中心，学习者是积极的意义建构者和问题解决者，教师是学习的促进者、引导者和合作者。语言教学过程就是语言能力的习得过程，语言教学的最终目的是培养学生的语言交际能力。

情感和认知活动相互作用的原理是情景教学法的心理学理论基础。心理学研究表明：积极、健康的情感对认知活动起积极的促进作用；消极、不健康的情感则对认知活动起阻碍和抑制作用。情景教学法通过引入和设定生动具体的情景，引起学生积极健康的情感体验，提高学生的学习积极性，使学习活动成为学生主动进行的、快乐的事情。

认识的直观原理是情景教学法的哲学理论基础。情景教学法利用反映论的原理，通过给学生展示具体鲜明的（直接的或间接的）形象，让学生感觉身临其境，使其从形象的感知达到抽象的理性的顿悟，从而激发其学习情绪和学习兴趣，使学习活动成为学生主动自觉进行的活动。

二、情景教学法的原理

（一）情感和认知活动相互作用的原理

情绪心理学研究表明：个体的情感对认知活动至少有动力、强化、调节三方面的功能。动力功能是指情感对认知活动的增力或减力的效能，即积极的、健康的情感对认知活动起积极的促进作用，消极的、不健康的情绪对认知活动起阻碍和抑制作用。情景教学法就是要在教学过程中引起学生积极的、健康的情感体验，提高学生对学习的积极性，使学习活动成为学生主动进行的、快乐的事情。情感对认知活动的强化功能，给我们解决目前普遍存在的学习动力不足的问题以新的启示。情感的调节功能是指情感对认知活动的组织或瓦解作用，即中等强度的、愉快的情绪有利于智力操作的组织和进行，而情绪过强和过弱以及情绪不佳则可能导致思维的混乱和记忆的困难。情景教学法要求创设的情景就是要使学生感到轻松愉快、心平气和、耳目一新，促进学生心理活动的展开和深入进行。课堂教学的实践中，也使人深深感到：欢快活泼的课堂气氛是取得优良教学效果的重要条件，学生情感高涨和欢欣鼓舞之时往往是知识内化和深化之时。

脑科学研究表明：人的大脑功能，左右两半球既有分工又有合作，大脑左半球是掌管逻辑、理性和分析的思维，包括言语的活动；大脑右半球负责直觉、创造力和想象力，包括情感的活动。传统教学中，无论是教师的分析讲解，还是学生的单项练习，以至机械的背诵，所调动的主要是逻辑的、无感情的大脑左半球的活动。而情景教学，往往是让学生先感受而后用语言表达，或边感受边促使内部语言的积极活动。感受时，掌管形象思维的大脑右半球兴奋；表达时，掌管抽象思维的大脑左半球兴奋。这样，大脑两半球交替兴奋、抑制或同时兴奋，协同工作，大大挖掘了大脑的潜在能量，使学生可以在轻松愉快的气氛中学习。因此，情景教学可以获得比传统教学更好的教学效果。

（二）认识的直观原理

从方法论看，情景教学是利用反映论的原理，根据客观存在对人主观意识的作用进行的。而世界正是通过形象进入人的意识的，意识是客观存在的反映。情景教学所创设的情景，是人为有意识创设的、优化了的，有利于人发展的外界环境，这种经过优化的客观情景，在教师语言的支配下，使人置身于特定的情景中，不仅影响学生的认知心理，而且促使学生的情感活动参与学习，从而引起学生本身的自我运动。

300多年前，捷克教育家夸美纽斯在《大教学论》中写道："一切知识都是从感官开始的。"这种论述反映了教学过程中学生认识规律的一个重要方面：直观可以使抽象的知识具体化、形象化，有助于学生感性知识的形成。情景教学法就是通过给学生展示鲜明具体的形象（包括直接和间接形象），一则使学生从形象的感知达到抽象的理性的顿悟，二则激发学生的学习情绪和学习兴趣，使学习活动成为学生主动的、自觉的活动。

应该指明的是，情景教学法的一个本质特征是激发学生的情感，以此推动学生认知活动的进行。而演示教学法则只限于把实物、教具呈示给学生，或者教师简单地做示范实验，虽然也有直观的作用，但仅有实物直观的效果，只能导致学生冷冰冰的智力操作，而不能引起学生的火热之情，不能发挥情感的作用。

（三）思维科学的相似原理

相似原理反映了事物之间的同一性，是普遍性原理，也是情景教学法的理论基础。形象是情景的主体，情景教学中的模拟要以范文中的形象和教学需要的形象为对象，情景中的形象也应和学生的知识经验相一致。情景教学法要在教学过程中收入或创设许多生动的场景，也就是为学生提供了更多的感知对象，使学生大脑中的相似块（知识单元）增加，有助于学生灵感的产生，也培养了学生相似性思维的能力。

（四）有意识心理活动与无意识心理活动相统一的原理

众所周知，意识心理活动是主体对客体所意识到的心理活动的总和，包括有意知觉、有意记忆、有意注意、有意再认、有意重现（回忆）、有意想象、有意表象（再造的和创造的）、逻辑和言语思维、有意体验等。但遗憾的是，包含如此丰富内容的意识心理活动仍然不能单独完成认识、适应和改造自然的任务。情景教学的最终目的也正在于诱发和利用无意心理提供的认识潜能。

自弗洛伊德以来，无意识心理现象为越来越多的学者所重视。所谓无意识心理，就是人们所未意识到的心理活动的总和，是主体对客体的不自觉的认识与内部体验的统一，是人脑不可缺少的反映形式，它包括无意感知、无意识记、无意再认、无意表象、无意想象、非言语思维、无意注意、无意体验等。该定义强调无意识心理活动具有两个方面的功能：

1. 对客体的一种不知不觉的认知作用

如我们在边走路边谈话时，对路边的景物以及路上的其他东西并未产生有意识的映象，但我们却不会被路上的一堆石头绊倒。原因就是“石头”事实上引起了我们的反映，并产生了“避让”这种不自觉的、未注意的、不由自主的和模糊不清的躯体反应。

2. 对客体的一种不知不觉的内部体验作用

“情绪传染”就是无意识心理这一功能的表现。例如我们会感到无缘无故的快活、不知不觉的忧郁，这往往是心境作用的结果。心境本身就是一种情绪状态，它能使人的其他一切体验和活动都染上较长时间的情绪色彩。

研究表明，无意识心理的上述两个功能直接作用于人的认知过程：首先它是人们认识客观现实的必要形式；其次它们又是促使人们有效地进行学习或创造性工作的一种能力。可见，无意识心理活动的潜能是人的认知过程中不可缺少的能量源泉。情景教学的目的就在于尽可能地调用无意识的这些功能，也就是强调于不知不觉中获得智力因素与非智力因素的统一。

三、情景教学法创设的原则

在课堂教学中，应遵循“以实践为核心”的基本原则，为学生精心设计真实的或接近真实的商务情景，提供真实的语言信息输入，引导、帮助学生对商务知识进行习得与建构。通过观察发现，学生很容易受到情景的感染而产生表现自己的欲望。在情景教学法实施过程中，学生一方面加深了对商务专业知识的理解，另一方面也在贴近真实的商务环境中锻炼了自己的语言应用能力。在每次商务英语课之前，教师要精心准备好学生具体要完成的任务，如客户投诉与处理、合同谈判等，然后紧紧围绕这个任务开展教与学的互动。此外，教师要选择适合学生程度、能够激发其学习兴趣的商务材料，以拓展与深化专题内容。为了使意义建构更有效，教师要尽可能创造条件，组织学生协作学习，并对学生给予适时引导，提出具有启发性的问题引起学生思考，使学生充分锻炼自主学习的能力。

（一）愉悦轻松体验性原则

该原则根据认知活动带有体验性和人的行为效率与心理激奋水平有关而提出。该原则要求教师在轻松愉快的情境或气氛中引导学生产生各种问题意识，展开自己的思维和想象，寻求答案，分辨正误。在这一原则指导下的教学，思维的“过程”同“结果”一样重要，目的在于使学生把思考和发现视为一种快乐，而不是一种强迫或负担。

（二）师生互信互重下的自主性原则

该原则强调两个方面：一是良好的师生关系，一是学生在教育教学中的主体地位。良好的师生关系是情景教学的基本保证。教学本是一种特定情景中的人际交往，情景教学更强调这一点。只有师生间相互信任和相互尊重，教师对学生真正做到晓之以理，学生也充分了解教师，彼此形成一种默契，才能达到良好的教学效果。而学生在教学中的主体地位决定了自主性侧重于教师鼓励学生“独立思考”和“自我评价”，培养学生的主动精神和创新精神。这一原则要求教师在情景教学中要从学生的实际出发，使学生在完成学业的同时得到如何做人的体验。它意味着一切教学活动都必须建立在学生积极、主动和快乐的基础上。

四、商务英语应用情景教学法的必要性

随着中国经济的持续稳定发展，在中国沿海地带许多中小企业如雨后春笋般出现，并且随着经济的全球化发展，中小企业也增大了对外合作，对商务英语专业的人才需求稳中有升。根据市场需求，很多高校开设了商务英语专业，旨在培养德、智、体、美、劳全面发展，具有良好的人际沟通能力和团队合作能力，具备扎实的英语语言基础和较强的语言沟通能力，熟悉商务法律、法规，掌握国际商务活动必备的基础理论知识和基本技能，具有较强的运用英语进行商务贸易、商务谈判和企业管理等各类商务活动的实际工作能力，适应现代各类经贸活动要求的高级技术应用型专门人才。

而在教学实践中，往往存在着培养方案和方法与用人单位实际工作任务以及完成任务需要的技能与标准相脱节的问题。那么，除了宏观上的对市场进行认真调研和开展校企合作之外，在微观方面，作为教师，应该在课堂上设置、创设或回归这种社会场景的模拟，进行岗前体验和教学。在这样一种微观小群体社会中，为训练学生的职业技能和职业素养，运用情景教学法是行之有效的和必要的。

五、情景教学法在商务英语课堂中的具体实施

情景教学法在商务英语课堂中具体有以下实施方式：

（1）结合多媒体、实物演示等教学手段，利用案例模拟情景，帮助学生理解掌握。多媒体等教学手段的使用，可以使目标知识生动形象地展现在学生面前，而通过视、听、说等方面的信息输入，学生可以综合利用各种感官，自我总结出学习对象的规律、特征、本质，对其认识更加深刻。

（2）模拟公司，帮助学生体验岗位角色，掌握实际工作流程。在课程开始前，教师可将班上的学生分为若干组，每组约 3¯5 名学生，每组学生扮演一家公司的工作人员，然后各组讨论制订本组模拟公司的名称、业务范围，确定每位学生职务等。课堂上模拟情景，让各家“公司”进行交易磋商，模拟询盘、发盘、还盘等环节；或参加展销会，推介自己公司或产品，撰写商业企划书等；或进行贸易谈判，就各项贸易细节进行商讨。

（3）组织小组讨论，模拟商务活动。比如，指导教师可以模拟某一市场开发项目，由学生分组提出具体方案，然后各组撰写可行性报告。各组分别进行展示，最后由指导教师进行评论和总结。通过小组讨论，学生都参与其中，一方面锻炼了学生的思维和语言表达能力，另一方面让学生学会如何融入团队，如何与他人进行分工协作。

六、运用情景教学法进行商务英语课程授课存在的问题及对策

运用情景教学法可以提高教学效果，但如果盲目运用，非但不能取得预期的教学效果，甚至可能导致教学活动缺乏组织，课堂秩序混乱，学生活动偏离主题等不良后果。因此，任课教师一定要注重控制和总结。下面将分析在实施该方法时遇到的一些应对措施。

（一）科学合理地设计课堂活动

注意运用多媒体辅助教学、小组讨论、案例分析、角色扮演、模拟公司等多种教学技术适用的时机。由于课时有限，如果让学生进行情景模拟活动的时间过长，那么教师点拨、总结、介绍相关理论的时间就会相应减少，而这些对学生吸收和总结所学知识规律又是十分必需的。因而，科学合理地设计课堂活动，将各种教学手段有机结合起来可以说对整个教学活动成功与否是至关重要的。

（二）加强对教学过程控制

缺乏对课堂活动控制会导致学生消极甚至是拒绝参与教学活动，或者会使活动主题偏离。因此要求教师加深对教材内容的把握，进行恰当的情景设计和案例选取。教师应充分了解学生的语言能力，对经济商务知识的了解程度等，以便在教学活动中进行难度设置，防止部分学生因为语言水平问题产生厌学情绪。教师应合理安排时间，既要使学生充分融入情景，又要重视理论总结和点拨环节。建议教师将部分工作，如相关背景了解等，布置给学生作为课前任务。

教师要善于启发和引导学生，消除性格等因素造成的影响。很多学生反

映在实践情景教学法时，部分性格内向的学生不愿参与。任课教师要在活动过程中认真观察，对这部分学生进行积极引导。可先安排其参与资料文案的准备，编写任务，激发其兴趣，再慢慢转而让其担任一些发言、组织工作，逐渐突破其心理障碍，融入团队。

（三）进行对比和总结

教师组织学生将原始情景和模拟情景进行对比分析，并就教学内容中涉及的重点、难点进行集中总结、梳理、讲解和训练，巩固学生对所学知识的理解和记忆。如在学习如何描述产品销售趋势变化表时，教师便可运用情景教学法，将教室模拟成公司的销售部门，而学生扮演的角色便是销售主管。在教学过程中，教师首先可以通过图片将表示趋势变化的动词，如上升、下降、保持平稳、波动，回升等一系列的动词及短语呈现出来；同时设计游戏环节，首先让学生通过动手和动口来熟练掌握表示变化趋势的程度副词，其次通过情景的设置，让学生扮演销售主管，在公司的销售会议上对产品的销售情况进行描述，最后教师可以进行对比评价，让学生在真实的语言环境中掌握如何在商务情景中描述产品的销售趋势变化。

这里再举一例，教师可以模拟交易会的形式设计和实施教学。假设每组由三人组成，其中两人为中外两方代表（经理），另一人则扮演中间人或者翻译的角色。双方可就某一商品的交易进行洽谈。洽谈的内容可以涉及报盘、价格、付款方式、包装、装运，保险等方面。洽谈的双方必须在讲台上进行表演，此时学生仿佛置身于真实的谈判现场，完成从建立业务关系到价格条款、签订合同整个磋商环节的演练，学生在各个洽谈环节运用正确的英语表达，可以使学生增长知识、开阔视野、激发兴趣，还有助于培养学生的合作沟通能力，提高其独立思考和解决实际问题的能力。最后老师可以在每个小组表演结束后，针对学生用词造句、讲话方式、表情姿态、讲话内容等进行对比点评，表扬他们的长处、指出不足，以利于他们更好地表现自己。

情景教学法是以建构主义理论为基础的一种教学策略，体现了以学生为中心的思想，注重学生学习能力的提高，并有效地激发了学生的学习兴趣，同时设置的真实情景，使学生不再只是置身于理想状态之中，而是要考虑到真实情景的复杂性，这样，也促进了学生对一些岗位技能的提高，为学生更好地适应今后的工作环境打下了良好的基础。情景教学法的实施有助于课文中心思想的理解和新的语言知识的获得，有助于调动学生的学习积极性和增强他们的跨文化交际意识。实践证明，在原本枯燥的商务英语教学中实行情境教学法是很有必要的。

第五节 案例教学法

一、案例教学法的内涵

案例教学法（Case-Study Method or Case Teaching）是指由哈佛大学于20世纪初创造的围绕一定的培训目的把实际中真实的场景进行典型化处理，形成供学生思考分析和决断的案例的一种教学法。通过独立研究和相互讨论的方式，使学生分析问题和解决问题的能力得到提高。自1908年哈佛大学商学院成立至今，案例教学法得到了逐步运用和不断推广，如今已经成为其MBA教学的代名词，在教学方法体系中占有十分重要的位置。

作为特殊用途英语的一个分支，商务英语属特殊用途英语范畴，符合特殊语料的定义，强调特殊环境下交际的特殊样式。就内容而言，商务英语可划分为一般商务英语和专门商务英语两类。一般商务英语涉及各类商务活动的一般基础知识，如询价、定价、报关、合同、营销等；专门商务英语则涉及更具体的商务领域，专业性更强，专业用语更多，如金融英语、化工英语、法律英语等。商务英语类课程最大的特点就是商务专业知识与英语语言能力技巧的紧密结合。

我国于20世纪80年代引入案例教学法，并广泛应用于一些实践性、应用性较强的专业领域的教学中，如工商管理、国际贸易、公共管理等，但在英语专业领域却鲜有应用。商务英语教学内容具有较强的实践性和应用性，其培养目标是培养具有专业商务技能的英语专业人才，因此，将案例教学引入商务英语教学具有很强的实践意义。通过将真实的商务场景引入教学，引导学生进行自主思考和分析，使学生在汲取英语能力技巧的同时熟悉各种商务场景，并将二者有机地结合起来，成为新型的跨专业人才。

二、案例教学法的特点

案例教学法以具体事例引入，使学生能积极主动参与，学习过程较为生动活泼，相对于传统的灌输式教学方法更易为学生所接受。案例教学法强调有针对性地运用理论去解决问题，可加深对理论知识的理解，可加快知识内化的过程。从案例中学到的东西，近似在模拟环境中学到的知识，能被学生较快地应用到类似的实践情境中去解决实际问题，效果较好，那如何将案例教学法应用于商务英语教学中呢？传统的英语教学方法以教师为中心，以精讲为手段，向学生“灌输”语言知识，教学过程中学生的主动性、参与性得不到应有的重视，影响了学生的学习积极性和教学效果。在商务英语教学中应用案例教学法，强调以学生为中心，通过相关材料的收集、案例分析、集体讨论等环节，可激发学生的学习热情，有利于提高学生的独立思考能力和创新能力，特别是能较快提高学生的口头表达能力、辩论能力和团队精神，也能增强学生面对困难的信心。在商务英语教学中，应用案例教学法与应用其他英语教学法相比较，主要有以下特点：

（一）具有一定的仿真性

如果所选案例来源于真实生活和实际工作，通过案例教学，可让学生置身于案例模拟或仿真的环境之中，使学生身临其境、感同身受，并以当事人的角度来思考问题、处理问题，具有一定的实战性质。

（二）促使学生广泛涉猎

为了学好案例，除认真学习课程内容之外，学生还必须有效地利用各种资源（因特网及图书馆等），查找资料，组成课外学习小组，进行小组讨论，因此，能极大地延伸教材内容，拓宽知识面。

（三）有利于学生个性的发展

在案例教学过程中，学生通过案例分析和踊跃发言能充分表达个人的观点，勇于表现自我，能够锻炼和培养思维方式，提高分析问题和解决问题的能力、语言表达能力以及快速反应能力，也有利于确立以学生为中心的新型教育模式，提高学生的自主学习能力，发展学生个性。

（四）有利于教师的角色转换

在案例教学过程中，教师的角色同样也发生了深刻的变化，转变为指导者、管理者、控制者、评判者、参与者、提示者和资源者七种新角色，其中指导者和管理者的角色是最为重要并互相交叉的。

三、案例教学法在商务英语教学中的重要性

伴随经济全球化进程的加速，我国对能熟练掌握商务知识的英语专业人才的需求日益增长，因此，许多高校都开设了商务英语专业。传统的商务英语教学课堂主要遵循“语法＋翻译”模式，仍然侧重于以教师为中心，以灌输式教学为主导。该教法很难激发学生的课堂参与兴趣，更谈不上情景互动。

案例教学法使用的案例来自真实的商业管理场景或事件，该教学法通过鼓励学生主动参与课堂讨论，培养学生分析解决问题的能力。不同于传统授课方式，案例教学法具有以下特点：①着眼于能力培养；②教学案例具有真实性；③保持案例问题的客观性；④强调全员的参与性和主动性；⑤案例答案的多元化和最佳化。作为一种将理论和实际结合，具有启发性的教学模式，案例教学法要求教师根据课堂教学目标，通过真实的案例将学生带入特定的商务场景，再现案例情境，引导学生在不充分信息的条件下对复杂多变的形势独立作出判断和决策，从而提高其综合运用所学知识分析和处理问题的能力。

在案例教学过程中，能力培养被放在比获得商务知识和语言能力更重要的位置上，学生的主体地位也得到了强调，并且使学生获得了培养自主学习能力的机会。学会学习是学习型社会对人们能力的基本要求，案例教学开放式的答案模式，使得学生在教师有意识的引导下，自主查阅各种文献资料，积极寻求各种答案，学习积极性高涨，学习效果明显。此外，经常参与群体性的讨论，通过合作思维的撞击，大大提高了学生的沟通能力。在小组活动的过程中，随着学生参与性的提高，不仅锻炼了他们的表达能力，也使他们学会了如何相互沟通，尊重组员，关心他人，以及如何聆听和说服他人。

四、案例教学法的实施环节

在商务英语教学实践中，案例教学法包括如下四个环节：

（一）案例准备

案例的选择很大程度上决定教学的成功与否。最理想的情况是，案例直接反映真实公司所面临的现实情况，并随着时间的推移加入新的内容。学生在处理动态案例的过程中，同时关注现实中该公司所采取的行动，形势的变化和其他各种变量，可以实现最大限度的亲临感和参与度。但由于条件所限，更多的教师采用的是静态的案例。这种案例的优点是不需很长时间，因此教师可以根据需要设定学生完成任务的期限。通常一个短小精辟的案例，在一次课堂活动中就可以完成，这样的活动易于教师操控，但也使学生缺乏参与感。

在提供案例材料的同时，教师还需要设计若干个案例问题。在问题的设计上既要注意问题与相关的商务知识的联系，又要充分考虑学生的语言能力和知识水平。

（二）案例分析

与传统的课堂不同，在采用案例教学法的课堂内，教师起到的作用不再是知识的传达者，而是组织者。学生被分为若干小组，在阅读完案例材料后，用英语进行组内讨论，这时教师的工作是确保所有的学生都积极参与，鼓励他们的阐述自己的观点，并指出可供辩论的问题。在每个小组得出结论后，选出代表，向全班学生阐述本组观点。此时教师不应发表自己的观点，否则会影响学生的判断。当意见不一时，教师可酌情鼓励学生进行讨论，如果偏离正题，教师应及时干预，使讨论回到正题。

（三）案例总结

案例分析、讨论结束后，教师应及时总结本次讨论。总结并非是简单地给出所讨论案例问题的答案，况且不少问题没有标准答案，而是指出本次案例讨论的思路、讨论的难点、重点、主要解决的问题以及如何运用理论知识，并评述本次讨论的不足之处与成功之处，等等。此外，教师还可对学生的表现加以评价，并将学生的课堂表现作为平时成绩记录在案，以激励学生下次更积极地参与讨论。

（四）撰写报告

最后一个环节是撰写案例报告。通过小组讨论或全班讨论后，教师可以要求学生在课后撰写案例报告，以英文书面形式将案例进行理性地分析、总结。一个案例报告就是一篇小论文，撰写案例报告不仅可以培养学生的书面表达能力，也为毕业论文及相关学术性论文的撰写奠定了基础。教师对学生撰写案例报告的格式规范、文体等要有明确的要求，并要对学生的书面总结进行批改。

五、在商务英语教学中应用案例教学法的注意事项

（一）处理好教材与案例的关系

案例教学法强调运用实际案例来进行商务英语教学，但这并不意味着商务英语教学只讲案例材料，不讲教材，学生应在掌握教材的商务专业知识、基本概念和理论后再作案例学习。案例材料应是教材的有利补充，要与课本的语言和专业知识密切结合，只有在学生具备一定理论知识的前提下，案例教学法才能得以充分运用。

（二）处理好与其他教学法的关系

如前所述，案例教学法之所以能在商务英语教学中得以运用，并能取得

理想的教学效果，主要是由商务英语的教学内容和教学目标所决定的。然而，这并非意味着案例教学法是商务英语教学唯一的教学方法，要取得理想的教学效果，往往也需要多种教学手段的相辅相成。我们知道，商务英语最显著的特征就是语言与专业知识的密切结合，商务英语的教学目标也是旨在培养学生的语言能力和专业技能。商务英语教学应是交际教学法、讲授法及案例教学法等多种教学方法灵活运用、相辅相成。从商务专业知识、基本理论、基本概念的教学而言，传统的讲授法仍是不可或缺的，教师应将基本理论、基本概念讲清楚、透彻、明了，做到条理清晰、层次分明、逻辑严密。只有在学生具备一定的理论知识这一前提下，教师才可从容地将案例教学法加以充分运用，并最终实现培养学生商务专业技能这一教学目标。

（三）提高商务英语教师的专业素质

教师在案例教学中扮演着非常重要的角色，学生是教学中的主体，但是教师是整个案例教学是否富有成效的关键，因此教师对案例的把握和引导，直接导致教学的成败。教师必须要注意，案例的选择应具有针对性，要与社会热点紧密联系。案例教学过程中，教师不能任由学生偏离题目，漫无目的地自由讨论，也不能严格设计、控制讨论过程，而应做到适时、适度地引导和启发。

不同于基础英语课程，商务英语教学要求教师既有扎实的英语专业能力，还要具有专业的商务理论知识。目前我国的商务英语师资远远不能满足商务英语学科迅速发展的需求，从事商务英语教学的教师大多数出身于英语语言与文学专业，虽然具有良好的语言功底，但是没有实际商务工作经验，对于专业理论理解不深；另一部分教师虽然具有商务理论背景，但是缺乏必要的语言基础，使得商务英语课成为以中文讲授为主的专业课程。针对这一现状，商务英语教师一方面应该加强对经济、管理、市场营销、组织行为学、国际贸易等领域专业知识的了解，另一方面，由于案例教学的特殊性，教师还要具备良好的协同能力，确保学生积极参与案例讨论和顺利完成任务。

综上所述，案例教学法之所以能适用于商务英语教学，实质上是该课程的自身特征及其教学目标客观上所要求的。商务英语教学实践中已证明了案例教学法的可行性、有效性及其可操作性。这种有机的结合使商务英语教学具有 1+1 ＞ 2 的效果；而且教学中相关的框架、脚本、场景等认知图式的储存和使用促进了学生普遍认知能力的发展。不过，案例教学在商务英语教学中的运用仍处于摸索阶段，仍存在一些待解决的问题，尚需不断实践、总结和完善。此外，案例教学法虽具有其先进性，但并不是万能的。在教学中，应根据具体情况，采用多种教学法相互配合，才能达到最佳的教学效果。

第六章　商务英语教学课程体系构建

商务英语课程的出现是英语语言自身发展的必然趋势，同时也是经济社会发展的必然结果。20多年以来，商务英语在我国高校已经从一两门单独的课程发展成了一个自成体系的学科。在经济全球化的今天，为使我国更好地融入世界，更好地应对各方面的挑战，必须加强对商务英语课程的体系构建。本章主要从商务英语教学课程体系的建设现状、构成要素、原则以及依据等方面进行分析。

第一节　商务英语教学课程体系的建设现状

一、缺乏实践环节

学生缺乏实践环节，以至于实际解决问题的能力较差，不能将所学应用于实际，遇到实际问题不知如何着手。尽管大多数高校都设有实习环节，但在实施过程中问题不少。首先，在主观认识上，部分院校对实践或实习重视不够，“重知识，轻能力”的观念顽固。其次，在客观条件上，院校对实践实习的投入有限，过程管理难度颇大，致使实习实践通常是流于形式。课程设置也是多以理论为主，实践为辅。最后的课程评估也是以理论成绩为主要参数，实践项目作为附加部分，可有可无。这种安排不利于学生知行合一。

对商务英语的定位不明确，使得商务英语在课程设置上过于偏重理论性，忽视了实践性，教学课程过于注重学生的理论学习。虽然文本学习和研究是教师和学生开展商务英语学习的基本方式和主要途径，但是这种模式却无法提高学生的实践能力。从具体课程设置来看，基本上都是一些理论型的教学模式，很少有具体的实践课程，说明学校在课程设置上对学生技能训练的重视度还不够。对商务英语这样一门从经济发展实践中衍生出的实用型课程来说，理论型教学模式和课程安排无法达到预期目的。从对高校和社会教学的对比分析来看，高校教学偏重理论，社会教学偏重实践。之所以出现这种差别，主要可以归结于两方面的原因。

（一）师资水平

由于高校教师除了教学以外还要从事一定的科研工作，具备较高的理论素质，因而基本上偏重于理论教育；而社会培训机构的教师大多都是将基本的理论知识结合自身的实践经验，因此必然会注重实际工作经验的传递，尤其是能满足职业发展的需要，但是这种实践性的理论基础不够扎实，实践经验的知识体系不够系统和完整。因此，目前高校的师资资源的特点就决定了很难达到商务英语中"实践"的要求。

（二）教学效果的评判标准

众所周知，目前对学生学习效果和教师教学效果的评价大多数还是以书面成绩为主，很少能够以学生对商务英语的掌握和运用程度为评价标准。传统的评价模式具有简单、明了的特点，能够对学生的理论知识掌握程度有较好的追踪和判断，且具有一定的说服力，能够减少争议。事实上，这种评价模式对大多数的基础学科非常合适和有效，但是对于商务英语这类处在时代发展前沿的复合型、实用型学科来说，存在一定的问题。比如，对于学生来说，能力（实际动手能力、学习能力、适应能力等）培养的重要性要远远高于知识的掌握，而用理论知识的评价方式来判断一个学生的能力水平，实际上还存在欠缺。为了解决这个问题，有些高校已经采取了"平时成绩 + 期末成绩"的方式来减少书面考试可能带来的不合理现象，部分高校则用"口试 + 笔试"的方式来判断学生对商务英语的掌握程度，尽量对学生的能力进行综合判断。当前我国要更加注重商务英语学生实践能力的训练，不仅能够提高学生在职业生涯中的竞争力，对日后从事商务英语学科的科研工作也是很好的实践基础，能够全面、系统推进商务英语学科的发展。

二、核心课程不突出

目前很多学校普遍存在商务英语专业的核心课程不突出的问题，大部分商务英语专业课程仅是英语专业课程和一些与商务知识相关的课程（如国际贸易、管理、经济学等）的叠加，核心课程不明显，该专业的毕业生缺乏能独当一面的本领和技能，在实际工作中发挥不出特色优势。例如一些外贸工作，商务英语专业的学生能做，国贸专业的学生也可以做，但如果遇到一些专业性更强的工作，后者依然能够胜任，而前者却不一定能坦然面对。商务知识与语言知识课程比例失调。商务课程开设时间极其有限，且缺乏连续性，有些高校的商务课程只开设了一个学期，且内容笼统，方向不明确，针对性不强。学术性课程过多，职业导向性课程少，商务知识和英语知识结合度不够，商务理论与技能课程同英语脱节。这些现象导致该专业毕业生缺乏优势，实际工作中体现不出特色。例如，商务岗位上的工作，商务英语专业毕业生能做，国际贸易或电子商务专业的毕业生同样胜任。而国际贸易专业毕业生承担的工作，商务英语专业的毕业生却未必能胜任。核心课程的不突出导致学生缺乏核心竞争力。

三、专业课程设置不全面

首先，商务英语学科的课程类型设置、性质划分和学时安排不尽合理。其次，部分科目的设置顺序颠倒，各课程之间无紧密的关联性和承启性。课程的设置在整体上缺乏科学而严谨的规划。

四、课程设置与学生需求不符

商务英语是一门发展的课程，要能与时代发展保持一致的态势，而现在商务英语学科中有些课程已经远远不能满足学生的学习需求。商务英语课程的时效性问题一方面是由于课程没有进行及时调整，有些课程已经不能适应当今国际商务的发展状况，而一些亟须开设的课程则没有开设，造成了学生的知识和技能储备不能满足社会的要求。除此之外，某些高校即使开设了商务英语相关的课程，但是在师资配备和教材储备方面仍存在很多不足。比如，教师水平不足或者综合素质尚未达到既定要求，或者教师根据个人的兴趣爱好或个人对培养目标的理解来设计课程。学校语言教师注重的往往是英语，是语言知识，而学生注重的是专业业务知识和技能。

五、商务英语教材编写与实际脱离

当前市场上的商务英语教材大致分为两类：一类是国内出版社直接从国外引进的经济学、金融学和 MBA 系列英文影印版书籍；另一类是国内学者根据原版教材改编或自编的教材。各类教材的选择基本是各随己便。商务英语没有统编教材和明确的课程大纲，教师自编的讲义往往缺乏系统性，导致培训专业不对口，不切合实际，各门课程之间无法统一，就更谈不上相互配合，因此也就无法做到各课程之间相辅相成、相互促进。教材因素的滞后性是造成商务英语时效性不足的重要原因。对物理、化学以及数学等基础学科而言，其自身学科多年的发展特点使其知识更新速度相对较慢，即使出现某些前沿课题也仅仅是其中很小的分支部分，所以对课程时效性的要求不会那么高。

商务英语则是一门发展中的学科，它的知识体系随着社会的发展而发展，很多知识和技能会随时被取代甚至消失。例如，过去电报是国际商务间非常重要的一种传送方式，在外贸函电课程中，如何写电报、发电报是比重很大的内容。而随着互联网的兴起，电报在国际商务中的重要性逐渐降低，近乎消亡；同时电子邮件作为主要的通信工具和传送载体正在成为主流的通信方式。这种发展变化正在不断地改变商务英语从业人员的交往方式和工作内容，所以相应地，商务英语专业学生必须熟练掌握并运用这些技能，从而更好地适应并推动社会发展。

自从 20 世纪 90 年代初英国剑桥大学出版社进入中国商务英语教材市场以来，BEC（Business English Certificate）初、中、高级考试及培训类教材越来越火爆。BEC 考试以其科学性、客观性、权威性和时代感而得到世界各国的广泛赞同和接受，是商务工作人员或英语学习者英语水平的验证，对即将进入就业领域的在校学生来说它更是就业、求职的重要砝码。这种时效性正是诸多考生和企业所认同的价值所在。

第二节　商务英语教学课程体系的构成要素

一、对课程的理解

“课程”一词在我国始见于唐宋期间。唐朝孔颖达为《诗经》中“奕奕寝庙，君子作之”句作疏：“维护课程，必君子监之，乃依法制。”但这里课程的含义与我们今天所用之意相去甚远。宋代朱熹在《朱子全书·论学》中多次提及课程，如“宽着期限，紧着课程”“小立课程，大作工夫”等。虽然他对这里的“课程”没有明确界定，但含义很清楚，即指功课及其进程。这里的“课程”仅仅指学习内容的安排次序和规定，没有涉及教学上的要求，因此称为“学程”更为准确。到了近代，由于班级授课制的施行、赫尔巴特学派“五段教学法”的引入，人们开始关注教学的程序及设计，于是课程的含义从“学程”变成了“教程”。新中国成立以后，由于受凯洛夫教育学的影响，20 世纪 80 年代中期以前，“课程”一词很少出现。

在美国课程论范式中，“课程”一词的含义十分多样，没有形成定论，但是从“课程”一词的词源来分析，“课程”（curriculum）一词最早出现在英国教育家斯宾塞（Spenser）的《什么知识最有价值？》（1859）一文中。

从词源上来说，“curriculum”同有名词和动词两种词性。作为名词，其侧重点在“跑道”的“道”上，主要是学程的意思。根据这个词源，最常见的课程定义是“学习的进程”（course of study），简称学程。这一解释在各种英文词典中很普遍，英国牛津字典、美国韦氏字典、《国际教育字典》都是这样解释的，但这种解释在当今的课程文献中受到越来越多的质疑，专家学者们对课程的拉丁文词源有了新的理解。“currere”一词的名词形式意为“跑道”，由此课程就是为不同学生设计的不同轨道，从而引出了一种传统的课程体系；而“currere”的动词形式是“奔跑”，理解课程的着眼点就会放在个体认识的独特性和经验的自我建构上，就会得出一种完全不同的课程体系。

人们对课程的内涵一般有三种认识。

（一）课程即教材

课程内容在传统上历来被作为学生习得的知识来对待，重点在向学生传递知识，而知识的传递是以教材为依据的。所以，课程内容被理所当然地认为是上课所用的教材。教材取向以知识体系为基点，认为课程内容就是学生要学习的知识，而知识的载体就是教材。这是一种以学科为中心的教育目的观。这种观点的代表人物是夸美纽斯。

（二）课程即活动

把课程界定为活动或进程是一种生成性的课程观，这种观点认为课程不是静止的“跑道”，也不仅仅是需要贯彻的课程计划或需要遵循的教学指南，而是个体生活经验的改造和建构。把课程视为活动或进程，意味着课程观应当发生如下变化：课程不再只是特定知识的载体，而是师生共同探索新知识的过程；课程发展的过程不再是完全预定的和不可更改的，而是具有开放性和灵活性；课程不再是控制教学行为和学习活动的工具和手段，而是能有效地弥合个体与课程之间的断裂，成为师生追求意义和价值、获得解放与自由的过程；课程形态不再是在教育情境之外固定的、物化的、静态的知识文本，而是在教育情境中师生共同创造的一系列“事件”，是师生开放的、动态的、生成的生命体验。由于注重开放、动态和生成，这就对教师的能力和素养提出了更高的要求。在实践中，如果把握不好，活动有可能沦为无序躁动和粗浅的体验，过程也可能意味着美好时光的白白流逝。

（三）课程即经验

在泰勒（R.W. Tyler）看来，课程内容即学习经验，而学习经验是指学生与外部环境的相互作用。他认为，“教育的基本手段是提供学习经验，而不是向学生展示各种事物”。这种观点强调学生是学习活动的主动参与者，学生是学习活动的主体，学习的质和量取决于学生而不是课程，强调学生与外部环境的互相作用。教师的职责是构建适合学生能力与兴趣的各种情境，以便为每个学生提供有意义的经验。

回顾课程发展的历史，课程概念的内涵一直在教师、学生、知识经验间摇摆，不同时代的价值要求决定了孰轻孰重。新人类教育以生存教育为主题，将深谙人类文化轨迹教师的隐性引导与启发以及学生生存性探索活动而形成的生态性知识经验有机结合在一起，使人类文化在发现中继承，在发现中创新，是课程历史文化的继承，更是课程历史文化的超越。

二、课程的分类

课程类型是指课程的组织方式或设计课程的种类，主要有下面几类划分。

（一）分科课程与活动课程

分科课程也称文化课程，是一种主张以学科为中心而编订的课程。主张课程要分科设置，分别从相应科学领域中选取知识，根据教育教学需要分科编排课程进行教学。20 世纪 60 年代以来关于学科课程的理论主要有美国教育心理学家布鲁纳（J.S. Bruner ）的结构主义课程论、德国教育学家瓦根舍因（M. Wagenschein）的范例方式课程论、苏联教育家兼心理学家赞科夫（J.B. Bahkob ）的发展主义课程论。

1. 布鲁纳的结构主义课程论

该理论的基本观点是：首先，主张课程内容以各门学科的基本结构为中心，学科的基本结构是各学科知识的基本概念、基本原理所构成的；其次，在课程设计上，主张根据儿童智力发展阶段的特点安排学科的基本结构；最后，提倡发现法学习。布鲁纳很多思想体现了很强的时代精神，对当前学校教育仍具有很强的现实意义。不足之处在于片面强调内容的学术性，致使教学内容过于抽象；将学生定位太高，好像要把每一个学生都培养成这门学科的专家；同时在处理知识、技能和智力的关系上也不是很成功。但布鲁纳的思想对今天我们的课程研究仍具有重要的借鉴意义。

2. 瓦根舍因的范例方式课程论

对于瓦根舍因的范例方式课程论，值得关注的是：它强调课程的基本性、基础性、范例性，主张应教给学生基本知识、概念和基本科学规律，教学内容应适合学生智力发展水平和已有的生活经验，教材应精选具有典型性和范例性的内容。该理论的主要特色在于：

（1）以范例性的知识结构理论进行取材，其内容既精练又具体，易于举一反三，触类旁通。

（2）范例性是理论同实际自然地结合。

（3）能解决实际问题的内容都是综合的，不是单一的。

（4）范例教学能更典型、更具体、更实际地培养学生分析问题和解决问题的能力。

3. 赞科夫的发展主义课程论

赞科夫把“一般发展”作为其课程理论的出发点和归宿，因此，他的课程理论被称为“发展主义课程论”。“一般发展”是指智力、情感、意志、品质、性格等的发展。赞科夫的发展主义课程论主要强调以下几点：第一，课程内容要有必要的难度。难度有两个含义，一是指教材要有需要克服的障碍，有一定的复杂性；二是学生学习教材时要做出一定的努力，把学生的精神力量调动起来。这一主张要求在“有分寸”的“高难度”水平上选择一些现代科学技术知识编进教材，删除那些肤浅、狭窄的内容，加强知识的系统性和知识的联系性。第二，课程内容要有必要的广度。即课程内容不能搞重复，而要不断向学生展现事物的新貌，用各方面的内容来充实学生的头脑，为学生越来越深入地理解所学的知识创造条件，揭示知识之间的本质联系。使学生从有机联系中掌握越来越多的系统知识。第三，理论知识要在课程内容中起主导作用。赞科夫认为，学生只有掌握了理论知识，才能认识事物的本质和规律，并以此去认识新的事物，促进他们的一般发展，并为他们进一步掌握知识和技巧提供可靠保证。因此，他主张把理论知识放在教材的重要地位，尽早教给学生规律性的知识，教给学生解释现象、事实的一般原则。

（二）核心课程与外围课程

由于学生在校学习时间和资源等的限制，不可能将所有学科纳入学校课程体系之中。于是，必然出现这个问题：所有学习者都应该学习的共同知识核心是什么？美国著名课程论专家泰勒曾指出，为了回答这个问题，学校课程体系开始被视为由两部分构成：核心课程和外围课程。

核心课程（core curriculum）可以看作分科课程的反动，它一反分科课程将各门学科进行切分的做法，而是在若干科目中选择若干重要的学科合并起来，形成一个范围广阔的科目，规定为每一学生所必修，同时尽量使其他学科与之配合。核心课程在一定程度上也可被看作是对儿童中心课程的反动，它在产生之初，尤其反对课程只从学生个人兴趣、需要动机出发的做法。它提醒教育者注意，儿童并非生活在真空里，而是在一个特定的时间，地点和特定的社会环境里成长的，课程需要反映儿童所赖以生活的社会的需求。因此，核心课程在产生之初，其显要特征就是注重社会需求以及以生活为中心。及至后来，核心课程在此立场上稍有改变，其实施也吸纳了活动课程的一些成分。

核心课程产生于二十世纪二三十年代的社会动荡时期，改造主义功不可没。改造主义自称“危机时代的哲学”，宣称社会文明已面临毁灭的可能，必须改造社会，使人们能够共同生活。这种改造不只通过政治行动，更通过社会成员的教育去实现人们共同的生活目标。因此，在他们看来，教育必须专心致志于创造一种新的社会秩序，在人们的心灵中引起一场意义深远的变革。于是他们倡导一种“以未来为中心”的教育纲领，其目的是通过说服而不是强制的办法来实现“社会改造”，以“社会改造”为核心来构建核心课程，打破原有分科课程的界限。有人认为，核心课程的真正特点是注重社会需要及以生活为中心。

核心课程的特点除了学科间的综合并构成一个“核心”之外，它还有另一显著特征，即这种课程是要每个学生都掌握的，是需所有学生共同学习的。这样就带来一些问题：一是社会生活的需要是多种多样的，那么哪部分课程需纳入“核心课程”；二是随着新学科的不断涌现，这些学科的拥护者都极力希望纳入课程中来，并且，有的学科也的确需要在核心课程中得到反映。这就又使得课程选择与设计中的古老问题——时间和可利用资源——反映了出来。在这种情况下，如同分科课程自身的缺失造就了活动课程一样，与核心课程互补的外围课程也就应运而生了。

外围课程（peripheral curriculum）是为不同的学习对象而准备的，它不同于照顾大多数学生、面向所有学生的核心课程，而是以学生存在的差异为出发点的；它也不像核心课程那样稳定，而是随着环境条件的改变、年代的不同及其他差异而做出相应的变化。核心课程与外围课程，如同一般与特殊、抽象与具体的对立，是相辅相成的。

（三）显性课程与隐性课程

显性课程也称公开课程，是指在学校情境中以直接的、明显的方式呈现的课程。这类课程是根据国家或地方教育行政部门所颁布的教育计划、教学大纲而规定的。显性课程的主要特征是计划性，这是区分显性课程和隐性课程的主要标志。美国著名教育学家、课程论专家杰克逊（P. W. Jackson）于1968 年出版了《班级生活》一书，并首次提出“隐性课程”这一概念。隐性课程包括除上述课程之外的一切有利于学生发展的资源、环境、学校文化建设、家校社会一体化等，是指学生在学习环境（包括物质环境、社会环境和文化体系）中所学到的知识、价值观念、规范和态度。研究中有很多类似的名称，如隐蔽课程（hidden curriculum）、潜在课程（laten curriculum）、非正规课程（informal curriculum）、未研究的课程（unstudied curriculum）和未预期的课程（unanticipated curriculum）。隐性课程指学生在学校情境中无意识地获得经验、价值观、理想等意识形态内容和文化影响。也可以说它是学校情境中以间接、内隐的方式呈现的课程，具有非预期性、潜在性、多样性和不易觉察性。这类课程是学术性与非学术性内容的统一综合体。

隐性课程与显性课程有三方面的区别：一是在学生学习的结果上，学生在隐性课程中得到的主要是非学术性知识，而在显性课程中获得的主要是学术性知识；二是在计划性上，隐性课程是无计划的学习活动，学生在学习过程中大多是无意接触隐含于其中的经验的，而显性课程则是有计划、有组织的学习活动，学生有意参与的成分很大；三是在学习环境上，隐性课程是通过学校的自然环境和社会环境进行的，而显性课程则主要是通过课题教学来进行的。

隐性课程也被称为非正式课程、非官方课程、潜在课程、隐蔽课程和无形课程等，是不在课程计划中反映的、不通过正式教学进行的。对学生的知识、情感、意志和行为等方面起到潜移默化的作用，促进或干扰教育目标的实现。这类课程主要是通过校园文化、校园生活、校风、人际关系、集体活动等潜移默化地影响学生的课程，它是教学计划以外的课程，是以间接的内隐的方式呈现的，是无计划的。这类课程主要是通过学校的自然环境和社会环境进行的，学生通过这类课程的学习所获得的主要是非学术性的知识，比如学校的文化，包括物质文化、制度文化和精神文化，这些都是隐性课程的内容。

隐性课程的特点主要有：

（1）隐性课程的影响具有弥散性、普遍性和持久性；

（2）隐性课程的影响既可能是积极的，也可能是消极的；

（3）隐性课程的影响是学术性与非学术性的统一；

（4）隐性课程对学生的影响是有意识性与无意识性的辩证统一；

（5）隐性课程是非预期性与可预期性的统一；

（6）隐性课程存在于学校、家庭和社会教育中。

正是由于隐性课程的这些特点，我们在实施过程中应该注意：首先，优化学校的整体育人环境；其次，特别重视学习过程；最后，通过隐性课程的实施，塑造与完善学生的人格结构。

（四）国家课程、地方课程与学校课程

从课程开发的主体来看，可以将课程分为国家课程、地方课程与学校课程。国家课程也称“国家统一课程”，它是自上而下由中央政府负责编制、实施和评价的课程，其管理权属于中央级教育机关。国家课程是一级课程。地方课程介于国家课程与学校课程之间，指由国家授权，省、自治区、直辖市教育行政机构和教育科研机构根据自身发展编订开发的课程，属于二级课程。学校课程是在具体实施国家课程和地方课程的前提下，通过本校学生的需求评估，利用当地资源，由学校全体教师、部分教师或个别教师编制、实施和评价的多样性的可供学生选择的课程。

国家课程是从宏观方面反映国家对人才素质的要求，是国家意志的体现，是所有学校教学的出发点，具有普适性、强制性和权威性的特征。国家课程体现的形式在各个国家是不一样的。在澳大利亚、美国等实施教育地方分权的国家，国家课程由各州政府负责编制、实施和评价。通常，学校教师在国家课程的编制和评价方面没有或者几乎没有发言权或自主权，但他们必须成为国家课程的实施者。在实施国家课程的过程中，学生往往需要参加国家统一考试。

学校课程是相对国家课程而言的，它是一个比较笼统和宽泛的概念，并不局限于本校教师编制的课程，可能还包括其他学校教师编制的课程或校际教师合作编制的课程，甚至包括某些地区学校教师合作编制的课程。与国家课程相比，在学校课程的开发过程中，课程编制、课程实施和课程评价呈“三位一体”的态势，形成统一的三个阶段，并由同一批教师负责承担。

一般来说，中央集权的国家会强制规定课程的统一性，较多地推广国家课程，而地方分权的国家比较强调课程的多样性，较多地推广地方课程、学校课程。现在，越来越多的国家政府已经认识到，虽然国家课程与地方课程、学校课程是不同的课程形式，但它们之间是相辅相成、互为补充的关系。在推广国家课程的同时，应该允许开发一定比例的地方课程、学校课程，而推行地方课程、学校课程的学校，也不应该贬低或排斥国家课程。

（五）基础型课程、拓展型课程和研究型课程

这三种课程是根据课程任务所做的区分。基础型课程注重学生基础学习能力的培养，即培养学生以“三基”（读、写、算）为中心的基础教养，是中小学课程的主要组成部分。拓展型课程注重拓展学生的知识与能力，开阔学生的知识视野，发展学生各项特殊能力，并迁移到其他方面的学习中去。研究型课程模式的核心在于改变学生的学习方式，强调学生的主体作用和参

与性，要求学生能从多种渠道寻找信息，能对各种资料进行分析、归纳、整理、提炼并从中发现有价值的信息，能熟练使用各种信息工具，体验科研的过程和方法，准确表达自己的观点。

研究型课程有以下几个特点：

（1）就课程目标而言，研究型课程表现为目标的开放性。课程目标不仅指向某种知识内容，而且指向各种知识的综合探究过程，指向在这个探究过程中，学生所发展的探究意识、探究精神和探究能力，指向学生对各种知识的情感体验。并且这些目标指向在不同的课题探究过程中有不同的侧重，除探究能力和探究精神外，学生所达到的知识目标是开放的。

（2）就课程内容来说，研究型课程在内容上呈现出综合、开放、弹性的特点。其中综合性与弹性是体现其生命力的重要因素。此类课程的内容弹性非常强，在保证一定学习量的前提下，学习所探究的内容和主题，不同地区、学校、班级，甚至不同的学习小组，都可以进行不同的选择。

（3）就课程组织来说，研究型课程以开展合作性的、综合探究型的课题活动为主要学习方式。教师在组织形式的选择上，应体现出合作性与独立性相结合的特点。学生的探究过程既有个体的活动，也有学习者之间的合作和交流。因此，在课程的组织形式上，既有体现独立性的个体活动和体现合作的小组活动，也有体现集体性的全班交流活动。在某一个课题的探究过程中，这几种形式都会出现。

（4）就课程评价来说，由于研究型课程在课程目标和内容上具有开放性的特点，因此，在课程评价中，不宜采用目标评价方式，而应该采用过程性评价方式。这样，研究型课程的评价就具有了过程性的特点。

研究型课程作为一种开放性的课程，为学校课程的开发提供了很好的契机，使学校课程的开发有了一定的载体。各个学校可以根据“以学习者、以社会发展中心”的原则，开发适合学校实际教育条件和具体特点的课程。在研究课程中，进程的设计者除课程方面的专家、专门的课程设计者、教育行政部门人员之外，还有学校和教师，这是研究型课程的一个最典型的特点。

三、课程体系建设研究

课程体系指在一定的教育价值理念指导下，将课程的各个构成要素加以排列组合，是各个课程要素在动态过程中统一指向课程体系目标实现的系统。简言之，一个专业所设置的课程相互间的分工与配合，构成课程体系。课程体系是高等学校人才培养的主要载体，是教育思想和教育观念付诸实践的桥梁。高校人才培养目标是对受教育者的知识、能力和素质方面做出的理想预期，课程体系则在很大程度上决定了受教育者所能达到的理想程度，课程体系是否合理直接关系着人才的质量。因此，课程体系的建设是大学教育的核心。

目前国内各高校，无论是研究型还是教学型，无论是师范类、综合类还是艺术类，其专业课程体系的结构类型，大致都是基础课与选修课的二级制结构模式，都在开设一系列专业基础课的基础上，再开设一系列专业选修课。这种基础课加选修课的二级结构专业课程体系至少存在着两个方面的不足与局限性。

首先，这种二级制的专业课程体系在课程类型以及课程内容的层次划分上不够准确细密，难以充分体现和落实不同学校、不同专业的不同培养目标。这种情况下，大多数专业，特别是一些办学历史悠久、学科发展成熟的专业，在专业基础课与专业选修课之间存在着很大的专业知识与技能空间，也就是设课、开课的空间。而对于如此大的设课空间，仅仅大略地确定专业基础课与专业选修课两级课程类型与模式，势必导致课程设置及具体课程内容上相当的不确定性；也就是说，必定出现有的选修课可能较为贴近专业基础课，有的选修课则因具有相当大的专业深度精度而接近专业学术前沿，二者之间可能差距甚大。而教师资源以及相应的可能开课门数都是有限的，所以面对如此广泛的课程选择空间，除了专业基础课的设定之外，在所谓的专业选修课的设置上，容易出现以下两种倾向。第一，课程的设立具有不确定性，即需要开设的选修课可能没有教师开设，已有的课程也可能由于教师的原因而时有时无。由于教师知识、能力、态度、情感、价值观的多元取向，而导致不能用统一的规格、标准评价学生。第二，选修课在专业深度上具有无序性。课程引渡困难多，因而很难构成真正具有系统性的专业课程体系。

其次，这种二级制的专业课程体系在专业选修课的建设上必然导致“因人设课”的倾向。“因人设课”主要是指在专业选修课的设置及具体授课内容的安排上不是完全依照专业培养目标的需要来考虑专业选修课的设置及内容的安排，而是更多根据教师的研究方向、水平或者兴趣等来考虑选修课的设置及内容。专业基础课与专业选修课之间存在相当大的课程选择空间，这就势必使开课教师具有很大的设课以及课程内容安排自由。虽然教师在考虑开设怎样的专业选修课程时，也会相当程度地考虑专业培养目标的贯彻和落实。但是，教师个人的考虑不能代替专业培养要求的体制性设计和制度性安排。专业选修课的开设必须符合专业培养目标的要求。这不应仅仅是教师自由设课后的一种考虑，而必须是专业课程体系建设的一项基本前提和原则，是对教师设课自由的限定。此外，“因人设课”还必然产生的另一个后果是，专业选修课的兴衰存亡往往与教师个人的选择与去留有过于紧密的联系，常常是人在课在，人走课无，课程设置的随机性和偶然性很大，这不利于课程体系的建设。而且，这种给予教师个人较大选择的、自主的设课体制，也直接有悖于以学生为主体的教育教学理念。

第三节 商务英语教学课程体系的构建原则

对于商务英语专业的课程设置，除了分析课程设置现状和依据外，还要对商务英语课程设置原则进行分析，从而更加深入地分析如何设置商务英语课程。课程设置的依据主要是指课程设置的出发点、落脚点和参照标准。相对地，课程设置的原则是在课程设置的原理下遵循的标准和框架。课程设置不是凭空想象和主观臆断来确定的，它是有其科学理论依据的。课程设置必须依据一定的社会经济、政治和科学技术的发展水平和需要；课程设置还必须受到教育方针、教育目的以及教育规律的制约。

在对商务英语课程设置原则进行分析之前，首先，应当从专门用途英语的角度进行分析，更加宽泛地把握课程设置原则。在对 ESP 的分析中，应该避免一种现象，即课件、网络的使用只是更换教学媒体而已，而未对教学产生任何实质性的影响。多媒体的使用的确使教学信息更为直观和形象，也为学习者提供了前所未有的巨大信息量。而一些课件的制作、授课的方式仍以教师为中心。在整个教学过程中，教师仅利用多媒体教学设备的便利，通过多媒体设备（取代以前的粉笔）向全体学生传授知识，学生仍是被动的接受者，整个学习的过程仍在教师控制下进行。这样，网络的教学特性就没有体现出来，而且网络的多种教学功能也就很难发挥出来。其次，ESP 的课程设置原则中“课件的制作应考虑学生的兴趣”。应以学习者为中心，并给学习者留有余地，即不是一味地详尽陈述某一章节的全部内容，而是结合每一课的不同特点，给学生留出提问、思考、讨论和查找更多更详细相关资料的时间和机会，将课堂教学变为以多媒体教学设备为辅助手段的师生间、学生间互动的动态过程。再次，专门用途英语要“对教材进行合理的选择”，目的在于建立完善的 ESP 语料。最后，专门用途英语要“明确 ESP 课程的学习目的”。

专门用途英语课程设置原则的研究阐明了明确专业用途英语课程的目的性、选择合理教材、以学生为中心以及如何对待互联网等多媒体教学手段的重要性，论证了要从以上四个方面出发来设置专门用途英语的课程。同样，对从属于专门用途英语的商务英语，也应该按照上述原则来设置具体的课程体系。商务英语在课程设置上应遵循以下几项原则。

一、理论和应用并重

商务英语是一门理论和应用并重的学科，理论性和应用性相辅相成。对于理论研究来说，其任务是要找出商务英语的发展规律和学科特点。因为商务英语是一个概括性很强的功能语体，它包含许多次语体。按语场的变化可以区分为商业英语、贸易英语、财经英语、会计英语、金融英语、法律英语等次语体；按语旨的变化可以区分为邀请、问讯、报价、还盘、谈判、投诉、索赔等次语体；按语式的变化又可区分为电话、传真、函电、电子邮件等次语体。应用文体学的研究方法可以对商务英语的及物性结构特征、语气结构特征、主位结构特征及字系结构特征进行定量研究，从而得出有关商务英语的语义特征、词汇语法特征，即字系特征方面的较为科学的结论。这有别于传统印象直觉分析法得出的结论，二者是定量与定性研究之分。

商务英语是应用语言学与经济学科和管理学科应社会发展的需要而相互交叉，相互融合产生出来的一门新兴的交叉型应用学科，除了要按照理论研究进行课程设置外，还应当注重商务英语的应用研究。应用性是商务英语最重要的一个特点，必须在具体的课程设置过程中注重学生应用能力的提高，也要提高学科在现实生活中的应用程度。应用研究主要解决与商务英语教学有关的一系列问题，如教学大纲的制定、课程设置、教材编写、语言技能的培训、测量和评估以及教学法的应用等。商务英语教学还必须注意应用语言学的复杂性和多学科性。语言教学是一个涉及诸多因素的系统工程，这些因素相互影响、互为补充，但由于教学目标不同，各个因素在教学过程中所起的作用不一致，必须因地制宜，因时制宜，制定不同的教学方案。应用语言学是把相关学科的理论、科研成果应用到外语教学的学科，它涉及语言学科和一些与语言学相关的边缘学科（心理语言学、社会语言学、计算语言学、语用学、神经语言学等）以及与外语教学相关的学科（教育理论、教育测量、计算机科学、统计学等）。应用语言学本身具有多学科性，而商务英语也具有交叉性、多学科性。应用并非完全强调实践。商务英语应用研究并非限于搞好教学，商务英语应用研究也有理论研究的责任，即建立一个与商务英语学习者相关的商务英语语言模型。

商务英语课程的设置原则，大体上要遵循理论研究和应用研究的发展需要，根据理论和应用的研究可以确认要开设的课程，确定相对应的课程范畴和标准，从而再确定与课程相关的教学材料、教学手段和教学方法等。所以，无论是在何种状况下，要对商务英语课程进行设置，必须要考虑到商务英语理论和应用并重的特点。按照马克思主义的基本观点，实践是理论的源泉，也是检验理论正确与否的唯一标准，而理论也能反作用于具体实践。科学、合理的理论能够推进实践的发展，而不科学、不合理的理论则会对实践发展造成一定的负面影响。因此在设置商务英语课程时，除了要设置理论和应用的课程外，更重要的是如何安排理论课程和实践课程，以及这两者之间的权重关系。

二、时效性、前瞻性

课程设置受制于生产力的发展水平，生产力越发达，对劳动者的素质要求越高。国际商务英语作为一门与社会经济生产紧密相关的高校课程，也应该顺应高等教育课程现代化的国际潮流，形成鲜明的时代特色。商务英语是一门与社会经济发展紧密相连的学科，适应社会发展需要是商务英语课程设置的最基本要求。时效性是指信息的新旧程度、行情的最新动态和进展。比如新闻节目，今天听是新闻，明天听就是旧闻。决策的时效性很大程度上制约着决策的客观效果。

从商务英语的起源可以看出，该学科本身就是从国外的商务实际发展过来的，因此从发展的实际情况来看西方国家远远领先于发展中国家。对于我国这样的发展中国家，尽管在商务英语领域取得了飞速发展，但是就总体层面而言还是比较落后的。这种落后主要表现在我国国民整体的外语语言能力、我国在对外经济贸易（尤其是在国际资本市场上的交易）以及在 WTO 中的商务谈判地位（包括反倾销、反关税补贴等）。这种落后在具体的商务英语学科课程设置中主要表现为很多教学内容已经过时，与培养目标脱离。例如：外贸英语函电，很多教材版本中的不少内容还是计划经济时的外贸进出口情况，严重落后于时代的发展，内容覆盖也不够广。还有许多国际商务课程或内容，在西方英语国家是普遍开设或涵盖的，但在我国还是空白，如国际结算、国际物流等内容。这些课程是近年来才开设出来的，这些新的课程或内容都是西方发达国家在市场经济和社会发展过程中为适应需求而开设的，具有较强的合理性、科学性和前瞻性。

课程设置的落后和不合理，必将会使所培养的学生的知识储备和技能训练远远落后于时代需求。实践课时比例太小，而且安排不合理。在四年的学习中，真正的实践教学课时数严重不足。在时效性的问题上，我们要做的就是充分借鉴国际上的先进经验，结合现实国情校情，并将这些经验用来对当前的课程进行重新组合和安排，确保能够在最大限度内发挥该学科的教育和科研功用。具体到如何吸收国际先进经验，设计新的课程体系时，国外成熟的课程内容可以为我所用。这对建构国际商务英语课程内容和体系具有很大的启示与帮助。因此应认真学习和借鉴西方英语国家国际商务英语教学的经验，吸取他们先进的课程设置思想、方法、课程内容等。这样，涉及的课程体系与内容可以站在较高的起点上，而且内容更地道、更具实用性。

毋庸置疑，吸取西方发达国家的先进经验一定要结合自身的实际情况，将国外的先进经验纳入我国的实际发展背景中，实现“中国化”。正如马克思主义从西方国家传递到我国，也必须经历一系列与我国实际国情相结合的“中国化”过程，形成有中国特色的社会主义理论，才能指导我国的社会主义建设。若是全盘吸收，完全照抄其理论，恐怕很难取得成功。针对教材编写，教材要适应我国使用者的情况。目前，从国外引进了许多类型的被称作商务英语的教材。这些教材假设了一个通用的商务模式，以西欧和北美的商业文化为背景，但这其中的商务活动和业务未必为中国的学习者所需要。因此，有必要对这些国外教材进行改编，或重新编写适合中国学习者的商务英语教材。关于课程设置的“全盘西化”问题，不仅是教材可能有这方面的问题，在具体课程、教学方法上也均存在此类问题。总之，在研究商务英语课程的时效性时，必须明确这种研究在我国这样的环境下所进行的商务英语教学和科研活动，要能结合并反映我国的特色，能够将中西方文化进行有效结合。

前瞻性是我国商务英语课程设置的另一个重要原则。前瞻性研究就是选定研究对象，预定好研究方案，再根据预定方案去对入选受试者进行研究。在这些条件下，去做持续的追踪研究，分析判断，最后在计划的时间内做出评估，符合原来设计方法的所有例子都要列入统计（这个阶段，不只是选有效的例子来统计），全部结果都要呈现。最终，选择的结果经过计算，纳入统计范围中，相关影响波动的有效因素构成重点目标，继而对这些因素进行深入研究，这就是前瞻性研究。前瞻性研究注重对研究对象的牵连性、影响性、可发展性的把握，对研究对象的本质（潜在性）的挖掘。在当今社会科技迅猛发展下，提前把握具有潜力的对象非常重要。在研究过程中，研究人员通过加强对该对象动态的理解，从而延伸出一些新的理论，再作用在该对象上，形成一个新的体系。

商务英语课程设置所要求的前瞻性，主要表现在两方面：

一是要能预测并适应时代变化，进行不断调整。在设计课程体系时，我们需要注意课程的前瞻性。由于国际社会、国际市场经济和国际商务社会的情况是在不断变化的，随之带来需求的不断变化。所以，我们应该以一种开放的姿态应对这种变化，不断完善课程体系，推陈出新，这样才能建立起科学的、反映时代发展需求的课程体系。高等教育必须随时代的发展而变化，人才需求的层次也会发生变化，这些变数都会直接影响到课程体系和课程设置。面对这些变化，我们要不断调整和完善课程体系。另外，国际商务英语学科框架内有各种层次。调整课程设置时，我们还应考虑各学校的特点和层次。从中可以看出，社会发展所带来的变化是商务英语课程变化最重要的原因。除了根据社会的发展调整自身的课程设置外，还要对未来的发展趋势进行预期，对某些课程进行削减或者增加。正如在20世纪末，很多人都没有预期到互联网会发展得如此迅速，会对商务英语这个领域起到如此大的变革作用。因此商务英语的教师和科研人员必须预测这些变化发展趋势，从而得以提前设置相关课程或者预先对某些课程内容进行调整，从而使我国高校的商务英语学生在未来的国际竞争中有较强的综合竞争力。

二是要对社会经济发展起引领作用。虽然商务英语是一门随着时代发展而发展的应用型学科，但是商务英语学科（尤其是理论创新）不仅可以指导具体的工作实践，同时能够通过总结商务英语学科的发展特点和规律，结合全球化的实际情况和变化发展，对商务英语学科进行创新研究，起到引领社会经济发展的作用。在此前提下，商务英语学科开设的课程除了要教授学生相关的知识和技能外，还要教会学生“学习”和“创新”的能力。良好的学习、思考和行为习惯的养成有助于实现教育和教学的目的和目标。尊重习惯形成的规律，围绕良好习惯的内容，在课堂上进行“问题式学习”的教学，有助于对学生问题意识和问题解决能力的培养，从而提高学生的学习能力和创新能力。这种“学习”和“创新”的能力绝不是凭空而来的，而是要在相关知识和技能的基础上，通过开展相关原理和案例的分析课程，来提高学生在商务英语领域的“学习”和“创新”能力。由此可以看出，商务英语学生不仅要对自身学科进行预测和适应，从而对商务英语课程进行调整；同时也要通过自身对商务英语学科的学习和创新，推动商务英语学科的发展，引领国际商务乃至社会经济发展。

三、层次性

根据知识维度理论，对外经济贸易大学、广东外语外贸大学、上海对外贸易学院的课程设置中事实知识、概念知识、程序知识和元认知知识的学分设置各有不同：广东外语外贸大学在事实知识和元认知知识方面的课程占有很大的比例，远远高于其他两所院校；对外经济贸易大学注重事实知识与程序知识的传递；上海对外贸易学院侧重于概念知识和程序知识。从中可以看出，三所院校在课程设置上对学生培养的侧重点不同：对外经济贸易大学注重培养学生的语言基本功以及商务特殊技能；广东外语外贸大学注重培养学生的语言基本功，以及最终将商务知识付诸真正的商务实践的能力；上海对外贸易学院注重学生对商务理论的理解和商务特殊技能知识的掌握。

就层次性而言，商务英语课程设置中还应该加入人文素养方面的课程，包括许多中国元素也应该融入商务英语的课程中。中国文化底蕴深厚，不仅影响着一代代中国人，而且也正在被全世界所接受和认可。北京奥运会向世人展示了几千年优秀的中华文明，也在全世界掀起了一股“学习汉语热”；孔子学院的设立、“汉语桥”活动的开展、汉语能力考试的兴起等无不证明了这一点。学习外语以及毕业后从事涉外工作的学生更应该了解自己的文化，因此教师应该引导和帮助学生做到“知己”。

第一，从思想上让学生意识到在外语学习中以及今后从事涉外工作时中国文化的重要性，学习中国文化的知识并掌握用英语表达中国文化的技能，做到“知彼更要知己”。因为语言交流有输入也有输出，要教会学生用英语表达中国文化，以体现出中国的文化软实力。通过举办各种有关中国文化的讲座和读书活动，让学生自觉、自愿地学习本民族文化，热爱本民族文化，为自己的文化感到骄傲，而不是一味地崇洋媚外。

第二，专业课教师应该自觉学习中国文化，提高自身文化修养，注意中国文化的英语表达方式，并在教学过程中向学生传授中国的文化。传统的英语教学中，大部分英语教师平时的教学重点一直是英语语言知识点的讲解和传授，忽略或无暇顾及中国文化知识的传播和用英语表达中国文化知识能力的提高。要改变这种现象，日常累积是最重要的。英语专业多会开设“英美文化概况”等课程，可是中国文化的课程大多被列为全校公选课，课程时间短，考评较随意。其结果就是英语专业的学生能对西方文化略知一二，可对本土文化却知之甚少。另外，由于目前很少有系统论述中国文化的英语教材，也为教师熟悉中国特有文化的英文译法造成了一些困难，这就需要教师平时多积累。

第三，鼓励教师开设关于中国文化的公共选修课，为学生创造良好的学习环境和氛围。中国文化教学内容应体现哲学、历史、宗教、社会、教育、文学、艺术等中国文化内容的综合。通过这些选修课程，可以进一步开阔学生视野，使他们更加熟悉本民族文化。

除了上述原则，还应注意以下几点。一是商务英语专业的课程应该是英语专业主干课程和商务专业主干课程的有机结合，而不是简单的相加。二是在商务英语专业下分设不同方向时，专业方向课应该更加具有针对性，更加体现方向性。三是商务英语专业课程要避免蜻蜓点水，课程开设应该具有广度和深度，并且注重精品课程的开发。四是商务英语专业的课程设置应该走出“因人设课”的尴尬局面，注重复合型教师的引进和培养。在符合商务英语设置依据的前提下，通过分析商务英语的原则，设置更加科学、合理的课程体系。课程设置原则的科学合理，是商务英语学科发展最为主要的准则和框架，即所设置的具体课程是否满足以上原则成为学科发展的重要因素。由此可见，科学合理的课程设置是商务英语学科发展最为重要的要素之一。

第四节　商务英语教学课程体系的构建依据

语言是随着社会的发展而发展的。商务英语作为英语语言的一种功能变体，其出现和发展有一定的社会历史渊源。第二次世界大战以后，经济的迅猛发展使全球范围内的各种交往空前频繁。这种社会发展的新形势自然而然地需要一种能在国际上通用的语言来反映、沟通世界各国人们在科技和经济发展中的思想和活动，以此来进行学术交流和推广研究成果。

在对商务英语学科发展过程的研究中，可以发现众多学者已经就商务英语所能涉及的各个方面提出了相关建议，对商务英语学科的发展做出了重要贡献。就目前的科研人员来看，有学者、教师、商务从业人员，也有非商务的英语领域人员，他们基本上都是从自身的科研角度出发来对商务英语这门学科未来的发展特点进行总结，提出相关方案，并结合实际情况对商务英语的发展进行更加科学、合理的规划。总的来说，商务英语这门学科是随着社会经济的发展而不断发展，但是人们对商务英语及其教学的理解还不到位，存在一定的认识偏差和滞后。很多人还是停留在二十世纪八九十年代的思维模式里，将商务英语等同于外贸英语或者国际贸易英语。这种偏差造成的后果是学生不能全面、系统地把握商务英语学科的学习脉络，以至于对商务英语的知识和技能掌握程度不高，在整体的竞争中处于劣势地位。同时这种偏差也使得部分用人单位对商务英语学科把握不准，对商务英语专业毕业生的水平无法进行准确的衡量，往往认为商务英语专业的学生与普通英语专业的学生相比在语言技能上存在不足，而对商务知识和技能的把握也不如商务专业的学生，这就使得商务英语专业的学生在就业方面存在一定的障碍，最后则是影响到了商务英语这门复合型专业的发展。同时，随着我国改革开放进入新一轮发展阶段，商务英语的学科建设也进入了一个新阶段。由于加入WTO，我国国际商务英语各个领域都将有极大的发展，这也推动商务英语的学科建设。按照WTO的规则，国际贸易涵盖了货物贸易、服务贸易和知识贸易的各个领域，势必对我国的商务英语教学提出新的要求，也提供了新的发展空间。其中特别是与服务贸易相关的商务英语课程，许多还处于空白，有待我们积极加强建设。

为了改变这种现状，让商务英语学科有更良好的发展空间，我们必须将商务英语学科的一个主要功能——培养国际化高端人才与商务英语的课程体系建设直接关联起来，从而更好地发挥商务英语专业的这一特有功能，使得社会对商务英语的认知度和认同度都有所提升，而且关键是能够使商务英语专业在就业率尤其是国际化高端层次的就业率上有所突破，最终能使社会更加认可商务英语专业的学生。为了达到这一目标，商务英语专业的学生无论是在商务层面还是英语层面都应有更为突出的提升，形成更强的综合竞争力。近年来人才市场反馈回来的信息表明，全社会对高素质的对外经贸人才的需求急剧增加，其中各大院校的商务英语专业的毕业生备受对外经贸企业的欢迎。我国各大院校应如何面对形势，培养好社会急需的不同层次的商务英语复合型人才，来迎接挑战呢？除加大商务英语教学改革力度外，还要从多方面加强对商务英语人才培养的措施。

由于我国商务英语学科的发展时间较短，因此虽然发展速度较快，也已取得了一定的成绩，但是在系统性方面还有一定的欠缺。目前商务英语学科最为迫切的是，完善最基本的课程体系，充分发挥商务英语专业在培养国际化高端人才中所起到的作用，能够培养更多符合社会发展需要又充满竞争力的人才。由此，商务英语的课程体系建设是否完善、科学、合理，将直接制约我国高端人才的培养计划。

2009 年由对外经济贸易大学牵头，依托教育部人文社会科学研究项目所起草的《高等学校商务英语专业本科教学要求（试行）》明确把商务英语本科课程划分为四大模块：语言知识与技能、商务知识与技能、跨文化交际能力和人文素养。《高等学校商务英语专业本科教学要求（试行）》建议开设 12 门核心课程和其他选修课程。核心课程如语言知识与技能模块中的语言学概论、综合英语、英语听说、英语阅读、英语写作、英语翻译等课程，商务知识与技能模块中的经济学导论、管理学导论、国际商法导论等基础课程，跨文化交际模块中的跨文化交际导论和商务交际实践，人文素养模块中的英美文学通论。在此基础上，各院校需要根据自身特色、市场需求、学生兴趣等开设相关的专业选修课。在重视理论学习的同时，绝不能忽视实践教学。

四个模块涵盖了商务英语教学的各个方面，比之前学者提出的模块更全面科学，尤其是注重学生的人文素养。人文素养指学生应具备良好的政治思想素质、较强的创新意识和能力、熟悉中外文化传统、有扎实的汉语基本功和语言表达能力以及熟悉英语国家的人文、历史、地理等。这样的体系设置使学生不仅具备扎实的综合语言知识与能力，还具备在不同文化背景和商务环境中运用英语进行沟通的能力。

在讨论如何制定商务英语的课程体系之前，首先应当对商务英语的课程体系建设进行翔实、具体的论述。商务英语课程体系建设之所以重要，是因为其面向的对象不仅仅是商务英语专业的学生，还会涉及其他非商务英语专业的学生，比如许多在校的非商务英语专业的学生都在学习国际商务英语。特别是随着我国加入世界贸易组织以来，商务英语将愈来愈重要。一方面对普通非英语专业的学生来说，掌握英语知识和技能已经成为非常基础的要求。从未来的发展趋势上看，商务英语在整个英语体系中的比重会越来越大，这是由于社会对大学生的英语要求更多体现在实际的操作层面，而不仅仅是对英语词汇和语法的掌握。商务英语的实践性特点以及自身的发展历史和特点决定了商务英语必将是今后英语学习的主要方向之一，因此建立并健全商务英语自身专业的课程体系，不仅有助于本专业学生能力的提高，同时也能提高非英语专业学生的英语能力。另一方面对商务英语专业来说，它本身就是一门发展中的复合型学科，整体的定位和发展仍在不断的探索之中。如果将商务英语比作一座大厦，课程体系就是这座大厦的“地基”，只有将这“地基”建设得扎实、稳健，才能让这座大厦更加稳固。另外，由于商务英语和其他学科存在一定的交叉，譬如，商务英语涵盖了金融英语这门课程，而在金融学的课程中也常开设金融英语这门课程。无论对金融学的学生还是商务英语的学生来说，金融英语都属于商务英语的范畴。因此，从发展商务英语专业、培养国际化高端人才的角度来看，非常有必要从商务英语的课程体系建设出发，从而达到学科建设的目的。课程体系改革和课程建设历来是外语专业教学改革的重点和难点。要从21世纪对外语人才的需求、21世纪外语人才的培养目标和复合型人才的培养模式出发，重新规划和设计新的教学内容和课程体系。

从我们对商务英语的定义分析可以看出，商务英语包括哪些具体的内容是很难罗列清楚的，因为商务英语所涵盖的内容本身就在不断发展变化，所以商务英语具体内容的描述基本上很难实现。但是商务英语的本质范畴还是可以确定的。尽管从商务英语的课程设置来看，各个高校对商务英语的判断不一致，课程设置也存在不一致的现象，但要了解商务英语应该包括什么课程，以及课程之间的比重如何协调，就应该从商务英语这门学科的本质出发，将发挥这门学科对社会和高校的积极作用作为课程设置的落脚点，从而在课程设置上形成从商务英语出发再回到商务英语的发展逻辑，使得课程设置能够更加科学、合理。

学科课程设置方面，除了要研究其出发点和落脚点以外，还要掌握其具体的课程设置依据。因为只有在“合理”的设置依据下，才能设置“合理”的课程、教学模式和教学方式等。为了更好地分析商务英语的课程设置依据，众多专家、学者依据自身对商务英语学科的研究，提出了几点课程设置的依据。比较有代表性的有以下几点。

有学者指出：ESP 课程的设置不应是简单地按照某些理专家的观点，而是要基于观察和实践。只谈论行动研究的理论是不够的，我们需要表明对于我们所倡导的理论是如何实践的，否则，想法只会停留在想象中而不会变为现实。行动研究的优势之一是开始于实践，人们通过实践产生自己的理论。行动研究是在真实情况下真实的人所进行的研究，这需要大量的案例研究来证明研究者是如何改进学习者的学习和状况，并给他们自己和他人带来了利益。同时，行动研究也构成了一种学习的形式，为社会的未来产生了深远的影响。ESP 教师在规划、实施和评估该类课程过程中的观点和实际举措的关键是要坚持以学习者为中心，设计出专门用途英语的课程和大纲。强调“由于 ESP 课程的特殊性，在设置的过程中除了一些普遍要素外，还应着重考虑 ESP 课程的特殊要求以及 ESP 课程的特殊属性……但 ESP 课程的设置还应当以一定的理论为基础、为指导，遵循一定的设计原则，从而设置出适合 ESP 教学发展的课程体系”。2004 年 1 月，教育部颁发的新制定的《大学英语课程教学要求（试行）》就明确规定：各高等学校应根据自身的条件和学生情况，设计出适合本校情况的基于单机或局域网以及校园网的多媒体听说教学模式，有条件的学校也可直接在互联网上进行听说教学和训练。此外，莫莉莉认为，基于网络的 ESP 课程设计首先要以建构主义理论为基础，主要是由于建构主义理论是“认知学习理论的一个重要分支，强调认知主体的内部心理过程，并把学习者当作信息加工的主体，网络化教学方式为学生创造了发现式学习环境和方法，充分发挥了网络信息量大、交互性强、多媒体传递信息等功能，能提高学生学习的积极性，增强学生学习的自信心，并有助于学生按照自己的实际情况安排学习内容和进度。在整个学习过程中，教师和学生平等地参与教学活动。教师只是教学活动中的管理者和指导者，整个教学活动大多是在学生控制的情况下进行，学生利用网上信息探究和学生之间系统学习交替进行，学生在教学活动中的主体作用得到充分发挥”。关于建构主义学习理论的基本论点，主要是学习者不是信息的被动接受者，而是知识意义的主动建构者；学习过程是新旧经验之间的双向作用过程；参与式学习是其重要的学习形式，师生及学习者之间的沟通与合作在知识建构中愈加重要。同时建构主义理论比较注重学习环境的设计，学习必须处于丰富的情景中，因为学习是在一定的情景中，借助人与人之间的协助活动而实现的意义构建过程，因而提出了学习环境中情景、协作、会话和意义建构是建构主义学习过程中的4个基本要素。建构主义是认知主义的进一步发展，建构主义学习理论强调学习过程中学习者的主动性、建构性，提出了自上而下的教学设计及知识结构的网络概念的思想以及改变教学脱离实际情况的情景性教学等。而交互性网络不仅为学习者提供丰富多彩的学习资料，为其学习的主动性提供必要的支持，而且为学习者之间的合作与交流提供了方便，加强了学习过程中学习者之间的协助性以及老师与学生之间的互动性（interaction），从而提高了学习者的认知能力和语用能力。课程是教师和学生交流的主要场所，是教师控制学生情感因素、协调学生学习行为、保证语言输入质量的地方。

从以上学者对专门用途英语课程设置依据的分析，可以发现其要求在设置过程中除了考虑常规因素外，还要考虑商务英语自身的独有特点，其中最突出的就是要以“实践”也就是具体的工作经验和要求作为出发点，保证学生能够满足职业的需要。另外则是要基于建构学习理论的原理，以互联网教学为载体，充分发挥学生在学习过程中的主体作用，真正实现以学习者为中心的教学原理。从逻辑的角度看，我们知道商务英语是专门用途英语的一个分支，专门用途英语的设置依据也是商务英语的设置依据。由此，遵循“实践性”和“学习者为中心”的理论原理，就形成了商务英语的设置依据。

从专门用途英语这个角度出发来分析商务英语的设置原理，具有覆盖范围广的优点，但是考虑到商务英语有突出、明显的自身特点，因此可以直接从商务英语的角度出发来分析。有学者在对商务英语课程体系设置依据的分析中提出：①以需求分析为依据。“需求分析”是ESP一个重要概念，是ESP课程设置的基础阶段。②以专业协会与团体意见为依据。鲍文对此特别强调“商务英语是一门应用性更强、与社会经济发展更紧密相连的学科。因此，专业协会性质的组织和体制对国际商务英语学科具有更为重要的意义”。

近年来，我国国际商务活动发展极为乐观，尤其是我国加入世界贸易组织后，国际商务活动增多，随着外国投资大量进入中国，新的企业管理模式、理念层出不穷。通过需求分析和对专业协会及团体意见的分析，得出：在专业委员会或学科协会建议、意见的指导下，设计的国际商务英语课程内容和体系更趋合理化，更能适应和满足社会、行业的发展。在国际商务英语专业委员会或学科协会咨询课程设置之后，高校把所听取和吸收的委员会意见与建议补充到国际商务英语课程设置的需求分析中，得出的结果是国际商务英语课程设置的可靠依据，也是促进国际商务英语专业科学发展的重要保证。

通过商务英语的设置依据来看，无论是从专门用途英语还是商务英语的角度出发进行分析，都是根据各自的研究重点而提出相关的商务英语课程设置依据。笔者认为应当从整体出发研究商务英语的课程设置依据，从而加强商务英语课程体系的系统性。从当前的学科形势和对未来发展趋势的展望看，商务英语课程体系建设的依据还要包括以下几方面。

（1）要以政府部门的发展规划为商务英语课程设置依据的出发点。这里的政府部门主要是指人才发展规划部门和教育部门，其对商务英语学科的发展规划是进行课程体系建设的主要依据。无论哪门学科，若要发展并取得一定进展，必须纳入政府部门的发展规划当中。可以毫不夸张地说，在21世纪全球化激烈竞争的发展态势下，国与国之间的竞争就是人才之间的竞争，具备国际化竞争力的高端人才则是国家最为重要的战略资源。为此，我国就如何推动人才发展制定了相关的战略规划。近几年，全国各高校就如何从应试教育向素质教育转轨，加强实用性英语教学，努力提高大学生英语综合能力这个课题进行着探索。目前，教育部已下发了《大学英语课程教学要求（试行）》，这就为我们在新形势下进行大学英语教学改革提供了非常重要的指导原则。教育部颁布的《大学英语教学改革工程草案》提出大学英语教学一定要“加强实用性英语教学，提高学生的英语综合应用能力”，它要求对“英语教学的层次、规格、课程标准进行重新定义，避免重复性教学，加强实用英语的训练。将大学英语教学与专业课教学相结合，培养学生的专业英语应用能力”。因此，商务英语的学科发展必须同国家未来关于人才的发展规划保持一致。将政府部门对人才培养的发展规划作为学科课程体系建设的指导纲要，并通过具体的课程建设来贯彻落实发展规划的精神。课程体系建设作为学科建设最为基础的部分，是整座商务英语“大厦”的“根基”。按照我国人才发展的规划和教育部门的教育大纲，可以保证所开设的课程符合政府部门对人才尤其是国际化高素质人才的需要。

（2）要以提高学生综合素质为商务英语课程设置依据的落脚点。要使学生具备足够强劲的竞争力，并将其作为开展课程设置的最终目的。对于学生的竞争力，可以从两方面出发进行分析：理论和技能。理论知识方面，应当包括普通英语专业知识和商务英语知识，所设置的课程必须兼顾这两方面，同时还要能培养学生一定的科研能力。对于学生的技能方面，则要加强商务英语实际工作能力的培养，提高商务英语学生的实践能力。开设的课程必须满足理论和实践两方面的需求。

理论和技能只是商务英语学生综合素质最基础的部分。所谓素质不是空洞的概念，是人的心理特点（观察、注意、语言、记忆、想象、思维、创造等能力）、知识系统和操作技能的综合，其中专业知识和技能是不同岗位的基本素质要求。大学教育具有专业性的特点，学生专业素质的培养应当是大学教育的重点。人的创造性活动与专业素质关系密切，并通常在专业活动中表现出来。没有专业素质，何来专业操作能力和创造性？培养目标与社会需求密切相关，不同的工作领域对复合型人才有不同的要求。从事国际商务工作的人才当然需要英语知识和技能，但是这些岗位更需要系统的商科知识和技能。复合型人才的概念不能排斥专业素质。如果我们的学生没有专长，那么他们的竞争力将会减弱。在强调专业素质的同时我们并不否认其他素质，除了专业课程，学生可以选修别的课程，例如文化或者艺术，还有第二课堂活动等，这些课程都有助于学生全面素质的提高。

商务英语学生的综合素质要求是全方位的素质，而不仅仅强调专业素质。要从专业素质开始发展到全面素质的提高，很重要的一点是要加强文化建设，要将“文化”作为两者之间的桥梁。对于商务英语专业的学生来说，由于要面临国际化的商务事宜，接触的多是他国人员，因此文化素质的重要性甚至要高于专业素质。只有让学生精通国际化的文化，从而运用国际化的“思维方式”，才能用他们所熟练掌握的专业知识和技能来指导具体的工作实践。正如某位学者所指出的，“谈判者来自不同的国度，因此带有不同的文化烙印。而不同的文化因素影响谈判者的行为举止……文化不只是艺术或人们的生活方式，它也包含人们的交流方式”。文化是社会学和人类学的一个基本概念。文化概念有狭义和广义之分，广义的文化是指人类创造的一切物质产品和精神产品的总和；狭义的文化专指包括语言、文学、艺术及一切意识形态在内的精神产品。文化是平等的，要让学生认识到民族文化优越感是不对的，文化实际上没有好坏之分。文化差异并不意味着一种文化是对的，其他文化是错的。所有文化的人都有人类的基本需求，如房子、食物以至尊重等。文化是对这些需求的不同方式的解答。文化差异使人类的交际变得既困难又有趣。文化素质能够架起国与国之间的沟通交流，对于学生来说要具有国内和国外的文化知识储备。文化既反映在物质层面（人们通过思想和劳动创造出来的物质财富），也反映在人们的思维方式和日常行为中。

就具体的课程设置来看，我们要加强商务英语学生在文化素质方面的知识和能力储备。事实上，从普通英语专业开设至今，我国的高校教学很早就开始注重这方面的培养，开设了英美文学选读、英美文化等课程，来加强对西方文化的理解，但是针对西方商务文化的课程则开设得不够充分。同时关于中国传统文化的课程更是凤毛麟角，学生对中国传统文化的掌握不够到位，更做不到在英语环境下理解并宣传中国传统文化。只有将中国传统文化和西方文化融会贯通，才能使商务英语从业人员具备国际化的视野和思维方式。

我们在强调文化素质训练时，过于偏重西方文化，而忽视了中国传统文化。对于中国的商务英语学生来说，由于本身就是在中国社会环境中成长起来的，深受中国传统文化的熏陶，其思维方式必然会受到东方文化的影响，如果一味地摆脱中国传统文化的影响，全方位地吸收西方文化，结果往往适得其反。

因此，若是出于提高商务英语学生文化素质的目的，除了要设置更多西方文化课程特别是商科专业的西方文化课程外，还要继续加强中国传统文化课程的学习，包括中国传统风俗、历史文化、地理以及旅游等。只有这样，才能“打通”东西方文化，最大化地发挥商务英语知识和技能的作用。

第七章　跨文化语境下的商务英语写作教学实践与策略

第一节　商务英语写作的基本技巧

一、商务英语写作的语言使用技巧

（一）举例

举例是商务英语写作中一种不可或缺的语言手法，它主要通过使用 for example、for instance、such as、like 或 or 等词或短语进行列举，用以表述文章上下文关系。举例可以使抽象笼统的叙述具体化，增强说服力。例如：

An increase in bank rates, for example, will, other things being equal, reduce demand for mortgages.

例如，在其他因素相同的情况下，提高银行利率将减少抵押贷款需求。

The world needs international bodies like the World Trade Organization to regulate the economic and trade development.

世界需要像世界贸易组织这样的国际经济机构来指导经济与贸易的发展。

（二）比较

比较作为一种常用的语言手法，在商务英语写作中也经常使用。比较可以使被比较对象之间的特点突出、差异分明，可帮助读者对事物进行判断与区分，从而做出正确的决策。

比较的具体语言表现形式多种多样，下面介绍一些在商务文体写作中比较常见的表现形式。

1. 比较级和最高级

比较级和最高级是指不同事物之间的差别比较，即被比较的事物之间是有大小、多少和优劣之分的。在商务专业英语写作中，当需要对有差异的事物进行比较时，通常会使用比较级或最高级。例如：

The quality of our products is much better than that of competing ones.

我们产品的质量要比竞争产品的质量强得多。

Of all the offers we have received, yours is the least competitive and thus the most unacceptable.

在我们所接到的报盘中，你们的最没有竞争力，因而也是最不能接受的。

2. 等比

等比是指对同等事物之间的无差别进行比较，它可以是指程度和强度上的，也可以是指数量和质量上的。用来表示这种等比的短语一般有 the same as、as…as、identical with、similar to、as much of…as 等。例如：

As many of enterprises are running a loss as are making a profit.

有多少企业在盈利就有多少企业在亏损。

The turnover of our company in the second quarter remained the same as that of the corresponding period last year.

我们公司今年第二季度的销售额与去年同期持平。

（三）对比

对比也称为“反差”或“对照”，是指故意把两个相反、相对的事物或同一事物相反、相对的两个方面放在一起，用比较的方法加以描述或说明。在商务英语写作中，往往需要在前后两个句子或一个句子的前后两部分表达不同或截然相反的意思时，使用对比这一语言手法。常用来表示对比的词和短语有 although、even though、while、however、whereas 等。例如：

While I know the good opportunity in the proposed investment, I fully realize the risks that may be involved in it.

虽然我知道所提议的投资是一次极好的机会，但我也充分意识到其中可能涉及的风险。

The odor, however, is a major reason why Chinese eggs are not acceptable by hotels, western-style restaurants and fast food outlets.

然而，这种气味也是中国蛋类不被宾馆、西式餐厅和快餐店接纳的主要原因。

（四）条件

在商务活动中，存在着各种不同的条件。因此，我们需要对这些不同的条件进行详细分析，做出判断和估计，以做出相应的决策或采取相应的行动。下面介绍一些常用的表示条件的基本句型。

（1）表示可能的情况，其形式为“Simple Present+Simple Future”。

例如：If business starts to improve，salaries will be increased.

如果业务情况开始改善，薪水将会提高。

（2）表示普遍的情况，其形式为“Simple Present+Simple Present”。

例 如：If employees live more than ten kilometers away from the office，they receive a travel allowance.

如果雇员住的地方离办公室有 10 多千米，他们可以得到交通补贴。

（3）表示假设的情况，其形式为“Simple Past+Would form”。

例如：If Site A was chosen，50 square meters of parking space would be lost.

假如 A 地段被选中，将失去 50 平方米的停车场地。

（五）先后顺序关系

先后顺序关系作为一种重要的叙事方法，在商务英语写作中的使用也很常见，它往往用来叙述经过、程序、原因、种类、措施、结论和建议等。这种先后顺序关系可以是时间上的、可以是地理上的，也可以是事情发生的过程。

在对此类关系进行描述的时候，一般需要借助用来描述这种关系的词和短语，这类词和短语有 first、second/secondly、last、before、after、another、next、then、afterwards、later on、finally、preceded by、followed by 等。

例如：In 1914，Thomas Watson founded International Business Machine Corporation（IBM），nicknamed Big Blue. Since then，it has mass producing business equipment，particularly computers. In 1985，IBM employed more than 400,000 people and registered sales of more than $50 billion. It dominated its industry and became a market leader. However，between 1985 and l987，the situation changed：its market share eroded，its earnings declined，and its stock lagged behind others by about 20 percent.

此外，基数词 one、two、three 等或阿拉伯数字 1，2，3 等也可用于表达这种顺序关系。

例如：There are three main types of export contract：① A free on board contract，in which the supplier pays the transportation charges to the quay of departure plus the loading charges. The buyer has to pay shipping and insurance costs. ② A cost insurance and freight contract，in which the exporter pays all the transportation and insurance charges until the ship arrives at the port of destination. The buyer pays for the cargo to be unloaded and for the transportation to his warehouse. ③ A cost and freight contract，in which the exporter is responsible for all charges，except insurance，until the ship arrives at its port of destination.

（六）因果关系

因果关系在商务英语写作中也是一种重要的语言手法，使用十分普遍，尤其是在有关问题或事故的分析性英语商务报告中，其使用更加频繁。一些经常用的表示因果关系的短语有 because of、due to、owing to、cause、be caused by、result in、result from、lead to、be attributed（attributable）to 等。

例如：Owing to our joint efforts，the transaction was successfully concluded.

由于共同的努力，我们成功地达成了此笔交易。

The previous price cuts only resulted in some drug manufacturers ratcheting up prices after altering product names and packaging.

过早的价格削减只能导致一些药品制造商改动药品名称和包装后继续推动价格上涨。

In view of our friendly relations with Oriental Company，I'm sure you'll try your best to settle the price to our mutual satisfaction.

鉴于与东方公司的良好关系，我们相信你方会尽力把价格定在令双方都满意的水平上。

（七）同类关系

同类关系的使用在商务英语写作中也是十分普遍的。如果能恰当使用表达同类关系的信号词，既可以帮助读者提高阅读效率，还有利于使商务英语本身通顺流畅。常用的表达同类关系的词和短语主要包括 and、also、furthermore、moreover、as well、as well as、in addition（to）、similarly、besides 等。例如：We agreed on the terms of payment in today's negotiation. Besides that，we also discussed other terms but more negotiations are still required before coming to an agreement on them.

在今天的谈判中，我们就支付条款取得了一致意见。除此之外，我们还讨论了其他条款，但需进行更多的谈判才能达成协议。

Furthermore，my aim is to provide the best service possible under these difficult circumstances.

此外，我的目标是在这样艰难的情况下尽可能地提供最好的服务。

（八）总结概括

在商务英语写作中，为了使读者能够很快抓住要点，需要把所要叙述的事情讲清楚。这就要求我们在写作时，对一件事情、一个段落或一份文件的内容做出总结或概括。

例如：In short，the shortage and backwardness of the infrastructure in the country has become the major obstacle preventing its economy from a rapid growth.

简要地说，基础设施的不足与落后是阻碍该国经济快速发展的主要障碍。

To summarize，we are unable to accept your conditions but agree to continue our negotiation after consulting the home office.

概括地说，我们难以接受你方条件，但同意在国内总公司商谈后继续谈判。

In conclusion，China’s relations with its Asian neighbors have been moving forward，which is a fact that no one can reverse.

总之，中国同周边亚洲邻国关系在发展，在进步，这是任何人都不能改变的事实。

二、商务英语写作的词汇使用技巧

（一）多使用简单短小的词汇

通常，商务英语写作要求多使用简单的小词。一封晦涩难懂的商务信件不仅不利于对方的理解，同时还浪费了对方的时间，这就可能会导致失去一次合作机会。试比较下面两组例句。

（1）You may peruse the contract and find the solution.

You may read the contract and find the solution.

（2）We will study the price list you furnished.

We will study the price you sent.

在以上两组例句中，每组中第一句都比较晦涩正式，读者难以理解所要表达的意思，而第二句都用了比较简单易懂的小词，充分考虑了读者的阅读需求。

（二）避免词汇的重复使用

在商务英语写作中，还应注意要避免词汇的累赘或重复，以节省读者的时间，促进商务活动的顺利开展。例如：

We have begun to export our machines to countries abroad.（重复）

We have begun to export our machines.（简洁）

（三）避免使用含有性别歧视的词汇

在现代社会中，随着女性地位的不断提升，越来越多的女性尤其是女权主义者对含有性别歧视意味的字眼十分敏感。同样，在商务领域，女性所起的作用也越来越重要。因此，在商务英语写作时，要尽量避免使用那些带有性别歧视的词语。具体而言，为了避免性别歧视，在实际的商务英语写作中，可以采取以下几种方法。

（1）用第二人称代词 you 代替有性别歧视意味的词语。例如：

All salesmen must sell three cars every month.（性别歧视）

You must sell three cars every month.

（2）使用名词或代词的复数形式，以避免性别歧视。例如：

Each employee must decide for himself.（性别歧视）

Employees must decide for themselves.

（3）使用具体名词，而不用代词。例如：

Typically，a manager will call a meeting.

（4）采用 he or she 的形式。例如：

A manager must make sure that he or she to the right job.

三、商务英语的句子写作技巧

（一）多用单词，少用短语或从句

多用单词，少用短语或从句的目的就是要使句子的表达更加简洁明了。试比较下面两组例句：

（1）In the event that you speak to Mr. White in regard to production，ask him to give consideration to the delivery schedule.

If you speak to Mr. White about production，ask him to consider the delivery schedule.

（2）We are writing to you with a view entering into business relations with you.

We are anxious to start business with you.

以上两组例子中，每组中的第一句都含有短语形式，而第二句则用单词代替了短语，更加简洁明了。

（二）多用主动语态

当句子的主语为动作的执行者时，谓语的形式称为“主动语态”；当句子的主语为动作的承受者时，谓语的形式称为“被动语态”。在商务英语写作中，主动语态优于被动语态，因为主动语态的使用会使商务信件的风格直接有力，句子的结构简洁明了。试比较下面两组例句：

（1）It was felt that the budget was too large.

Mr. Smith felt the budget was too large.

（2）The review of the proposals was conducted by Ms. Wang.

Ms. Wang reviewed the proposal.

从以上两组例子的对比中可以看出，商务英语写作中应当尽量多用主动语态，以使所传达的信息更加直接、一目了然。

值得一提的是，在有些情况下，如在动作的执行者不明或不重要时，或者在指出对方所犯的错误时，为了礼貌起见，使用被动语态则更为恰当。例如:

Apparently，it was ignored./Obviously，this mistake has been overlooked.

（三）多用短句

在商务英语写作中，应尽量多使用简短的句子，避免使用过长的句子。如果一个句子传达的信息过多，则会加长句子的长度。因此，要以 one sentence one idea 为原则。例如：

I should like to take this opportunity of drawing your attention to the fact all our products are manufactured from completely natural ingredients and that we do not utilize any artificial additives whatsoever.

All our products are manufactured from completely natural ingredients. And we do not use any artificial additives.

上面这组句子中，第一句显然太长，不便于阅读。相比之下，第二句则较为简短，意思更为清晰，与商务英语的写作风格相一致。

需要注意的是，我们强调商务英语写作中应当多用短句，并不意味着一味追求短小简单句，而是要视具体情况而定。如果整篇文章运用的都是短句，则会使得句子结构太单一，让人倍感单调、乏味。例如：

I went to the Conference Centre on Wednesday. Soon I met the instructor on Wednesday. We had lunch. Then we started the class.

After going to the Conference Centre on Wednesday and meeting the instructor, we had lunch and started the class.

显然，在上面这组句子中，第二句比第一句更为自然、流畅。

四、商务英语的段落写作技巧

（一）开头表明写作目的

在商务英语写作中，首段就应该切入正题（即写作的目的），这样可以迅速地引起读者的兴趣，然后再写具体内容。一般来说，用一句话或一个段落就能表达出商务写作的目的。

下面来介绍几种商务信件中常用的开头语，从第一句或第一段就可看出作者的写作目的。例如：

（1）邀请函：We are pleased to invite representatives of China National Textile Import and Export Corporation，Jiangsu Branch，to visit the United States during June and July，2018.

（2）介绍信：This is to introduce Mr. Smith，a business associate for many years.

（3）感谢信：I am writing to thank you for the hospitality you extended on my recent visit to your country.

（4）致歉信：First of all，we must apologize for having not given you any news about your present order.

（5）推荐信：I am pleased to recommend Mr. Jackson，who has provided excellent training on business management for our staff over the past three weeks.

（二）多用小段落

在商务英语写作中，可以将某一商务主题分为几个小话题，然后每个小话题都用一个段落来阐述，并保持每个段落短小精悍。这是商务英语写作的一个重要原则。在商务写作中使用小段落有助于读者阅读，并有助于他们迅速地把握所读材料的主要内容。试比较下面两封函电。

Dear Mr. Jack,

As you will remember from our telephone call，we have recently been experiencing a number of difficulties with several large customers. This has resulted in unfortunate delays in paying outstanding accounts. We are extremely sorry that your company has been affected by these developments. We are doing everything to rectify the situation.Indeed we hope to be able to settle our debts within the very near future. I would very much appreciate it if you could bear with us patiently，as I am sure that liquidation on our part would not be in your interest either.

Yours sincerely,

William Becker

Chief Clerk，Account

Dear Mr. Jack,

As you will remember from our telephone call，we have recently been experiencing a number of difficulties with several large customers. This has resulted in unfortunate delays in paying outstanding accounts.

We are extremely sorry that your company has been affected by these developments.

We are doing everything to rectify the situation. Indeed we hope to be able to settle our debts within the very near future.

I would very much appreciate it if you could bear with us patiently, as I am sure that liquidation on our part would not be in your interest either.

Yours sincerely,

William Becker

Chief Clerk, Account

从上述两封信中可以看出，第二封信很好地运用了小段落，看起来一目了然，更容易为读者所接受。

（三）结尾避免累赘

商务英语写作的结尾也十分重要，结尾的成功与否可能影响整篇写作的效果。在写作结束之前，作者想好要说的话，一次说清，无须再三重复。例如，如果作者想与读者面谈，可用“I am looking forward to seeing you next Friday.”或“I'd like to get together with you to discuss this matter in more details.”等类型的语句结尾。

在商务英语写作的过程中，很多人不知道如何结尾，常重复前文讲过的内容，造成累赘，甚至给人以画蛇添足的感觉。例如，一些人以“Thank you in advance.”一句作为结尾，其言下之意是作者已假设对方已经接受或同意信中所说的内容。作者可能会认为在不确信自己观点是否有充分的说服力，不确定对方是否接受的时候，先感谢对方总是对自己有利的。实际上，这样的结尾常常会适得其反。因此，商务英语写作尤其是信件的结尾，应直截了当，避免重复、累赘。

第二节　商务英语函电的写作技巧

一、商务函电的结构与特点

随着经济全球化的不断推进和我国市场经济的日益发展，国际经济与贸易活动全方位展开，国际商务沟通与交流日趋频繁。商务沟通（business communication）是指在商业事务中，沟通者之间采用一定的沟通方式相互传递信息、交流思想、表达情感的一个过程。沟通的方式多种多样，可以进行面对面的交谈，也可以采用电话、信件、传真等形式交流和传递信息。无论采用哪种沟通方式，商务沟通在现代经济生活和工作中有着非常重要的作用。

商务函电是国际商务往来经常使用的沟通手段，其主要形式有函电（letter）、电子邮件（e-mail）和传真（fax）。随着电脑和信息技术的普及，越来越多的商务交流通过电话、电子邮件、电报、电传、传真等电子媒体进行，这些现代化媒体因方便、快捷等特点而在人们的日常生活和工作中得以广泛运用。尽管如此，传统的商务函电仍然是公司、企业与客户之间相互沟通的重要纽带。许多通过电话、面谈等口头形式开展的业务活动，通常还需要书信作为最后的证实，这些书面记录是对商务活动中双方权利与义务的规定和解决争议的法律依据，其作用不可替代。

商务函电属于正式文体，其功能突出，目的性强。从其具体使用功能来看，可分为联系函、询问函、商洽函、答复函、请求函、告知函、订货函、祝贺函、感谢函、介绍函、邀请函、推销函、致歉函、慰问函、任命函等。例如，外贸函电的使用贯穿于外贸业务整个流程，在建立业务关系、询盘、报盘、谈判、签约、付款、开证、包装、装运、保险、索赔等环节中显得至关重要。商务函电运用的成功与否以及函电翻译质量的高低，直接关系到商务活动的进程甚至交易的成败。为了在涉外函电实践中做得更专业、翻译得更地道，涉外人员有必要对函电的相关知识进行了解。

（一）商务函电的结构

商务函电一般由以下 12 种要素构成：

信头（letter head）：写信人地址；

案号（reference）：文件存档号；

日期（date）：函电的书写日期；

信内地址（inside address）：收信人地址；

经办人（attention line）：信件处理人，注明希望某个部门或具体人员办理此事；

称呼（salutation）：一般以“Dear”为开头；

事由（subject line）：信件的主题或标题；

正文（body）：函电的主要内容；

信尾敬语（complimentary close）：函电结束时的礼貌用语，如“Yours faithfully”；

签名（signature）：写信人的签名及打印的姓名；

缩写名、附件、分送标志（IEC block）：拟稿人的首字母（initials）、随信所附的文件（enclosure）、抄送其他有关人员（carbon copy）；

附言（postscript）：补述部分。

（二）商务函电的特点

商务英语函电虽有口语化的倾向，但总体上它仍属于正式的公函文体，在语气上委婉礼貌，在用词上简练准确，在用语上比较正式，多用专业术语、缩略语和套语，具体特点如下：

1. 语气委婉礼貌

商务函电目的明确，功能实际，通过遣词造句、语气语调，可表达请求、感谢、满意、投诉、拒绝、道歉等各种具体的言语功能。“细节决定成败”，由于语气、措辞等这些细节问题冒犯收信人以致生意告吹的事例不在少数。试想，读到这些文字：“It's your fault to send us the wrong order.”“You obviously ignored our previous reply.”“You are fully responsible for the delay.”作为收信人，你做何感想？可见，直接、生硬、严厉甚至兴师问罪的口吻是商务函电的大忌；而委婉、礼貌、得体、积极的措辞则是沟通成功乃至交易成功的关键。一封好的商务函电，要在向对方提要求时表露出礼貌得体，而在向对方说明不利情况、甚至表达遗憾或不满情绪时，也能通过间接含蓄的言语手段，婉转地表达出自己的意图。这样的函电既达到了交换信息的目的，又能传递友谊，有利于保持双方友好合作的贸易关系。实际上，商务函电强调的正是我们中华民族倡导的“和气生财”之道。

2. 用词简练准确

商务函电要求用简洁、明了的语言准确表达写信人的意图，避免华丽的词句和过多的修饰。中国古代写文章讲究“起承转合”，由浅入深，先分后总，观点在最后部分才告诉读者，先说原因后说结果，即所谓“前因后果”，表达非常含蓄。而英文刚好颠倒过来，将主要思想或结果放在句首，放在主句里，表达一开始就主题鲜明，开门见山。了解了英汉写作的这一差异，就能更好地把握商务函电的特点。

一般情况下，商务函电的表达要求简短。为了简明扼要地向对方传达信息，语言组织和用词上也从经济的角度考虑，以节省对方的阅读时间，提高工作效率，例如：

用“now”代替“at this point in time”；

用“during 2018”代替“during the year of 2018”；

用“because”代替“owing to the fact that”；

用“soon”代替“in the near future”。

在商务函电中，信息准确清晰始终是第一位的，就外贸函电而言，从询盘开始，到报盘、还盘、递盘，再到协议的订立、货物的装运等，双方传递的信息务求准确无误，以避免日后执行时产生歧义和误解。

3. 多用术语和缩略语

商务函电涉及商务活动的各个方面，大量采用各个行业的专业术语和缩略语，特别是外贸业务中涉及价格条款、支付方式、保险等内容的函电，更是频繁使用相关术语和缩略语，其表达的意思相对固定，为业内人士所知，从而使沟通简便、迅速、有效。

货物保险方面的术语和缩略语在函电中频频出现，需要译者去熟悉了解，才不至于在翻译时出错。如“particular average”表示“partial loss”，即“部分损失”之义，而不能译为“特别损失”；“With Particular Average（W.P.A. 或 W.A.）”是专指保险中的“水渍险”；“irrespective of percentage”并非“不论百分比”，而是“无免赔额”之义；“floating policy”表示“流动保单”，指的是用以承保多批次货运的一种持续性的长期保险凭证；“TPND”是“Theft, Pilferage and None-delivery”的缩略形式，表示“偷窃、提货不着险”。

4. 常用套语

在日常的商务活动中，一些常用英语词组或句型因普遍使用而成为比较固定的表达，在函电中大量套用；汉语也有类似情况。因此，英汉互译时均可直接套用这些常用表达，比较方便。下面列举几句商务函电中的常用套语：

We are in receipt of your letter/order... 贵方……来函 / 订单收讫

We are pleased to inform you that... 欣告贵方……

We thank you for... 对……谨致谢意

Enclosed please find... 随函附寄……

...will be highly appreciated. 如……将不胜感激。

Should you have further questions，please feel free to... 若有疑问，敬请……

We confirm the receipt of... 兹确认收到……

Kindly reply at your earliest convenience. 惠请早日回复。

For these reasons，we think that... 由于这些原因，我方认为……

We are sorry to know that... 我方获悉……深为遗憾。

二、商务函电的写作技巧

（一）格式规范统一

企业商贸活动流程具有固定的模式，商务英语函电写作在长期商贸中也形成独有的写作格式规定，如今常用的格式分为：统一固定格式、缩头式 、齐头式及混合式等。缩头式指的是每行开头空出 4~5 空格，商务英语函电时间写于右上角，落款人名写于左下角。以缩头式写作方式写成的商务函电，一般会采用齐头式方式书写收信人地址。齐头式商务函电写作要求书信书写由左边开始，由左至右进行书写，不进行首行缩进处理。这样的商务英语函电书写方式不仅能够节约打印空间，而且易于辨识和理解，能达到较好的传递信息效果，在商务英语函电中被广泛运用。混合式商务英语函电书写具有以下规则 ：函电正文采用缩头式书写格式，函电时间和落款人名采用齐头式书写格式，同时进行首行缩进处理。

（二）语言简练清晰

商务英语函电具有严肃和正式的特点，专业术语和缩略语的使用能够提高商务英语函电写作的水准和品质。专业术语和缩略语不仅为表达方面的需要，也在无形中精简了商业贸易的很多环节，为商业贸易制定了书写和阅读的规范。例如：enquiry/inquiry、offer、acceptance、collection 等词语为商业贸易专业术语，其日常意义为“咨询”“供给”“接纳”“采集”，商贸活动中它们的意思为“询盘”“报价”“承汇”“托收”。

商务英语函电使用缩略语不仅为表达方面的需要，而且能使整个商务英语函电字数大大缩减，降低对外贸易伙伴阅读信件的难度，也使排版更加规范，整体看起来更加舒适和自然。例如，对于时间的表示，可以在阿拉伯数字后加 a.m. 或 p.m. 来表示上午或下午。

大型国际性组织机构和政府机构大多使用缩略词代替全称，比如：ISO（International Standard Organization）世界标准化组织，EU（European Union）欧盟，CCIC（China Commodity Inspection Corporation）中国进出口商品检验总公司，CQC（China Quality Certification）中国产品质量认证，等等。

（三）措辞婉转礼貌

商务英语函电的写作一定要措辞婉转礼貌，这一方面展现了公司良好的形象和较高的素质水平，另一方面使对方更容易理解和接受自己的建议。商务英语函电书写要站在对方立场进行问题的剖析，要注重理解对方所遭遇的困难和问题，从对方的角度找出解决问题的方式。商务英语函电书写不仅仅是使用敬语和语气助词，还要运用婉转的方式表达自己的观点，尽量使对方能够理解和接受。具体的例子如下：

① We have received your letter.

We are very pleased to receive your letter.

② Your early reply will be appreciated .

We're sorry，we can not provide what you need .

以上例句运用婉转易懂的方式对问题进行分析，同时在理解对方处境的基础上，对目前不能解决的问题报以深深的歉意。这样的做法使人能够放下心中的成见，互相理解，有利于贸易双方携手进行问题的解决和未来长久贸易的发展。

第三节　商务英语广告的写作技巧

一、商务英语广告的基本构成

通常，一则完整的书面广告主要由插图、标题、正文、口号、商标五部分构成，而电视广告则主要由画面、广告词、音乐、音响四部分构成，广播广告则由广告词、音乐、音响三部分构成。因此，总体来讲，广告基本上是由视觉（visual）和听觉（audio）两部分构成的。

（一）广告标题

标题是表现广告主题的短文或短句，它是广告向读者传播产品及服务信息的第一站，更是广告的核心。标题是广告主题简洁精确的表现，通常具有清晰、生动的特点，以确保读者一目了然。其实，读者是否能够对某篇广告感兴趣，很大程度上取决于标题部分是否具有吸引力。实践表明，有80%¯90%的读者只看标题，如果标题不具有吸引力，那么他们就没有兴趣再阅读下文了。因此，广告标题多用大的黑体字来印刷，而且语言简洁，以引起读者的注意，吸引读者阅读整则广告。

广告标题有主标题和辅助标题之分。每篇广告都具有主标题，而辅助标题一般对主标题起辅助作用。

1. 主标题

主标题在广告中占据着十分重要的地位，一篇广告可以没有正文，但却不能没有主标题。主标题不仅是标题部分的主体，也是整篇广告思想的灵魂。它奠定整篇广告的宣传基础，也是其他部分拓展的基础。例如：

When you find Bliss，savor it.（Bliss 牌点心）

Post Pride. Post Passion. Post Selects.（Post 牌食品）

2. 辅助标题

当标题或广告正文要表达的内容太多，而主标题限于篇幅不能完全表达时，就要借助于一些辅助性的标题。辅助标题包括副标题和上标题、下标题。

（1）副标题。

副标题一般用于篇幅较长、内容较多的广告中，它将广告内容划分开来，对主标题进行补充说明，一般阅读副标题就能对整篇广告内容有一个大致的了解。例如：

主标题：Goodbye Razor

副标题：The fast，gentle，long-lasting way to eliminate unsightly hair and keep your skin looking smooth，silky and sensuous.

正　文：Now，say goodbye to rough razors，tough tweezers，hot wax，harsh cream，or electrolysis. Hair-off removes unsightly hair in seconds，keeps your skin looking silky，smooth up to 8 wonderful weeks! You won't find a quicker，easier，neater way to enhance your beauty. Hair-off makes you feel more elegant，more sensuous，more alive！ Money back if it doesn't！

（2）上标题、下标题。

位于主标题上方的句子叫作上标题，位于主标题下方的句子叫作下标题。这两种标题主要用于增加标题的容量，常出现在复合句或并列句形式的标题中。如：

①主标题：Shake a Little，Grow a Lot.

下标题：A whole new way to get Miraele-Gro results.（浇花营养水）

②上标题：The broadest grins emerge from the narrowest comers. And old，forgotten roads can create the fondest memories.

主标题：In this car，you appreciate everything.（BMW 广告）

（二）广告正文

正文是对商品特征、功效、服务等更为详细的说明，其目的是说服消费者采取购买行为。它既是标题的延伸，也是广告的中心。

正文一般由引言、主体和正文结束语三部分组成。引言是正文部分的第一句话，对标题和正文起着衔接作用。主体是提供论据的主要部分，起着宣传商品的优势和特点的作用。结束语是正文的结束部分，起着总结主题、激发行动的作用。

来看下面柯达照相机的广告：

Introducing Kodak EasyShare digital camera and dock.（引言）

It's digital photography made simple. Just shoot a picture with the Kodak digital camera. Place the camera into its dock and touch the button. Pictures are automatically sent to your computer，ready to e-mail，print and share. Revolutionary ? Let's say it couldn't get any easier. For more information go to www.kodak.com/go/easyshare.（正文）

Kodak—Share Moments. Share Life.（正文结束语）

（三）广告口号

广告口号的结构与标题很类似，具有维持广告的连续性、宣传鼓动和加深印象的作用。广告口号一般多采用完整的短句形式，读起来朗朗上口，便于流传和记忆。来看下面的广告口号：

I love what you do for me.（TOYOTA）

Show your true colors.（KODAK FILM）

Quality that proves itself.（NEC）

The world newsmagazine.（*TIME*）

You can't beat the feeling.（COCA-COLA）

（四）广告商标

所谓商标，就是生产者或经营者为了使自己的产品或服务区别于市场上其他产品或服务的一种标记。这种标记通常由文字或图形单独构成，或由文字、图形组合构成。

商标牌号和商标的视觉标记是构成商标的两个重要部分。牌号是商标的名称，有一定的形体和发音，也是商品质量的重要标记，一些消费者购买商品时首先认准牌号。视觉标记也就是商标图案，是广告的重要组成部分。

二、商务英语广告的写作技巧

（一）广告标题的写作技巧

广告标题的写法具体有以下四种。

1. 情感型

通常人们在购买化妆品、服装等商品时，往往对这些商品的香味、款式、形状的感情刺激比较强烈，因此针对这类商品广告的标题可采用情感型语句。例如：

New medicine，new hope.（美国医药公司）

Bright memories are made by Hamilton.（Hamilton 时钟）

Nobody's done so much to make and keep you happy.（某品牌汽车）

2. 直截了当型

直截了当型的广告能够直接抓住问题的所在，并给出解决问题的方法，能够满足人们在生活中未能满足的需求。例如：

How to pick cottons that stay pretty?（Sanforiced 服装）

Discover the wonder of your first Dash wash!（Dash 洗涤剂）

3. 好奇型

好奇心是人们驻足阅读广告的主要动力，因此为了吸引读者的注意力，激发读者的阅读兴趣，就可采用这种方法。例如：

Why is it more FUN to go to California on the Sunset HMITED？（某旅游公司）

It takes a wife to know the difference between Hanes and just underwear.（Hanes 牌 T 恤衫）

4. 引证举例型

这种方法的主要目的是对产品的功能、特点进行具体真实的说明，注重用事实说话，以赢得消费者的信任。例如：

At last a coffee with all！ New fresh AROMA！

New heartier FLAVOR！

Still 97% CAFFEINE-FREE！（SANKA 咖啡）

（二）广告正文的写作技巧

广告正文的写作并没有一个固定的模式，依据商品和广告目的的不同，文句上可选用长文、短文或诗文等，体裁上可以用小说体、论述体等，语体上可以用口语体、书面语体等形式。正文的好坏对于一则广告而言十分重要，因此一定要重视正文的撰写。具体来讲，正文的撰写要注意以下几点。

1. 统一

每则广告的正文应该有一个突出的重点和主题，传达的信息不能太多、太泛，每次应精选一个点进行重点介绍。例如，要做一家餐馆的广告，要宣传以下几点特色：

cleanliness

quiet atmospherehome

cooking

reasonable prices

餐厅要宣传的信息有很多，但是却不能将上述内容同时写入正文，而应选其中一点作为重点来写，以免因层次不清而影响了广告效果。

2. 连贯

正文的撰写要有一定的连贯性，也就是在写正文时，要前后连贯、承上启下、富有逻辑，行文要自然流畅、清晰明了、生动形象，要避免俗语、长词和复杂的句型，以使读者产生好的印象。

3. 强调

正文具有强调性是指正文中的重要词语或句子要放在引人注目的地方，而且正文的语言要热情、友好、生动，并尽量表达读者的需求、爱好和心理状态，多使用“你”“你们”与“我”“我们”等表达方式。例如：

You manage a business，stocks，bonds，people. And now you can manage your hair.

It’s 9 p.m. Dinner is over，dishes are done—the kids are in bed. You snuggle in to enjoy a nice comfortable evening at home-just the two of you. The TV is off—the house is quiet. You talk about an interesting idea from a book you’re reading. You’re communicating and sharing. It feels right.

（三）广告口号的写作技巧

我们都知道，广告口号具有很强的号召力，好的广告口号不仅朗朗上口，而且便于传诵和记忆，能很好地加深消费者对商品的印象，能有效地鼓动消费者采取购买行动。因此，在撰写广告口号时应抓住并突出口号的以下特点。

（1）语言简洁，多用口语。

（2）节奏感强，便于阅读。

（3）语句短小明了，方便记忆。

（4）语气明确肯定，积极向上。

（5）含义富于竞争性，体现企业精神。来看下面的例子：

Feel the fire in your heart.

似火浓情，炙热燃烧。（某香水）

From Sharp minds，come Sharp products.

绝顶智慧造就尖端夏普。（夏普电器）

See the difference.

给你一个精彩的视界。（显示器）

Poetry in motion，dancing close to me.

动态的诗，向我舞近。（丰田汽车）

（四）广告商标的写作技巧

商标在广告中的地位也不能忽视，商标是构成广告图画形象的重要组成部分。为了表示是注册商标，一般要在商标右上角或右下角加上 R 或 TM。R表示 Registered（已注册），TM表示 Trade Mark（商标）。

无论是哪种商标，都要具备两种属性，即显著性和描绘性。其中，显著性是指商标要具有独特性和可识别性；描绘性是指商标能够给人传达某种商品的有关信息，如商品的特征、用途或性能等。商标的这两种属性是相辅相成的，因此在撰写商标时要将两者统一起来，不可过分地偏向一方。

第四节　商务英语合同的写作技巧

一、商务合同的结构与特点

我们知道，合同无处不在，大到公司买卖，小到日常生活，都会用到合同这种形式。合同作为具有法律约束力的文件，一般由以下几个要素构成：①签约方必须具有缔结合同的能力，即法人地位；②签约方必须在自愿的基础上达成协议；③签约方必须明确相互的承诺、责任和义务；④合同的内容必须合法。

合同是有法律约束力的，一旦达成，任何一方不得擅自变更，双方必须按照合同的约定来履行自己的义务，否则就会承担相应的法律后果，并承担违约责任。合同是一种平等主体之间通过平等协商达成的关于权利义务关系的一种安排，一种协议，它是市场经济的一种基本的交易规则。

合同有口头合同和书面合同的形式。在实践中，我国通常认为涉外经济合同原则上应当采用书面形式，通过合同书（contract）、协议书（agreement）、确认书（confirmation）、信件和数据电文（如电报、传真、电子邮件）等书面形式均可订立合同。

在全球经济贸易活动日益频繁的今天，各种形式的商务合同（business contract）更是不可或缺。商务合同是自然人或法人之间为实现一定的商务目的，按一定的合法手续达成的规定相互权利和义务的契约，它对签约各方都具有法律约束力。商务合同一经订立，即成为一种法律文件而对缔约各方具有法律约束力，成为商务活动中解决争议的法律依据。

（一）商务合同的结构

商务合同作为经贸活动中的一个重要组成部分，内容丰富，形式各样。国际商务合同是涉及两国或两国以上经贸往来的合同，牵涉面更广。虽然不同的合同具体事项各有不同，而且大小公司都会有自己的合同制式，但是合同的基本条款和结构都是大同小异的。合同有正本（Original）和副本（Copy）之分，通常由约首（Preamble），主体（Body）和约尾（Closing）三部分构成。

约首：包括合同名称、合同编号、签约日期、签约双方名称、地址、联系方式等内容。

主体：作为合同的核心，规定了签约双方的责任和义务，这些权利和义务在合同中表现为各项交易条件或条款，涉及货物名称及规格、质量、数量、价格、包装、交货条件、运输、保险、支付、装运、检验、不可抗力、索赔、仲裁等条款。

约尾：包括结束句、签约双方签字、盖章、见证人、文字效力、合同份数、附件等内容。

合同并没有规定的结构，只是在长期的使用中形成了以上相对固定的模式，但并非一成不变。在起草合同的过程中可能只采用其中的某些部分，而且由于不同行业的习惯做法，在具体起草合同的过程中，各个部分的次序也会有所不同。

（二）商务合同的种类

商务合同的种类繁多，内容复杂，牵涉面广，涉及各行各业，如贸易、金融、保险、投资、经济合作等领域，具有多种行业特色。下面列出的是一些常见的商务合同种类：进口合同（Import Contract）、出口合同（Export Contract）、销售合同（Sales Contract）、购货合同（Purchase Contract）、寄售合同（Consignment Contract）、来料加工合同（Contract for Processing with Supplied Materials）、技术转让协议（Technology Transfer Agreement）、外资与合资经营合同（Foreign Investment and Joint Venture Contract）、补偿贸易合同（Compensation Trade Contract）、国际工程合同（International Engineering Contract）、代理合同（Agency Contract）、租赁合同（Leasing Contract）、保险合同（Insurance Contract）、期货合同（Futures/Forward Contract）、聘用合同（Employment Contract）、劳务合同（Service Contract）、许可证合同（License Contract）。

还有一种有别于传统的商务合同形式是电子合同（Electronic Contract，经常缩写为 E-Contract）。近年来，随着电子商务的快速发展，越来越多的交易在网上进行，使得电子合同在商业上得到了广泛应用。

（三）商务合同的文体特点

商务合同作为法律文本有其自身鲜明的特点，在文体上主要体现为规范性、条理性和专业性。

1. 规范性

商务合同的订立，须符合国家的有关法律、法规和政策规定，针对不同行业的特点，具体规范当事人的签约行为，体现平等互利、协商一致、等价交换的原则。其行文格式规范，条款内容严谨，合同要素齐全，语言表达严密，不能有漏洞或错误，以免造成不必要的麻烦或损失。

2. 条理性

商务合同文体的基本格式是纲目、条项和细则，其逻辑上和语体上均要求条理非常清晰明了，项目分明。例如，英文合同的主体（main body）由约首、正文和约尾构成，合同正文一般由标有小标题的一般性条款（general provision）和特别性条款（special provision）构成，制式相对固定，无明显差异性。

3. 专业性

合同不同于一般应用文体，它与当事人利益息息相关，因而大多由律师或公司法务人员起草或代笔，经过专业人士的反复推敲，有自己的套路和行话。虽然现在的合同篇幅缩减了不少，但几十页的合同还是很常见的。在合同起草方面，许多公司的观点是，与其等到合同执行出现问题却发现无据可依，还不如丑话说在前面，制定一份专业而复杂的合同，为将来可能发生的事扫清障碍，铺平道路。

二、商务英语合同的写作技巧

（一）起草合同时应注意的问题

在起草合同时，要注意一些细节问题，这些内容可能会影响到合同的法律效力。标题上注明“Contract”（合同）字样，如果你的客户需要合同或是如果想让你的文件成为具有法律效力的合同，就要在标题中注明“合同”字样。一般来说起草合同要尽量写短句子，因为短句子比长句子更容易理解，意思也更清楚、明了。

在合同的写作中，要多用主动语态，少用被动语态。相对而言，主动语态的句子更简短，措辞更精练，表达更明白。让我们来看一个例子，

"Seller shall sell the Property to Buyer."（卖方将把此物卖给买方）和"The Propertyshall be sold to Buyer by Seller."（此物将被卖方卖给买方。）显然，前者要比后者更简洁、明了。

（二）保证合同的措辞准确清晰

合同中的用词要严谨，意思应该清楚。在租赁合同中最好不要用"Lessor"和"Lessee"（"出租人"和"承租人"），因为他们容易被颠倒或者出现打印错误，可以用"Landlord"和"Tenant"（"房东"和"租户"）来代替他们。要把握的一条原则是，在整个合同中，对合同一方只能用一个别称。

使用术语"herein"（本文，也可译为"在这里"）时要注意，为了避免含糊不清，使用"本文"时最好特别申明一下"本文"是指整个合同，还是指其所在的某一段落。

如果你想用"including"（包括）这个词，就要考虑在其后加上"but not limited to..."（"但不限于……"）的分句，除非你能够列出所有被包括的项，否则最好用"但不限于……"的分句，来说明你只是想举个例子。

（三）掌握英语商务合同的常用语句

合同中有些语句是模式化的，在大多数的合同中都会出现，在平时的学习和工作中，可以积累一些这样的语句，也可以直接从现成的合同文本中引用．比如：

The contract is made out in English and Chinese languages in quadruplicate, all texts being equally authentic, and each Party shall hold two copies of each text.（本合同用英文和中文两种文字写成，一式四份。双方执英文本和中文本各一式两份，两种文字具有同等效力。）

The contract shall be valid for 10 years from the effective date of the contract. On the expiry of the validity term of contract, the contract shall automatically become null and void.

（本合同有效期从合同生效之日算起共 10 年，有效期满后，本合同自动失效。）

The outstanding claims and liabilities existing between both parties on the expiry of the validity of the contract shall not be influenced by the expiration of this contract. The debtor shall be kept liable until the debtor fully pays up his debts to the creditor.

（本合同期限届满时，双方发生的未了债权和债务不受合同期满的影响，债务人应向债权人继续偿付未了债务。）

第五节 商务英语报告的写作技巧

一、商务报告概述

商务报告是指针对某种特殊的、有意义的商务目的，向一个人或多个人提供公正、客观和有计划的事实陈述。报告中所陈述的事实必须与事件、条件、质量、进展、结果、问题或提议的解决方案有关，帮助当事人了解复杂的商业情况、计划进程及问题，使上级领导能就一系列事件做出决策。

英文商务报告功能多样，种类繁多，且有不同的名称，如 project summary、product analysis、feasibility study 等，不过一般统称为 report。需要注意的是，建议书也是英文商务写作中常见的一种文体，不过可以将其视为报告类文书之一，但它与其他报告相比有其自身的特点，因此在英文中常使用一个特定的名称 proposal 来界定这类文书。

根据不同的分类标准，报告有不同的分类。根据报告的书写形式，商务报告可分为简式报告和正式报告两种。一般来说，内容单一、篇幅较短的报告宜采用简式报告形式；内容较为详细、论题较为重要、涉及面较广、要求比较严格的报告宜采用正式报告形式。根据报告的功能，英文商务报告常见的有：事件调查报告（Investigative Report）、意见调查报告（Survey Report）、日常报告（Daily Report）、周报告（Weekly Report）、月度报告（Monthly Report）、进展报告（Progress Report）、市场调查报告（Market Research Report）、可行性研究报告（Feasibility Report）等。其中，应用最广的是日常报告、调查报告和可行性报告。

二、商务英语报告写作的特点

（一）商务英语报告的结构特点

1. 文章结构特点

商务英语报告的文章结构包含这些模块：标题或标题页、目录列表、摘要、前言、分析、小结、建议（注：小结与建议也可合并作为结语）、附录。摘要字数介于 80 字至 120 字为宜，大致介绍该报告的写作目的及提出的解决方案，让读者一目了然。

2. 文章格式特点

文章格式的注意事项主要分三部分：文风、目的和整体结构。商务报告文风要求通俗易懂；商务报告写作目的是提出商业活动中存在的问题并给出解决方案；商务报告文章结构是以单元模块为主。

商务英语报告的标题并非是含商务词汇就一定是合适的标题，它必须有明确的目的及解决方案，即发现问题—分析问题—解决问题。例如“Develop ideas for advertising your company’s new product on the Internet”与“Compare and contrast two different advertising methods”，显然前者更适合作标题，后者是比较两种广告方式的异同，而前者是提出为本公司新产品在互联网上做广告的方案。分析部分是整个报告的核心，也是数据大集中的环节，这部分会分为不同的单元或标题来逐个分析，其中包含表格、图表等直观数据表达方式的阐述和分析。小结部分简要列出分析环节的发现和归纳出结论，这部分可放在分析部分前，亦可之后。建议部分可以根据小结得出的结论为公司提出未来的商务策略或发展规划。

（二）商务英语报告的语言特点

1. 整体篇章用语特点

商务英语报告的整体需要精简用语。第一，报告用语表达须客观；第二，每个自然段有中心句的，建议放在句首；第三，文章的整体布局必须条理清晰，可以设标题、单元或编号，这样方便读者短时间掌握笔者的表达。

2. 句子用法特点

（1）句式使用特点。

首先，商务英语报告不宜使用冗长的复杂句，以简单句为宜。如：“In the general PC market，price is often the main purchase criterion.”这句话一目了然指明了电脑市场中，价格是（消费者）购买的主要因素，若换成：“The main purchase criterion we are finding is that the market price can be the obvious point in terms of the general PC market…”就会显得哆嗦。商务英语报告不是为显示文采凑字数而是为了发现和解决问题。

其次，商务英语报告写作多用主动语态。商务报告需强调动作发起者，如：“Maybe you can save your company some big dollars.”这样既容易与读者产生共鸣，又使文章看起来灵活不呆板。此处需注意的是并非完全不用被动语态，而是看是否要强调主语。

再次，需注意句子间连接词使用，建议使用 firstly、secondly、finally 等词汇，方便读者快速找出报告中提及的关键点，把握重点。

（2）词汇使用特点。

写商务英语报告要避免使用复杂、冗长和口语化的词汇，建议多使用简单、简洁和书面的词汇。举例如下：

适用词汇	不适用词汇
Compare	Making a comparison（冗长）
For example	Take…as an example（冗长）
A variety of	A lot of（口语化）
About	Regarding the matter of that（冗长）
Real	Tangible（生僻）

三、商务英语报告的写作技巧

商务英语报告具有客观中立性、具体确定性、逻辑紧凑性和严谨规范性的文体特点。商务报告的语气因针对的读者不同而有所变化，而这里对读者的界定则反映了报告阅读者和撰写人之间的关系。同时，报告中恰当地使用一些数据、表格或图形则会提高报告的效能。

（一）保证报告的客观中立性

撰写报告时，应消除任何因个人情感而带来的偏见，报告只能以事实为依据而非假设和猜测。在语言使用上，尽量少用第一或第二人称，而用第三人称或被动语态。请看下例：

I have noticed that recently some staff members park their cars in the non-parking zones outside our office building.

It has been noticed that recently some staff park their cars in the non-parking zones outside our office building.

两个句子表达的意思相同，但给人的感觉不一样。A 句使用的是第一人称“I”，给读者的感觉是以偏概全，个人色彩很浓，给人以压力。使用的结果是可信度不高，可能会使一些读者产生抵触心理。而 B 句则采用了被动语态的形式，有效地避免了可能产生的矛盾，并增加了内容的说服力和可信度。

再看下面的例子：

We should like the executive’s seats to be high-backed.

It was felt that the executive’s seats should be high-backed.

A 句使用第一人称“We”，给读者一种被强迫认同的感觉，而用被动语态“It was felt that”则完全消除了这种负面影响，使建议被读者接受起来更加自然与平和，从而达到报告说服的目的。

（二）保证报告的具体确定性

商务报告提供的信息应具体确定，并有事实或调查支撑，以避免给读者以空洞模糊的印象。报告内容涉及的应仅仅是事实部分或那些确实存在可以把握的东西。在语言使用上，尽量不使用那些空洞模糊的表达，而选择具体明确的词汇或短语。譬如在日常生活中，我们经常用 as soon as possible 来表示对某一动作或结果尽快实现的预期，但在商务报告里则因其模糊不确定性而不建议使用。

（三）保证报告的逻辑紧凑性

从句法结构分析，为求简洁明了，同一句群或意群的组成部分彼此紧凑地融合在一起，使用相同的语法结构，即遵循语法的平行原则。不仅如此，用于区分不同句群意群的标记，诸如空格、缩进和项目符合都应统一。经过这些处理，使每个句子能够自然地和前后句彼此衔接，同时恰当地使用逻辑关联表达，防止在思维上产生跳跃性的变化或断层。

（四）保证报告的严谨规范性

商务报告的规范性，主要体现在其格式和语言上面。商务报告一般包括开头、介绍、主体和结尾部分。因主题、目的和信息使用的不同，每一部分还可以进一步细化为不同的组成部分。在格式选择方面，则把读者的需要放在首位。常用的格式有固定表格形式、函电、备忘录和正式的书稿形式。固定表格形式一般用于公司内部，譬如工作报告，撰写人只要按要求把相应内容填写完毕即可；函电则是同外部交流的一种方式，既有函电的组成要素同时还包含商务报告部分；备忘录用于非正式的内外部交流，备忘录的标题可以帮助读者立即知晓报告的内容；而书稿形式则非常正式，从几页到几百页不等。有些情况下，报告正文的前后还有特殊的附加部分用于参考或说明。但不管采用何种形式，撰写人一定要明确报告写作的目的，那就是清晰有效地传递信息。

语言方面的严谨规范性，主要体现在报告中数据表格的广泛使用和分析上。在撰写商务报告时，经常使用各种图表和统计数据，吸引读者把注意力放在报告的要点上面，以快速区别分析过程和结论发现。至于选择何种数据工具则依信息的内容而定，原则上选择能够最有效传递信息的方式。日常商务报告中，我们经常选择平面表格、线性图表、柱形图、饼状图和流程图。特别是流程图在商务报告中应用广泛，用于某一过程的定义和分析。

在使用图表之后，要注意图表描述语言的使用。同中文有所不同，英文提倡使用不同的语言表达重复出现的意思，即语言的多样性原则。譬如数据里经常使用到的“增加”或“减少”，中文很难找到多个同义替代词汇，而英文则有很多。在程度表示方面，英语的词汇也非常丰富，商务英语报告中常用的表示增加或减少的程度词汇包括 steeply、dramatically、greatly、considerably、significantly、a great deal、rather、somewhat、a bit、slightly 等。另外在列出数据进行比较时，英文习惯把比较的结果用三种形式加以总结。超过一倍的用倍数 time，低于一倍的用百分比 percentage，而恰好是几分之一、四分之几或三分之几的则使用分数。分析图表数据时，在语言上同样要遵循多样性原则。这就要求我们掌握大量的英语同义表达。

针对一些数学图表或公式，其描述则是固定的，不能随便编写。譬如商务报告里我们经常碰到价格和数量成正比或反比的表述，在撰写时要注意用语的准确。让我们来看下面的例子：

The price and quantity demanded are inversely related to each other.

产品价格和需求数量成反比。

The price is a positive function of quantity supplied.

产品价格和供应数量成正比。

除此之外，公式的描述也很普遍，这就要求我们撰写时要熟悉专门的术语表达，力求准确简洁。

（五）商务英语报告各部分的写作技巧

一般来说，商务英语报告的常见构成部分有：摘要（executive summary）、标题（title）、导言（introdution/terms of reference）、材料收集方法（methodology/proceedings）、调查结果（findings）、结论（conclusions）、建议（recommendations）、附录（appendices）等。但并不是每份商务报告都拥有所有这些部分，有的报告甚至会采用备忘录的书写格式，即 To…From…Subject…。

1. 摘要（Executive Summary）

一份正式且篇幅较长的报告通常在报告的前面加上摘要。摘要一般不超过一页，是对报告的导言、调查结果、结论和建议的内容总结。这部分一般是在整篇报告写好以后再写。非正式或篇幅较短的报告则无须写报告摘要。写摘要时，应注意以下几点：

（1）尽量限制段落的数量，一般可用三段式：报告的目的、报告的调查结果和结论、报告的建议。

（2）摘要写作的时态用一般现在时，因为报告已经存在。如“This report shows…”属于正确表达，而“This report will show…”则不妥。

（3）报告摘要中无须引用具体数据。可用“by and large，the vast majority，only a few”等语言表达大概的数据或趋势。

2. 标题（Title）

报告的标题应尽可能概括报告的内容，因为它是整篇报告的信息浓缩；并且标题应该准确、客观，不应像报刊文章标题那样为了吸引读者的注意力而别出心裁。此外，标题通常是名词短语或动名词短语。如以下几例：

Report on Improving the Training Methods of HDC

Report on the Proposed Incentive Scheme

Report on the Adoption of Flex-time Working Systems

3. 导言（Introduction/Terms of Reference）

在导言部分，扼要地说明一下报告的写作背景和主旨。此外，还应该注明报告提交给何人、何时提交。如果是事件调查报告，应首先说明事件的经过，包括事件发生的日期、时间、地点、情况叙述等。以下是导言部分写作的常见句型：

The report examines/explains…

The purpose of this report is to…investigate/evaluate/study…

The objective of this report is to…recommend/analyze/give…

The aim of this report is to…feedback/estimate/assess…

Enclosed is a report about…

4. 材料收集方法（Methodology/Proceedings）

报告的这部分应说明收集信息或资料的方法和步骤。在报告中注明提供这一信息可以增强报告的真实性和客观性，尤其是意见调查报告。当然并不是所有的报告都需要收集资料，因此，并非每一种报告都需要提供这部分内容。这部分内容在整篇报告所占篇幅较短，可以写成一个段落。以下是该部分写作的常见句型：

A sample of workers was individually asked for their opinions.

A questionnaire was completed by those who were surveyed in this project.

The information was mainly achieved with a number of telephone calls to manufacturers.

5. 调查结果（Findings）

报告的调查结果部分是报告建议的依据，其内容应当准确无误，结构清晰，语言流畅。这部分内容的每一个段落都应当有一个明确的主题句，一般放在段首，这样便于读者阅读这部分的信息。以下是这部分主题句写作的常见句型：

The findings of the investigation indicate that…

It was proposed/found/felt/discovered that…

It was generally the case that…

Most people thought/suggested that…

A number of people mentioned that…

Several changes were put forward…

Several staff members expressed the view that…

若报告中需提供图表统计数据或描述行情走势，撰写人应当熟悉这方面写作的常用句型，以下就是该方面写作的一些典型句子结构：

The table/chart/graph/diagram/figure shows/describes/illustrates that…

As it can be seen from the table/chart/figure…

It is clear/apparent from the table/chart/graph/diagram/figure/statistics that…

The number of…increased/jumped/rose suddenly/rapidly/dramatically from…to…

The number of… decreased/dropped/fell greatly/significantly/sharply from…to…

The number of…fluctuated slowly/slightly between…to…

The number of…remained steady/stable（stayed the same）between…to…

There was a（very）sudden/rapid/dramatic/significant increase/jump/rise in the number of…from…to…

There was a（very）sharp/steep/steady/gradual/slow/slight decrease/drop/fall in the number of…from…to…

The monthly profit/figures peaked in December at 10%.

The monthly profit/figures reached a peak/a high（point）in December at 10%.

The monthly profit/figures bottomed out in December at 10%.

Sales witnessed a great rise/increase/drop/fall from…to…

6. 结论（Conclusions）

报告的结论部分是写报告的人在报告调查结果的基础上对调查结果进行总结和解释。同一调查结果会因为撰写者的不同而得出不同的结论，但这部分不应当包括报告前文中没有提到的新的信息。

7. 建议（Recommendations）

建议是许多商务报告中最重要的部分。一份报告有效程度的高低常常取决于报告中建议部分质量的优劣。建议的主要内容为报告撰写人在经过充分的论证后认为应当采取的措施或行动。报告人有时也会描述采取措施后可能出现的后果或情形。

8. 附录（Appendices）

正式的商务报告为了增强报告的说服力或真实性往往会有一些附加材料，因其篇幅较长不宜放在报告当中，只能选择放在附录中。这部分内容可能包括图表统计数据、实验室报告、问卷调查等。当然，简短报告若无此需要则不需增加附录部分。

第六节 跨文化交际下的商务英语写作教学

英语写作是语言的书面形式，同时也是一种跨文化交际活动。中西方文化、历史、思维的差异，对英语写作有着重要的影响。

一、英语写作教学的内容

（一）结构

1. 谋篇布局

谋篇布局就是根据不同的题材和体裁来确定篇章以及段落的整体结构，并据此选择恰当的扩展模式，保证写作顺利地开展。谋篇布局是写作的起点，对于写作而言至关重要。就篇章结构来讲，大体是：引段—支撑段—结论段；就段落结构来说，大体是：主题句—扩展句—结论句。但是谋篇布局并不是一成不变的，而是根据题材和体裁的不同而有所变化。例如，在不同的文章中，主题句、扩展句及结论句的作用就不尽相同。在说明性文章中，主题句的作用是介绍主题，扩展句的作用是以时间、重要性等顺序扩展细节说明主题，结论句的作用是概述细节，重述主题；而在议论性文章中，主题句的作用是陈述读者认为正确的观点，扩展句的作用是以说明的顺序扩展细节阐述原因，结论句的作用则是总结和重述论点。

2. 完整统一

完整统一指的是文章中所有的细节如事实、原因、例子等都要围绕主题陈述和展开，所有的信息都要与主题相关，所有脱离主题的信息都要删除，以保持文章段落的完整性。完整统一是评价文章优劣的重要标准之一，如果一篇文章缺乏完整性，那么该文章就不能算是好的文章，所以在教学过程中，教师有必要对学生进行这方面的训练。教师可以为学生设计专项练习，如在文章中设计不相关的段落来组织学生修改等，以增强学生这方面的意识。

3. 和谐连贯

英语文章非常注重连贯性，而且和谐连贯是一篇好文章必须具备的因素，所以写的过程中必须注重文章的连贯性和逻辑性，保证句子与句子之间紧密相连，内容之间衔接流畅，段落与段落之间环环相扣，使整篇文章流畅自然、和谐统一。英语中习惯使用连接词来保证文章的流畅性，所以在写作过程可以选用恰当的连接词。此外，过渡词语的使用也可以起到增强文章连贯性的作用，但要注意，过渡词语不可滥用。下面来看一些常见的过渡词语。

用于表示并列：and，also，or，likewise，etc.

用于表示转折：but，however，nevertheless，while，yet，etc.

用于表示让步：although，in spite of，despite，etc.

用于表示相反：on the contrary，conversely，etc.

用于表示比较：similarly，equally，in the same way，etc.

用于表示举例或解释：for example，for instance，such as，in other words，that is，in fact，etc.

用于表示进一步的关系：furthermore，moreover，what is more，besides，in addition，etc.

用于表示因果：accordingly，as a result，consequently，as，since，so，thus，because，for，for this reason，etc.

用于表示结果或总结：therefore，as a result，and so，finally，to sum up，in conclusion，in short，in a word，etc.

用于表示空间和方向：here，there，next to，beside，near，nearby，along，as far as，to the left（right），in front of，at the back，in the middle，under，above，etc.

用于表示时间或步骤：after，often，next，afterwards，before，finally，first，last，now，second，third，firstly，secondly，thirdly，later，later on，still，then，at that time，meanwhile，when，etc.

（二）句式

句式也是英语写作教学的重要内容。英语中句式的种类繁多，常见的有强调、倒装、省略等，而且这其中的每一种句式又是形式多样。掌握形式多样的句式对于写好文章十分有利，所以让学生加强句式练习是很有必要的。在具体的教学过程中，教师可以用“示范”和“讨论”的方式让学生进行练习，促使学生掌握多样而正确的表达方式，以便写出更加精彩的文章。

（三）选词

词汇有表层含义和深层含义之分，如果对词汇了解不够深刻，写作时不能选用恰当的词汇，将会严重影响文章的整体效果，所以选词也就成了英语写作教学的重要内容之一。选词与个人爱好有关，它是个人风格的体现，也是作者与读者之间交流的方式之一，因此词的选择要考虑语域的因素，如褒义词与贬义词的选择，具体词与概括词的选择，正式词与非正式词的选择，形象词的选择以及拟声词的选择等。

（四）拼写和符号

拼写和符号是文化的重要组成部分，同时也是英语写作教学的重要内容。拼写和符号涉及的均是学生的基础知识，主要包括单词的拼写和标点符号的使用，这虽然属于细节问题，但对写作却有着重要的影响作用。因而，在设计写作教学方式和内容时应充分考虑拼写和符号这些因素，以提高学生拼写和运用符号的能力。

二、英语写作教学的目标

《大学英语课程教学要求》对大学英语写作教学提出了不同层次的要求，具体如下。

（一）一般要求

（1）能掌握基本的写作技能。

（2）能写常见的应用文。

（3）能描述个人经历、观感、情感和发生的事件等。

（4）能在 30 分钟内完成不少于 120 词的一般性话题短文，且中心明确，结构完整。

（二）较高要求

（1）能描述各种图表。

（2）能就一般性主题表达自己的观点。

（3）能写所学专业的概要。

（4）能写所学专业的英语小论文。

（5）能在 30 分钟内完成不少于 160 词的短文，且内容充实，条理清晰，语句简洁流畅。

（三）更高要求

（1）能以书面形式比较自如地表达个人的观点。

（2）能用英语撰写所学专业的简短报告和论文。

（3）能在30分钟内完成不少于200词的各类作文，且逻辑性强，观点明确。

三、跨文化下英语写作的策略法教学

在写作教学过程中，教师应向学生输入一些写作策略，以保证学生写作的有效进行。下面就简单介绍几种常见的写作策略。

（一）选题构思策略

构思是写作的基础和前提，写作的各个过程都不可能离开构思。以下是几种常见的构思策略：

（1）自由写作式。自由写作式是一种常见的构思策略，它是指在看到文章题目之后，就在大脑中进行思考，并将头脑中形成的所有观点和信息记录下来，然后对记录下来的信息进行筛选，从中选取自己认为有用的信息，删除多余的信息，这样写作的思路就打开了，写作的框架也就形成了。

（2）思绪成串式。思绪成串式就是将主题写在纸的中间，并画上一个圆圈，然后将想到的与主题相关的关键词都写下来，画上圈。接下来对所有的关键词进行总结归纳，最后确定写作思路。

（3）五官启发式。五官启发式是指从看到的、听到的、闻到的、尝到的、触摸到的几个方面去考虑主题，搜寻与题目有关的材料。当然，这几个方面没有必要面面俱到，可依据实际情况进行选择。例如，要写一篇题目为 My Best Friend 的文章，就可通过以下方式开始：

视觉：He has a round smiling face. He walks slowly for he enjoys talking while walking. He likes to swing his pen in his hand when he has nothing to do with his hands in class. He often makes faces when he's happy. He does his homework quickly and often helps others and me with math problems. He likes to play ping-pong with me.

听觉：He whistles a tune when he is alone. He can talk on and on about computer games. Whenever he understands something，he is always saying，“Oh，I know，I know.”

嗅觉：I could smell his feet and sweat in summer. This shows he enjoys sports very much in a way.

触觉：When we play ping-pong，I can feel his toughness and strength.And he is quite good at it.

（二）开篇策略

一篇文章通常由开头、中间和结尾三个部分组成。其中，文章的开头部分最引人注意，如果有一个精彩的开头，那么就会很容易吸引读者的注意力，在考试中得高分的机会也会很大。下面来看几种常见的开篇方式。

（1）开门见山。开门见山就是在文章的一开始就提出观点，明确陈述见解，突出文章主题。这种开篇方式在英语中十分常见。例如：

As food is to the body，so is learning to the mind. Our bodies grow and muscles develop with the intake of adequate nutritious food. Likewise，we should keep learning day by day to maintain our keen mental power and expand our intellectual capacity. Constant learning supplies us with inexhaustible fuel for driving us to sharpen our power of reasoning，analysis，and judgement. Learning incessantly is the surest way to keep pace with the times in the information age，and reliable warrant of success in times of uncertainty.

（2）下定义。下定义就是在文章的一开始就对某一事物或概念给出必要的解释，以便读者理解。例如，题为 Financial Crisis 的作文，可以这样开头：

Financial crisis，also known as financial tsunami，refers to the dramatic deterioration of the financial indicators of a certain country or several countries and regions in the world（下定义）. It can be classified as currency crisis，debt crisis，banking crisis，subloan crisis，etc. The feature of the crisis is that people are pessimistic about the economic future because of monetary depreciation occurring throughout the region. The causes for the crisis are complicated with multiple reasons，mainly from three aspects，i.e.，the U.S. consumption habits of borrowing，the idea of free economic management，and the economic environment and specific policy instruments.

（3）描写导入。描写导入就是以背景描写为基础，逐步导入正题。这种开篇方式能有效吸引读者的注意力，激发读者的阅读兴趣。例如：

Nowadays college students are seen waiting on tables，cleaning in stores，advertising in streets，tutoring in families and doing whatever work they can find.（描写作引言）It has become fashionable for college students to do some odd jobs in their spare time.（中心思想——打工的普遍性）

（三）段落展开策略

段落展开的方式有很多，这里我们简要介绍以下三种段落展开方式。

（1）按时间展开。按时间展开是指写文章时按照事件发生的先后顺序来记叙一件事，即先发生的事件先写，后发生的事件后写。例如：

By the time he was fourteen, Einstein had already taught himself advanced mathematics. He already knew what he wanted to be when he grew up. He wanted to study physics and do research. The problem was that Einstein's family did not have enough money to pay for his further education. Finally they managed to send him to a technical school. Later they were able to send him to an important technical college in Switzerland, which he entered in 1896 at the age of seventeen. He studied hard and received his degree at the end of his course. He wanted to study for a doctor's degree, but he did not have enough money. The question was how he could find enough work to support himself. First he worked as a teacher. Later he got a job in a government office. This work provided him with enough money to live on. Also he had enough time to study. He went on studying and finally received his doctor's degree in 1905.

（2）按空间展开。按空间展开是指写文章时按照一定的空间方位展开叙述，如从上到下、从左到右等。例如：

One of the most interesting places to visit in Singapore is the bird park. It's located in the industrial area of Singapore, called Jurong. The bird park is about twelve kilometers from the center of the city, and it's easy to get by bus or taxi.

It's one of the largest bird parks in the world. The birds are kept in large cages, and there are hundreds of beautiful birds from many different parts of the world, including penguins, parrots, eagles, and ostriches. There's a large lake in the park, with a restaurant beside it. There's also a very large cage. You can walk into it to get a closer look at the birds.

（3）按过程展开。按过程展开就是写文章时按照事情发展的顺序进行逐项说明。这种段落展开方式多用于描述如何做一件事情。例如：

Many people like to read the latest news in the newspaper. But how is a newspaper produced so quickly?

Every morning the chief editor holds a meeting with the journalists. After that, journalists are sent to interview different people. Usually they have a face-to-face interview with them. Sometimes they do telephone interviews. At the same time, photographers are sent to take photos which will be developed later. Sometimes they use old photos from their library in order to save time and money. After the reporters hand in their stories, the chief editor will choose the most important news for the front page. Other editors read the stories and make some necessary changes. They also write headlines for each story. Finally, when the newspapers are printed, they are delivered to different places as soon as possible.

（四）结尾策略

不可否认，文章的开头非常重要，但文章的结尾也需要引起注意，因为一个好的结尾不仅会起到画龙点睛、增彩添色的作用，还会令人回味无穷。以下就简要介绍几种常见的结尾方式。

（1）总结式。总结式是指在文章的结尾处对全文进行总结概括，以揭示主题，加深读者印象。这是一种常见的结尾方式。例如：

A cartoon combines art and humor. When it is skillfully done, a simple line drawing and a few words can make people laugh. Their troubles seem less important, and they enjoy life more fully.

（2）建议式。建议式就是针对文章中论述的问题，在结尾处提出建议或解决方法。例如：

However, safety is indeed everyone's responsibility. The school program, the parents and the students all need to take part in. Avoid potentially troublesome situations because as a foreigner you are more vulnerable. Be more cautious at home. Here's an obvious but critically important safety rule: Always let someone know where you are and never travel alone.

（3）展望式。展望式就是在文章结尾处表达自己对将来的期望。这种结尾方式能有效增添文章的感染力。例如：

If everyone has developed good manners, people will form a more harmonious relation. If everyone behaves considerately towards others, people will live in a better world. With the general mood of society improved, there will be a progress of civilization.

第八章　跨文化语境下的商务英语翻译教学实践与策略

商务英语有着适用性和交际性的特点，不但综合了英语的特色，还反映了商务的工作要求。近几年来，随着经济全球化速度加快，国际间的贸易和合作受到各国重视，在这样的大环境下，商务英语在国际贸易中扮演的角色更加重要，已成为一门独立学科。而随着国际贸易的发展，对商务英语翻译的要求也更加严格，对翻译的准确性和统一性以及逻辑性等方面的要求进一步提高。本章主要从商务英语翻译的基本技巧、商务英语函电翻译、广告翻译、合同翻译以及商务英语翻译中的跨文化因素与转换技巧等方面进行研究。

第一节　商务英语翻译的基本技巧

一、选词法

英语同汉语一样，有一词多义的现象，商务英语词汇也是如此。因此，在进行商务英语的英汉翻译时，译者必须在弄懂英语句子结构后，选出关键词的最佳词义，这种方法叫作选词法。尤其要注意，在选词义时，首先应考虑商务英语词汇的特点，其次应确定该词的词类，力求做到在翻译中忠实于原文的意思。例如：

（1）Commodity futures trading is an important part of the buying and selling process.

商品的期货交易是买卖过程中的重要组成部分。

（2）If a particular cargo is partially damaged，the damage is called particular average。

如果某批货是部分受损，我们称之为“单独海损”。

例（1）中 futures 的意义为“期货”，与其单数形式的抽象意义“未来”相去甚远。

例（2）中 particular average 的意思是“单独海损”，是指在保险业中由于海上事故所导致的部分损失，因此 average 一词在本句中的意思是“损失”或“损坏”，而非它的常见意义“普通的”。

二、重复法

重复是汉语里一种常见的现象。它通过有意识地重复某个词语或句子，达到突出某种思想、强调某种意义或使文字更生动的目的。译文有时需要力求简练，尽量省略一些可有可无的词，有时则应该将一些关键性的词进行重复。重复法实际上是一种增词，只不过增加的是上文中出现过的词。

（一）重复原文中省略的名词、动词及代词

为了明确某种思想，可以重复原文中省略的名词、动词及代词。这在商务文章的翻译中尤为多见。

（1）John is your friend as much as he is mine.

约翰既是你的朋友，又是我的朋友。（重复名词）

（2）It is on this basis that we should re-examine the world and ourselves.

正是在此基础上，我们应该重新审视世界，并且重新审视我们自己。（重复动词）

（3）The delegation will have the opportunity to meet and talk，not only to present，but also to potential new customers as well.

代表团将不仅有机会和现在的客户会晤、洽谈，而且有机会和潜在的新客户会晤与洽谈。（重复动词）

（4）Jesse opened his eyes. They were filled with tears.

杰西睁开了眼睛，眼里充满了泪水。（重复代词）

（5）Happy families also had their own troubles.

幸福家庭也有幸福家庭的苦恼。（重复代词）

（6）Some have entered college and others have gone to work.

上大学的，上大学了；上班的，上班了。（重复代词）

（二）重复文中的关键词

为了强调某种意义或某种情感，英文中常常重复一些比较关键的词，在英译汉中也可以采用同样的手段，重复这些关键性的词。

（1）If you didn’t succeed at first，try，try，try again.

起初不成功，可以一试再试。

（2）They would read and re-read the contracts to be signed.

他们往往一遍又一遍地反复琢磨这些待签的合同。

（3）They had to stand there in that heat，watching we go in，come out，come out，go in and never saying anything.

他们大热天里在那站着，一言不发，眼巴巴看着我们进去出来，出来进去。

（4）It is impossible to live in society and be independent of society.

生于社会，不能脱离社会。

（三）四字词组或成语重复

汉语中的四字词组是一种常见而奇特的语言现象，是汉语词汇的一大特点。为了使译文更加生动，可以采用重复运用四字词组或成语的手法。

（1）The rain was falling in drops.

雨淅淅沥沥地下着。

（2）Fine words dress ill deeds.

花言巧语可以掩饰罪恶行径。

（3）Target priorities were established there。

目标的轻重缓急、孰先孰后，是在那里决定的。

（4）Whatever initial worries we had about the plane soon vanished.

不管开始时我们对这架飞机有什么不放心，这种顾虑不久就烟消云散了。

三、增词法

英汉两种语言由于语法结构、文化背景的差异和修辞手段的不同等，在翻译过程中往往会出现词量的变化。增词法就是在忠于原文内容、保持原文风格、展现原文神韵的前提下，为使译文规范化、表达通顺自然、符合中文的语言结构和风格，而采用增补词的方法。译者不能脱离原文、随心所欲地滥用增补，而必须是增之有道、补之有理。由于表达方式的不同，翻译时既可能要将词类加以转换，又可能要在词量上加以增减。增词法就是在翻译时按意义上、修辞上和句法上的需要增加一些词来更忠实通顺地表达原文的思想内容。

（一）增加名词

名词在汉语中使用得非常广泛，因此在翻译时，在保证原文基本意义不变的基础上，有时需要增加某些名词使译文更加通顺，更加符合汉语的表达习惯。比如说，英语中有些动词可以用作不及物动词，其宾语往往是隐含在的，因此在译成汉语时就需要把它表达出来。再如，英语中很多形容词在句子中是作为表语出现的，在翻译时我们就应根据需要将其说明的对象补充完整。

例如：在不及物动词后增加名词。

Day after day he came to his work—sweeping，scrubbing，cleaning.

他每天来干活——扫地，擦地板，收拾房间。

此外，某些由动词或形容词派生来的抽象名词，或者具体在表达抽象含义时，在翻译时可根据上下文在其后面增添适当的名词，使译文更合乎规范。例如：

We should try to urge an easing of tensions between our two companies through negotiation.

我们应该主张通过谈判来缓和我们两家公司的紧张关系。

（二）增加表示名词复数的词和概括词

英语中名词有单复数变化，汉语中则没有，因此翻译中有时需要增加一些词。但要表达强调多数的含义时，可以根据情况，在名词后增加“们”“诸位”“各位”，或增加重叠词、数词或其他一些词来表达。例如：

Directors went flying off to the headquarters in New York.

董事们纷纷飞到纽约总部去了。

（三）增加表示时态的词

英语借助于动词词形变化，或使用助动词来表示时态，汉语动词则没有时态变化。在翻译时，除了用“曾”“已经”“过”“了”等表达过去的概念，用“在”“正在”“着”表示进行时态，用“将”“就要”“会”“变”等表达将来的概念之外，要强调时间概念时，可增补时态助词和其他的一些表示时间的词。例如：

More recently，Americans have been moving from the cities to suburbs.

最近，美国人一直不断地从城市向郊区迁移。

（四）增加其他词

在英译汉中，除了上面所提到的增加名词、增加表示复数的词、增加表示时态的词之外，根据意义或修辞上的需要，还可以增加其他的词。比如，可以在名词前后增加动词、增加形容词，在动词前后增加副词、增加语气助词、增加概括词及承上启下的词。例如：

（1）Despite changes in the load，the voltage applied to it remains fairly constant.

尽管负荷出现了变化，但应用的电压却仍保持不变。（增加动词）

（2）His departure depends on the weather.

他能否动身要由天气来决定。（增加副词）

（3）With the meeting to begin in just a couple of hours，they hadn't the time to worry about such trifles.

不出两三个小时会议就要开始，他们没有闲工夫为这些琐事操心了。（增加形容词）

（4）The report summed up the changes in payment，deliver date and loan rate.

这个报告总结了支付手段、交接日期及贷款利率三方面的变化。（增加概括词）

（5）Yes，I like Chinese food. Lots of people do these days，sort of the fashion.

不错，我喜欢中国菜。现在很多人喜欢中国菜，这种情况算是有点赶时髦吧！（增加承上启下的词和语气助词）

（五）根据句法需要增词

英语中有很多省略的情况，可以省略上文所提到的部分。例如，在回答句中省略问句中所提到的事物或动作，在并列句中省略相同的动词，在比较句中省略比较对象的情况，在含蓄条件句中省略条件部分。因此在英译汉时，有时需要将英语中省略的部分翻译出来才能符合汉语的表达习惯，这就要求我们在英译汉的过程中根据句子结构的要求增补原文中各种省略的部分。例如：

（1）We won't retreat，we never have and never will.

我们不会后退，我们从未后退过，将来也绝不后退。（增加原文中省略的动词）

（2）Until these issues are resolved，a technology of behavior will continue to be rejected，and with it possibly the only way to solve our problems.（增加原文中省略的动词或谓语部分）

在这些问题得到解决之前，行为技术会继续受到排斥，解决问题的唯一方式可能也会随之继续受到排斥。

（3）The *Guardian*，*Le Monde* and the *United Morning Post* all reported the financial crisis in Southeast Asia.

英国的《卫报》，法国的《世界报》以及新加坡的《联合早报》都对东南亚的金融危机进行了报道。（增加文字的背景内容）

（4）"It is a pity that your mother couldn't come，" said father. "It would be wonderful to show her around."

"真遗憾你母亲不能来，"父亲说，"如果她来了，带她逛逛该多好。"（增加原文含蓄条件句中的省略部分）

（5）Better be wise by the defeat of others than by your own.

从别人的失败中吸取教训比从自己的失败中吸取教训更好。（增加原文比较句中的省略部分）

四、减词法

所谓英译中的减词法，是指由于英汉两种语言在语法结构、表达方式以及修辞手段上的不同，有些短语或句子成分在英语中是必不可少的，但是照搬到译文中去，就会影响译文的简洁和通顺。因此在英译汉的过程中，为了使译文更加简练，更符合汉语的表达习惯，需要省略一些可有可无或翻译后反而累赘的词语。但必须注意减词，减词不是删掉原文中的某些内容，在不宜采用减词法的情况下，不要随便省略。

（一）省略代词

英语中代词的使用非常广泛，用以指代前边或后边提到的人或事物，或指代大家共知的人或事物。相反，汉语中代词的使用率远远低于英语。因此，英译汉时，只要句意清楚，不会引起误解，在很多情况下会省略代词。

（1）省略人称代词。根据汉语习惯，前句出现一个主语，后句如仍为同一主语，就不必重复出现。英语中通常每句都有主语，因此人称代词作为主语往往多次出现，这种人称代词汉译时常常可以省略。例如：

He was thin and haggard and he looked miserable.

他消瘦而憔悴，看上去一副可怜相。

（2）省略物主代词。英语中的物主代词，汉译时往往可以省略。必须省略时不省，会使译文拖沓，不合汉语习惯，如"Wash your hands before the meal"译作"饭前洗手"，如果不省掉这个"your"而译成"饭前洗你的手"，就不符合汉语习惯了。例如：

He shrugged his shoulder，shook his head，cast up his eyes，but said nothing.

他耸耸肩，摇摇头，两眼看天，一句话也不说。

（3）代词 it 的省略。it 在不指代任何具体内容的情况下，即"非指代性 it"，通常可以起到三种作用：第一种是表示非人物的时间、距离、天气等意义，即"虚义 it"；第二种是 it 在句子中作"先行主语"或"先行宾语"，即"先行 it"；第三种是以 it 作引导词的强调句型，即"强调 it"。在翻译这类句型结构时，it 往往略去不译。例如：

He glanced at his watch；it was 7：15.

他一看表，七点一刻了。（“虚义 it”）

（二）省略连词

汉语中连词用得不多，其句子的前后关系常常是暗含的，由先后次序来表示；而英语中连词用得则比较多。因此，汉译时，英语中的连词有时可以省略。

（1）省略并列连词，例如：

Mr. Bingley was good-looking and gentleman-like.

宾利先生风度翩翩，彬彬有礼。

（2）省略从属连词。与并列连词相比，从属连词数量要大得多，用法也繁杂得多。无论是时间状语从句、原因状语从句、条件状语从句，还是起各种语法作用的名词性从句，均需相应的连词引导。汉译时这些连词经常可酌情省略。例如：

After all，it did not matter much，because in 24 hours，they were going to be free.

反正关系不大，24 小时后他们就要自由了。

（三）省略冠词

英语中有冠词，而汉语中没有冠词。汉译时往往要斟酌，是否把冠词的意思译出来。一般说来，除了带有明显指示意义的定冠词和含有明显的表示“一个”或“每一个”意思的不定冠词需翻译出来之外，其他情况一般可以省略不译。例如：

AT&T will not put a dollar figure on how much it will end up investing.

美国电报电话公司不打算透露它最终要投资多少美元。

当然，有些习惯短语中的冠词翻译时不可随便省译，因为冠词的有无，其意义会大相径庭，切不可想当然，比如，out of question（没问题）与 out of the question（不可能）、take place（发生）与 take the place（代替）、in control（控制）与 in the control（被控制）等。

（四）省略介词

英语较为频繁地使用介词，而汉语使用介词频率较低，因此英语中许多介词或被转译成汉语动词，或省略不译。例如：

Hydrogen is the lightest element with an atomic weight of 1.008.

氢是最轻的元素，原子量为1.008。

（五）省略名词

商务英语中常常出现充当主语和表语的名词相同以及充当其他句子成分的名词相同的情况，汉译时按照修辞上的要求，往往要省略重复的名词。此外，有些名词在英文中是必要的，若译成中文便成了画蛇添足，因此也不宜译出。例如：

Many companies turned up the heat on their sales incentive programs, which pushed agents to sell to more marginal customers and employ more marginal customers and employ more marginal sales tactics.

许多公司搞了一些促销活动，鼓励销售人员进行一些打擦边球式的营销手段。

（六）修辞性省略

英文中为了强调的目的而重复使用的句子成分以及事理明显的表述成分，翻译时依据汉语的表述习惯可以省略不译，以取得译文简洁的修辞效果。修辞性省略属于不易掌握的一种翻译技巧。它是指从译文的修辞角度考虑，省略掉原文中某些不言而喻、不说自明的词，或省去原文中某些重复的词。如果说语法性（结构性）省译是比较消极的翻译手法，那么修辞性省译则是积极的省译手法。前者一目了然，后者则不易把握。例如：

University applicants who had worked at a job would receive preference over those who had not.

报考大学的人，有工作经验的将优先录取。

（七）省略英语中的重复部分及一些可有可无的词

例如：

（1）Could you help me in any way？

你能帮帮我吗？（省略可有可无的词语）

（2）Reform and opening up are the requirements of the country's socialist modernization drive and represent the right choice.

实行改革开放是中国社会主义现代化建设的需要，是正确的选择。（省略可有可无的词语）

（八）略去赘语以符合汉语表达习惯

有时候，英语表达某一概念时用词冗长，如果照字面直译过来，会使译文变得不简洁，在这种情况下宜省去赘语不译。例如：

He asked the divisions to give their mutual cooperation to the project.

对于这个计划，他要求各部门给予合作。

句中，“mutual cooperation”如照直译作“相互合作”，就会显得译文比较啰唆。“合作”一词实际已包含了“相互”的意思。

（九）同义词或近义词并译

英语同汉语比较，前者表达某些概念时要比后者具体、细致。譬如“广告”，英语中有“advertisement”表示文字广告和“commercial”表示电视插播广告之分，而汉语则无此区别，因此遇到原文中有这类词语连用时，根据同义相并的原则可以考虑并译。例如：

On the other hand，advertisements and commercials do many important things for society：They convey business information，facilitate communication and help keep the business world moving.

另一方面，广告也为社会做了许多重要工作：传递商品信息，便于相互沟通并促进商界得以正常运作。

五、正反、反正表达法

由于英汉两种语言表达习惯不同，翻译时，为了适应句子结构、修辞习惯、上下文呼应和文化背景的需要，也为了使译文忠实于原文，有时必须把原文中的肯定说法变成译文中的否定说法，或把原文中的否定说法变成译文中的肯定说法。英文使用否定性词语表达的手段十分丰富，常用的否定性词语有“never、no、not、none、nobody、nothing、neither、nor、little、rarely、nearly、hardly、barely、seldom、few”等。此外，英文否定性质的前缀及后缀也常用来构成否定的表达手段。汉语否定性的词语主要有“不、无、非、否、莫、别、甭、没、勿”等。英文反面表达往往有增强语势、加深印象的修辞效果。为了加强语气或加深印象，英文有时用两个含有否定意义的成分表达一个肯定的意思，这在修辞学中称为“understatement”。例如，“It was not without reasons that the council decided to take such measures.”（安理会采取此种措施不是没有理由的，即安理会完全有理由采取此种措施。）“He was not displeased with her honesty…it took a certain amount of experience in life，and courage，to want to do it quite that way.”（他对于她的直率没有感到不快……那样做得有点生活经验和胆识才行。）有时英文反面表达是出于委婉或讽刺的目的。例如，“She is not so beautiful.”（她长得不是那么漂亮，即长得丑。）

"This is no small question."（这可不是小问题，即问题非常重大。）翻译时，要细细体味原文微妙的感情色彩，根据汉语的表达习惯可以将原文正面表达的意思在译文中从反面加以表达，或者将原文反面表达的意思，在译文中从正面加以表达。当然，译文也可以保持原有的表达方式，只要表达通顺、合乎习惯就行。

（一）正反译

正反译就是用变换语气的方法把原文的肯定式译成汉语的否定式。一般情况下，原文中若暗含否定含义或形式是肯定的，但意思是否定含义时，我们常用这种翻译方法。翻译时运用这一方法是为了使译文更合乎汉语规范，更恰当地表达原文的意思。如"wonder"可以译成"不知道"；"diffiuclt"可以译成"不容易"；"anything but"可以译成"绝对不，一点也不"；"Excuse me."可以译成"对不起。"；"Exactly！"可以译成"一点不错！"这里我们可以看出，汉语的否定式就是使用了"不""非""无""没有""未"等词。

英语中有许多词，翻译时，从正面表达和从反面表达都行得通，应根据上下文选用一种能更确切地表达原文思想内容的说法。很多词类，短语及句子都可以用正反译这种方式来翻译。例如：

（1）The demand for our products exceeds the supply.

我们的产品供不应求。（将动词正反译）

（2）We may safely say so.

我们这样说万无一失。（或：我们这样说错不了。）（将副词正反译）

（3）The explanation is pretty thin.

这个解释是相当不充实的。（将形容词正反译）

（4）His conduct has always been above suspicion.

他的行为一向无可怀疑。（将介词正反译）

（5）I will not go unless I hear from him.

如果他不通知我，我就不去。（将连词正反译）

（6）This failure was the making of him.

这次不成功是他成功的基础。（将名词正反译）

（7）Ex-Governor Stark remained a private citizen。

前州长斯塔克自从卸任以来，一直没再做官。（将名词正反译）

（8）We believe that the younger generation will prove worthy of our trust.

我们相信，年轻一代将不会辜负我们的信任。（将短语正反译）

（9）The decision has to come.

决定还没有做出。（将句子正反译）

正反译的方法在翻译贸易函电中，尤其是英译汉时，用途较广。商贸书信一般要求尽量避免或少用否定形式，因此，译成汉语时应格外注意根据汉语的表达习惯正确地选择肯定或否定的形式。

（二）反正译

“反正译”指的是英语从反面表达，汉语译文从正面表达。翻译时恰当运用这一方法可以使译文自然流畅。从反面表达，主要指英语中用否定词语“no、not”或者带有“de-、dis-、im-、in-、un-、-less”等否定词缀的词。此外，英语中含有否定词语的结构及双重否定结构也常用这种方法来翻译。含有否定词语的结构有：not…until、no less than、no more than、nothing but、cannot…too 等。例如：

Don't stop working.

继续干活吧。

与正反译一样，很多词类，短语及句子也都可以用反正译这种方式来翻译。例如：

（1）The doubt was still unsolved after his repeated explanations.

虽经他一再解释，疑团仍然存在。（将动词反正译）

（2）He carelessly glanced through the note and got away.

他马马虎虎地看了看那张便条就走了。（将副词反正译）

（3）Suddenly he heard a sound behind him，and realized he was not alone in the garage.

她忽然听到背后有声响，便立刻意识到车库里还有别人。（将形容词反正译）

（4）He manifested a strong dislike for his father's business.

他对他父亲的行业表示强烈的厌恶情绪。（将名词反正译）

（5）Metals do not melt until heated to a definite temperature.

金属要加热到一定温度才会熔化。（将短语反正译）

（6）Quality never goes out of style.

质量与风格共存。（将句子反正译）

（7）In a little town such things cannot be done without remark.

在小镇上，这类事情总会引起别人的注意。（双重否定）

六、分译、合译法

英译汉时，我们有时可以把原文的句子结构完整地保留下来，或者稍微加以改变。但是在很多情况下，我们需要对句子结构做出较大的调整。这就要求我们在翻译时针对句子的整体构成，而不仅仅是对个别词或短语进行关注，并使用不同的技巧来翻译。

分译、合译法就是改变原文句子结构来进行翻译的重要方法。下面对这两种方法分别进行介绍。

（一）分译法

分译法就是把原句中的某些成分分离出来另做处理，译成独立的句子。对有些英文句子采用分译法可以使译文简洁、明确、层次分明，符合汉语的规范。分译可以分为单词分译、短语分译及整体分译。英语长句子比较多，汉语句子相对而言比较短。在翻译时可以改变原文结构，把原文的某个成分从原来的结构中分离出来，译成一个独立成分、从句或并列分句。

1. 把原文中的一个单词译成句子

翻译时，可以把原文中的一个单词译成句子，使原文的一个句子分译成两个或两个以上的句子，这包括副词、名词、形容词、动词等的分译。例如：

（1）Reluctant，he agreed to help.

他答应帮忙，但却显得很勉强。（副词的分译）

（2）At daybreak Tom was awakened by a sound that made him know that he had new things to learn about fear.

黎明时刻，汤姆被一种声音惊醒了，这声音使他意识到自己面临着新的可怕的事情。（定语从句分译成独立句）

（3）His announcement got a mixed reaction.

他的声明引起了反应，不过有好有坏。（形容词的分译）

（4）Would Britain and Italy be willing to match those rates and see their own economies plunge deeper into an already punishing recession？ The answer turned out to be a resounding no.

英国和意大利是否也愿意相应地提高利率，而使自己已遭沉重打击的本国经济跌入深渊呢？回答是“不愿意”，而且声音洪亮，理直气壮。（形容词的分译）

原文中的“resounding”一词如不拆出来翻译，译文很难做到通顺、易懂，无论怎样措辞，都很难与汉语“声音洪亮的”搭配起来。而拆译后不仅避免了搭配不当的问题，而且将英、意反对提高利率的态度充分地表现了出来。

（5）The town boasts a beautiful lake.

镇上有个美丽的湖，人人以此自豪。（动词的分译）

2. 把原文中的一个短语译成句子

翻译时，可以把原文中的一个短语译成句子，使原文的一个句子分译成两个或两个以上的句子。例如：

（1）Throughout his life, Benjamin Franklin continued his education, learning from human contacts as well as from books.

富兰克林一生都在受教育，他不仅从书本中学习，而且也从与人交往中学习。

（2）Technology intensive industries, such as microchip manufacturing and pharmaceuticals, should qualify for unilateral action on the part of the U.S. in anticipation of multinational agreements later on.

技术密集型产业，如微电路芯片制造业和制药业，就应由美国单方面采取行动（予以补贴），然后再争取多国协议的承认。

（3）Please submit full specifications of your equipment together with terms of payment and discount rate.

请提供贵公司所生产设备的各种详细规格说明，并告知付款条件和折扣率。

（4）His delegation welcomed the fact that UNDP was prepared to respond to emergency needs as then arose, despite the basically long-term operations that characterized those programmes.

尽管联合国开发计划署的特点是开展基本上比较长期的业务活动，但是该机构也做了应急准备；对此，他的代表团表示欢迎。

3. 把原文中的一个句子拆开译

翻译时，可以把原文的一个句子拆开，译成两个或两个以上的句子。例如：

（1）These factors mean that importing and exporting are subject to a lot of formalities, such as customs entry and exchange control approval, from which the home retail and wholesale trades are free.

这些因素意味着进出口贸易受许多手续的牵制，诸如报关和外汇审批；而国内的零售及批发业务则不受此限制。

（2）In London they may place their business through Lolyd's, the center of marine insurance which started in a seventeenth-century coffee house.

在伦敦，他们通过劳埃茨保险公司进行业务活动，该公司为海运保险中心，早在17世纪就在一家咖啡馆内开始营业。

（3）They have known that for a long time now in the industrial Midwest, where Japanese competition eviscerated the auto-steel and machine-tool industries.

在工业化的中西部，人们知道这一点为时已久。在那里，日本的竞争挫伤了汽车、钢铁和机器制造诸行业的元气。

（4）It will also have its own offices, associates or agents in the countries with which it trades, and a long experience of dealing with the many categories of people involved in import and export.

他们在那些与他们进行贸易的国家中设有自己的办事处、业务伙伴或者代理商，并能与从事进出口业务的各类人打交道，经验堪称丰富。

（二）合译法

与分译法不同，合译法是将不同的句子成分组合在一起，使其更符合汉语的表达方法。即把两个或两个以上的简单句或复合句译成一个汉语的单句或复合句。当英语中两个或两个以上的简单句或复句关系密切，意义贯通时，可不限于原文的表层结构，将它们合译成一个汉语单句或复句。合译有时可以使译文的句子意义完整并避免不必要的重复，使译文紧凑、简练、语气连贯、合乎汉语的表达习惯。合译时，可以将原文中的两个或两个以上的简单句译成一个句子，也可以把原文中的主从复合句或并列复合句译成一个句子。例如：

（1）He was very clean. His mind was open.

他为人单纯而坦率。（将单句合译成一个句子）

（2）When we praise the Chinese leadership and the people, we are not merely being polite.

我们对中国领导人和中国人民的赞扬不仅仅是出于礼貌。（将主从复合句合译成一个句子）

（3）It was not until the nineteenth century that heat was considered a form of energy.

直到19世纪，热才被看作一种能量。（英语强调句合译成简单句）

（4）Last year I met Jane, and we became friends.

去年我与珍相遇并成了朋友。（将并列复合句合译成一个句子）

（5）The door was unlocked. Jenny went inside and sat down. She was near collapse, barely able to move her swollen feet.

门没有上锁，詹妮走进去坐了下来，极度的衰弱几乎使她无力挪动她那

红肿的双脚。（将并列复合句合译成一个句子）

（6）The post office was helpful，and Marconi applied in June 1896，for the world's first radio patent.

在邮局的帮助下，马可尼于 1896 年 6 月获得了世界第一项无线电专利。（将并列复合句合译成一个句子）

第二节　商务英语函电翻译

一、商务函电的翻译原则

商务函电涉及商务领域的各个环节，双方围绕权利与义务、守信与违约、交货与付款、保险与索赔等事项展开交流，而作为维系双方的重要媒介，函电在构思与信息传递方面成功与否对双方的业务有着非常重要的影响。商务函电的语言追求简练而准确，表达温文尔雅，其写作原则已从原来的"3C"原则，即 Conciseness（简洁）、Clearness（清楚）、Courtesy（礼貌）发展到如今的"7C"原则，即 Completeness（完整）、Correctness（正确）、Clearness（清楚）、Conciseness（简洁）、Concreteness（具体）、Courtesy（礼貌）和 Consideration（体谅），这是对函电的写作提出了更高的要求。译者在翻译商务函电时也可以参照"7C"写作原则进行翻译实践。

（一）礼貌

在商务交往中为了给自己面子，也为了保留对方的面子，最好的策略就是使用礼貌语言。礼貌并不是一些礼貌用语的简单堆砌，而是要体现一种多为对方考虑、多体谅对方心情和处境的态度。商务交往中双方意见发生分歧，观点不能统一时，应避免使用冒犯性语言，要理解并尊重对方，真诚沟通，化解分歧，以保持双方的良好关系。

英国语言学家利奇（Leech）根据英国文化特点提出了六条礼貌原则，分别为：

（1）得体准则（tact maxim）：使他人受损最小；使他人受惠最大。

（2）慷慨准则（generosity maxim）：使自身受惠最小；使自身受损最大。

（3）赞誉准则（approbation maxim）：尽量少贬低别人；尽量多赞誉别人。

（4）谦虚准则（modest maxim）：尽量少赞誉自己；尽量多贬低自己。

（5）一致准则（agreement maxim）：尽量减少双方的分歧；尽量增加双方的一致。

（6）同情准则（sympathy maxim）：尽量减少对别人的反感；尽量增大对别人同情的感情。

这六条礼貌原则在商务沟通中值得借鉴，在写商务函电时应加以考虑，通过书面语言文字，尽可能表达出热情友好的态度和礼貌得体的语气。例如，在表达“拒绝”这一意义时，用“decline”要比用“refuse”显得礼貌客气，前者是婉言拒绝或谢绝，而后者是坚决、果断地拒绝。另外，在翻译原文的程式化礼貌用语时应尽可能考虑用一些敬语、套语来表达，这样做，既能够恰当得体地再现出原文的礼貌语气，又能使语言更地道。例如，在函电的结尾，写信人常常会附上感谢之类的话以示对收信人的尊重：“We would like to thank you for having placed orders with us.”(感谢贵方向我方订购产品),“Thank you for your prompt attention to this matter.”（感谢贵方从速办理此事）。

（二）清楚

商务函电的写作应该非常清晰明确地反映写信人的真实意图，做到条理清楚，表达明确，避免含糊其词，更要避免歧义的产生。应尽量使用简单普通的词句告诉对方，少用修辞手法。翻译时也要做到清楚明确，通顺易懂，避免模棱两可的表达。例如，日期的表达应清楚写明年月日，“10 August 2017”应避免简写成“10/8/17”，以免引起误解。

（三）简洁

商务函电的语言应直接简练，开门见山，就事论事，用尽可能少的语言传递尽可能多的信息，让人容易理解。多用常用的单词，避免使用生僻或过于复杂的单词，可以使交流变得更加容易和方便。翻译时也要尽可能做到言简意赅。例如，伯克希尔·哈撒韦公司主席沃伦·巴菲特在其一封致读者的信的开头使用了非常简洁的语言，37 个单词中有 29 个单音节词：“You probably know that I don’t make stock recommendations. However，I have three thoughts regarding your personal expenditures that can save you real money. I’m suggesting that you call on the services of three subsidiaries of Berkshire…”这种简洁的语言值得借鉴。

（四）正确

商务函电的内容大多涉及商业交往中双方的权利、义务以及利害关系，如果出错必然会造成不必要的麻烦甚至损失。因此，从函电的格式、语气，到书面用词、用语、金额、标点符号等均应正确无误，措辞要符合公函文体的语言特点，翻译时也要力求将原文信息准确无误地传达出来。例如，金额的表述必须正确使用货币币种，而译者翻译时更是不能遗漏币种。货币符号“$”既可代表“美元”，又可代表其他某些地方的货币，使用和翻译时需引起注意。

（五）具体

商务函电内容要具体，要言之有物，突出主题，达到预期的交际目的。就进出口业务的磋商环节而言，涉及买卖双方许多细节性事项，均需具体清楚地在信中列明，并及时与对方逐一沟通、敲定。例如，函电中应尽量避免说：“Payment should be received as soon as possible”，因为 as soon as possible 所表达的“尽可能快地”之义不够明确，该句应该具体化为：“Payment is due April 10，2018”，这样的话具体时间一确定，操作性就很强。在翻译函电时则需将原文信息如实一一译出，不能自作主张，只译出部分具体内容，导致双方信息不对等，从而影响交易的顺利进行。

（六）完整

商务函电应包含每次业务沟通中所要传递的全部信息，做到内容完整，文字简洁明了。信息要包含何人、何时、何地、何事、何种原因、何种方式等，翻译时自然应将信息内容一并译出，不能马虎了事。例如，买方在向卖方再次订货时，应提及上次订货的订单号、时间、数量、规格等相关信息，还应在信后附上原订单的复印件，以备卖方参阅。

（七）体谅

为对方着想，这也是拟定商务函电时一直强调的原则。本着“You-attitude”（为对方着想的态度），站在对方立场，从对方的角度考虑问题、表达想法、处理事情，既充分体谅对方，又不卑不亢。译者在翻译时要仔细解读原文的体谅之心，在译文中将其充分反映出来。例如，“Thank you for bringing the matter to our attention. If you wish，we would be happy to take the issue with the shipping company on your behalf.”在这段文字中，写信方为对方着想，为了使对方安心，主动提出协助对方与船运公司交涉。

对商务函电翻译而言，要参照上述的“7C”原则，准确把握语篇，尽量使译文精确、简练，体现其开门见山、层次分明、语言简洁的语篇特色，术语翻译要规范统一。译者必须本着严谨认真的态度，仔细斟酌原文的用词和语气，体现原文的准确性和其他相关特点。

二、商务函电的翻译技巧

商务函电的翻译应以翻译原则为指导，以函电的文体和语言特点为基础，结合一定的翻译技巧进行。在翻译商务函电时译者要从整体篇章结构和文体功能来看，领会写信人的真实意图和语言风格，并将其准确传递。函电中的用词要理解准确，特别要注意一些词汇的专业意义和一词多义的用法，注意函电中的句子结构和逻辑关系，翻译时要理清层次。针对原文中的套语、敬语，要尽可能用译入语中的对等套语、敬语直接再现。另外，在翻译过程中特别要注意细节问题的翻译，往往一个标点、一个数字的翻译失误，会给双方带来很大麻烦。

（一）格式的翻译

译文要确保其准确性、严谨性和专业性，再现原文的语气、文体和专业特点，必须要从整体上再现原文传递的所有内容，包括各类商务函电的表达模式和结构。从前文可知，一封完整、标准的商务英文函电一般由 12 个要素组成，翻译时一定要严格按照函电的格式逐条翻译，做到条理清楚，格式规范。在格式翻译上应注意以下几点：

1. 称呼的翻译

函电中的“Dear”只是一种尊称，表示“尊敬的”，不要直译成“亲爱的”。一般情况下，不知收信人姓名的商务函电以“Dear Sir”或“Dear Madam”开头，以“Yours Faithfully”结束。而以收信人名字开头的商务函电，常以“Yours Sincerely”结束。“Dear Sir”可译为“先生”或“尊敬的先生”，“Dear Gentlemen”和“To whom it may concern”可译为“敬启者”或“谨启者”。

2. 日期的翻译

中文在表达日期时是按年月日的顺序，而英美国家则不然。例如，2017 年 8 月 7 日可以有下面两种译法：

美式英语格式：August 7，2017（简写为：08-07-2017）

英式英语格式：7 August，2017（简写为：07-08-2017）

翻译日期时，应尽量避免使用上述括号中的简写形式，月份要用单词而不是数字表示，以免混淆。日期最好用基数词（如：15，23）表示，显得简洁清楚，不要用序数词（如：15th，23rd）。需要注意的是，不管选用美式写法还是英式写法，在一封信里前后日期的格式一定要保持一致，不能混用，以免产生误解，带来不必要的麻烦。

3. 信内地址的翻译

英文地址的书写方式与汉语恰好相反，汉语是从大到小，而英文是从小到大的顺序，翻译时要注意区别，不要搞错。例如："中国浙江省宁波市钱湖南路1号，邮编：315100"译成英语是"No.1 South Qianhu Road，Ningbo，Zhejiang，China 315100"。若地址中有缩写，需要特别注意其代表的意义，如："ST"表示"street（街）"，"RD"表示"road（路）"，"AVE"表示"avenue（大街）"，"BLK"表示"block（街区）"，"BLDG"表示"building（大楼，栋）"，"FL"表示"floor（楼层）"，"RM"表示"room（室）"，"INC"表示"incorporated（公司）"，等。

4. 结尾敬语的翻译

函电的结尾敬语是礼貌用语，常用的有"Yours Sincerely""Yours Faithfully""Yours Truly""Yours Cordially""Best Regards""Best Wishes"等。这些敬语只是函电程式上的要求，翻译时决不能照字面直译。若把"Yours Sincerely"直译为"您的忠实的"的话，明显不符合汉语书信的表达习惯，让人感觉不舒服。所以一般情况下，可以把此类的结尾敬语译为汉语书信常用的结尾语，如："……谨上""……谨启""……敬启""……谨复"等。

总之，在翻译整篇商务英语函电时应该既符合汉语表达习惯又不失商务英语特点。把商务汉语函电译成英语时要对汉语的函电做一些调整，使之符合英语的写作程式和表达习惯。

（二）语气的翻译

"态度决定一切。"这句话用在商务函电上是很恰当的，因为写信人的态度往往是决定双方业务成败的关键，不容忽视。商务函电虽然功能各异，但大多是以礼貌和气为前提的，因此，译者在翻译时要充分考虑到原文的这一特点，把握好原文的语气语调，在译文中有分寸地采用相应的敬语、套语、礼貌或委婉的表达。

商务函电中表达语气的方式灵活多样，如主动语态、条件句和疑问句的使用，以及情态动词"could""would""might"等的使用，都能把函电中一些客气礼貌的语气表达出来。译者在翻译时可根据具体情况，尽可能按照原文的陈述方式表达原函电的语气。

（三）一词多义的翻译

英语中一词多义现象很普遍，在商务英语函电中也很多见，翻译时要注意根据上下文确定一个词的具体含义。

在翻译商务函电时要重视一词多义现象，因为词汇是基础，在词汇理解上若出现偏差甚至错误，则必然会导致误译、错译，最终影响业务的顺利开展。因此，译者只有把握好词汇在不同语篇中的不同含义，才有可能准确传达原文信息。

（四）专业术语与缩略语的翻译

术语与缩略语的大量使用是商务函电的一个显著特点，翻译时必须准确理解这些词汇的专业含义和固定表达，使译文符合行业和专业规范，表达准确。

（五）习惯用法和搭配用法的翻译

熟悉和掌握英语的习惯用法和搭配用法会对商务函电翻译大有帮助，可以帮助我们克服因本民族语言和文化的影响而产生的错误，避免直译或不符合习惯的翻译，从而提高翻译的质量。译者若不知“red tape”常用来表示“繁文缛节”的话，就很可能把它直译成“红带子”。商务英语中“to draw a draft”意思是“to write out a draft”，即“开一张汇票”之义，这已是习惯搭配，一般不用“to open a draft”来表达。

英语的习惯用法和搭配用法非常之多，在翻译实践中，需要译者做个有心人，经常查阅工具书和专业书籍，随时积累，多动脑筋，才能确保翻译不出差错。

总之，在翻译商务函电的过程中，要考虑函电的实用性、准确性和专业性等特点，熟悉相关的专业术语、缩略语、套语和习惯用法，灵活运用翻译技巧。

第三节　商务英语广告翻译

一、商务广告的翻译原则

翻译的目的决定了译者采取的翻译手段。比如一条商业广告，为了把它宣传的产品推向国外，便需要把它翻译成外语。对这种带有商业目的的翻译，首先要考虑对目标语消费者的宣传效果，设法避免市场因素和社会因素带来的障碍。但是，如果翻译的目的是学术性的，是想探讨某条广告的语言学价值、文化价值和艺术价值，就必须研究这条外语广告到底想说什么，说了什么，怎么说的。因为这种翻译的目的是对语言本身的研究，因此翻译时只考虑对原宣传对象的宣传效果，而不必考虑对目标语的商业效果。对于这种学术性翻译，“忠实是翻译的基本原则”。对于以商业为目的的商业广告翻译，“忠实”并不是第一位的。商业广告是一种竞争性的商业行为，目的是争取消费者，因而必然以消费者为中心，投消费者之所好，供消费者之所需，以打动他们的心弦，促成其购买行动。

通过分析商业广告的目的以及广告翻译中常见的问题，我们归纳出商业广告翻译的四大原则。

（一）美感

广告翻译中的美感包括音美、形美和意美。音美体现为广告语言的音韵美。广告语言的音韵美是指广告词要富有音乐的节奏美，和谐流畅，朗朗上口，给消费者以听觉上的美的享受，使他们在不知不觉中受到感染而激发起购买的欲望。英语广告常采用头韵、谐音、重复、拟声等修辞手法来取得广告的音美效果。而在翻译英语广告的时候，也同样要注意原文的音韵美，充分利用汉语自身特色，例如押韵、四字格、叠音词等修辞方法，创造出既还原原文音美效果且读起来流畅自如、铿锵有力的广告语。

形美体现为广告语言的简洁美，形象美。任何一则成功的广告都力求通过简练有力的文字表述，运用比喻、象征、拟人的修辞手法将优美的产品形象和精心营造的画面结合起来，展现在消费者面前。简洁使其一目了然，过目不忘，听起来也显得轻松活泼，形美则更能衬托消费者的高品位，给其留下深刻印象。因此在翻译的时候，译者应尽量保持原文的简洁美和形象美。

意美体现为广告语言的意境美。成功的广告常常会采用大量修辞手法来创造鲜明的意境和生动的形象，使消费者产生丰富的联想，把广告产品的特性与优美意境相融合，进入一个美妙的意境中，产生对美好事物的向往和追求。因此在翻译的同时，要求译者最大限度地还原原文中优美的意境，力求译文与原文的神似。

（二）创新

为了实现广告的目的，创意的发挥是最具卖点之处。成功的广告创意往往给人耳目一新之感，富有震撼力。为了体现独具匠心的创意，英语广告灵活地运用词汇、句型，必要时加以修改，加之修辞手法，从而达到创新的效果，抓住消费者的心理，刺激其购买欲。翻译时，译者同样应遵循创新的原则，力求在译文中实现再创造，达到新颖独特的效果。当然，也应注意把握一定的度，把译文限制在对原文的再创作范围之内。

例如，“Think Different”（不同凡想）在这则苹果电脑的广告语中，它的创意在于使用了“拟人”的修辞手法，来强调苹果电脑能和人一样思考，同时又强调其与众不同的特质，呼应了英语广告中的“think”和“different”。同样的，译文将“不同凡响”稍做改动为“不同凡想”，利用了谐音，达到了译文中“想”与原文中“think”的呼应。

（三）广告味

广告不仅是一种语言，更是一种文化，从属于商业文化。因此广告语言具有其独特性，表现为简明易懂、生动形象、幽默新奇。因此英语广告翻译应更多地体现广告的语体特征，译者应力求广告语言的简练鲜活，富有时代感，强烈刺激消费者的感官。译者应避免在译文中采用的冗余的修饰语和华丽的辞藻（此情况一般出现在直译中），还应尽量避免疲软的宣传文字，有悖于商业中干练的气质，削弱广告宣传效果。

（四）文化适宜性

翻译是一种跨语言、跨文化的交际活动，因此译者在广告翻译中必须考虑到广告的跨文化因素。因为在翻译时，除了从语言规律上寻找与原文对等的契合点外，还必须处理文化差异带来的理解上的差异。以英语广告翻译为例，在跨文化广告翻译时，只有了解和尊重当地特殊的传统风俗文化，才能使广告奏效。日本丰田公司在这一点上就做得很好，当日本丰田公司在进入中国市场时，打出的广告标语是“车到山前必有路，有路必有丰田车”，这是套用了中国的一句俗语，但若在美国还是这样宣传的话，就让人很难理解。于是丰田公司把广告语换成了“Not all cars are created equal”（并非所有的车都生而平等），借鉴美国的《独立宣言》中的“All men are created equal（人人生而平等）”，以此来突出丰田车比其他车好。这样一来，此广告语就很容易让美国人接受。

二、商务广告的翻译技巧

在翻译广告英语时，充分了解其文体特征和修辞手法的时候，还要考虑到文化差异等现象，力求使译出的广告达到预期的社会效应。

（一）注重文化差异

中西方文化无论是在心理、审美还是在风俗习惯等方面都有较大差别，所以我们在翻译广告英语时一定要重视语言文化的差异。众所周知“白象”牌电池一贯畅销全国，但在出口时被翻译成了“white elephant”，在英语中指“无用而累赘的东西”，因此“白象”牌电池在美国市场的销售业绩可想而知。

（二）翻译的多样化

1. 直译

直译又称语义翻译或异化翻译。直译指的是把原来语言的语法结构转换为译文语言中最近似的对应结构，但词汇依然一一对译。异化翻译较多地保留了英语的句式结构和表达方式，较少考虑目标受众的阅读习惯和理解方式。

2. 意译

意译是一个相对于“直译”而言的概念，通常指根据原文的大意来翻译，不做逐字逐句的翻译，是一种经过消化后的“语内翻译”，容许译者有一定的创造性，但原文的基本信息应该保存。翻译手法自由、灵活。

3. 创译

又称再创型翻译，是指已经基本脱离翻译范畴，是重新创造。

4. 增补型翻译

这类翻译包括两种情况：一种是对原文某些关键词的词义进行挖掘、引申或扩充；第二种是将原文的深层意思加以发挥，或使其隐含意思凸现。

第四节　商务英语合同翻译

一、商务合同的翻译原则

翻译界广泛认可的翻译标准总体上适用于合同文本的翻译，如严复的“信、达、雅”，傅雷的“传神”，钱钟书的“化境”，奈达的“功能对等”等理论，对合同翻译具有重要的宏观指导意义。与其他语言相比，合同语言最重要的特点是准确、严谨和规范。正如侯维瑞教授所指出的，法律文书“必须词义准确、文体确切，丝毫不能允许语义的模棱两可而使人误解，被人钻了法律的空子。它的全部内容必须字面化，表层化，言外之意、弦外之音、含蓄表达、引申理解等深层意义在法律文书中是没有立足之地的。它宁可牺牲文字流畅也要保持文意斩钉截铁的确凿性”。

作为法律文件的合同，对于签订双方来说都具有法律效力，它严格规定了签约双方的义务、责任、权力、行为准则的含义和范围。而商务合同的翻译是一种跨文化交际活动，重在交际意图的达成。由于受到具体的交际语境、特殊的语言规律、特定的专业知识结构和不同文化习俗的影响，翻译时如何能够忠实地反映出原文的内容和风格，在“内容和文体风格上达到最贴近的自然对等”，一直是译者面临的一个很大的难题，需要译者在翻译实践中不断研究和反复探索。

林克难先生认为："法律文本宜先看后译。"解读是翻译的前提，有了正确的解读才能有正确的翻译。在具体翻译合同的过程中，译者必须看懂原文体式，了解法律文体的严肃性和权威性，在语际转换中应恪守合同原文的文体，保留法律文体的各种特点，遵守合同的惯例，注意遣词造句，使表达符合原文特色、条理清楚、意义完整、前后一致。

一般来说，在翻译商务合同时应遵循以下三个翻译原则：

（一）准确性

准确性是商务合同翻译的灵魂。王宗炎先生指出，"辨义是翻译之本"。辨义就是对合同字斟句酌，深刻理解，把握原文的确切含义，紧扣合同的文体与格式，忠实地再现原文，争取在内容和文体风格上达到最贴近的对等。

但是，对等绝非单纯的字面对应，绝非机械的生搬硬套。例如，汉语中"打白条"的翻译，如果盲目追求形式上的对等，逐字对应翻译成"to issue blank paper"，外国人看了就会觉得莫名其妙，不知所云。而如果用"to issue IOUs"（IOU 是"I owe you"的缩略词）来表达这一意思，让人一看就明白。

在国际经贸活动中经常会遇到商务合同翻译方面的错误，而且因翻译问题引起的纠纷或官司也屡有发生。合同文字的错译、漏译，有时看似是小问题，并不起眼，却常常失之毫厘，差之千里，会给个人、企业或国家带来损失，所以翻译时需慎之又慎。在两种语言的转换中，译者需要具备相应的法律和文化知识，正确理解对应表达的含义范围，以"求信"为标准，在准确的基础上力求译文通顺。

（二）严谨性

合同翻译要在结构上和语言上体现严谨的原则。结构上要严格按照法律文件的程式和文体，语言上要使用正式的法律语言，使用专业的法律词汇、术语和句型结构，表达清楚明确，措辞严密，避免用模棱两可的词句或多义词。

曾经有这么一个案例，大致讲的是甲、乙双方为一方出具的一张凭据"还欠款一万元"打起了官司，因为这张"还欠款一万元"的凭据有两种解读方式：既可以理解为"一方仍然欠另一方 1 万元"的欠条，也可以理解为"一方收到了另一方归还的欠款 1 万元"的证明。为此双方各执一词，闹得很不愉快。因此，合同翻译中用词严谨、表达清楚、结构严密会避免很多麻烦，不让他人有可乘之机。

（三）规范性

翻译商务合同时应遵照合同文体和语言的规范，按照约定俗成的范式，以另一种语言再现原法律文本的权威性和规范性，不允许存在文字上的随意性。译文不仅要做到语言上的规范化，还应做到专业上和风格上的规范化。由于商务合同是双方维护自己权益的书面法律依据，因此，它的措辞都要求运用庄严体语言或正式文体。只有经双方同意后，才能对合同的语言文字进行变动或修饰。译者翻译时必须严格按照原文，避免随意性。例如，专利许可协议中的"特许权使用费"用"royalties"一词表达，还款或专利申请的"宽限期"对应的英文为"grace"等，这些均为合同中常用的规范用语。

二、商务合同的翻译技巧

翻译商务合同绝非易事，而是对译者很大的挑战。译者除了要具有扎实的语言功底以外，对合同知识的全面了解，对合同语言的准确理解和把握，对合同的翻译原则和翻译技巧的掌握和运用，对合同所涉及学科领域的相关知识的熟悉，对合同双方法律制度、社会文化等差异的了解，都是非常必要的。

翻译作为一项富于创造性的语言转换活动，具有很强的实践性。翻译能力的提高是一个长期实践和不断积累的过程。不通过大量的实践而要提高翻译能力，无异于想学游泳却又不下水。在进行翻译实践的同时，了解和掌握一些翻译策略与技巧必然有助于译者翻译能力的提高，使译者少走弯路。

许多普通英语的翻译策略与技巧大多可灵活运用到合同的翻译中，如增减法、长句的拆分法、顺序法、逆序法等。在普通英语的翻译技巧的基础上，现对商务合同的翻译技巧进行具体分析和归类。

（一）直译法

针对商务合同的特点，在翻译时应尽可能采用直译法，尽可能接近原文的文体和风格，不能直译的时候可采取意译法。

（二）增减法

一般而言，在英汉翻译中，很难做到字词上的完全对应。因此，为了准确传达出原文的信息，往往需要变通一下，对译文做一些适当的增添或删减，原则是增词不增义，减词不减义。

1. 增词法

增词是指把原文包含的但没有写出来的意思在译文里补充进去，或是把原文中省略的成分补充进去，使译文的意思完整。在合同英语和商务英语中，抽象名词在很多情况下也可作为可数名词使用，可以有复数形式，表示比较具体的东西。这些以虚指实的抽象名词在很大程度上能够简化英语的表述。在这种情况下，译者翻译时应该化虚为实，使之具体化，从而使译文更为明白贴切。

2. 减词法

减词是指原文中的一些词或词组可在译文中省略，无须译出。这是因为被省略部分的意义已在译文中得以体现，或是因为这些词或词组硬译出来反而使译文显得别扭或累赘，违背汉语的表达习惯。英语合同为了确保表达精确、严密，经常会使用古体词，也会重复使用一些关键词或成对的同义词，这些均可以视情况做部分省译处理。

（三）术语的翻译要专业、统一

在语言交际中最为重要的是理解词语的语境意义，而合同的语境是法律语境。法律文本的特点是大量使用法律术语、专业术语、惯用语和缩略语，其表达基本上是正式的和固定的。了解并掌握这些特点，对理解和翻译合同文本大有帮助。译者在翻译时应尽可能使用译入语中对应的法律术语、专业术语和惯用语来表达，而不能将专业术语普通化，更不能任意创造。此外，还要注意同一术语在译文不同处出现时要前后统一。

（四）根据上下文来确定词义

英汉两种语言都有一词多义现象，而且这种现象非常普遍。很多词语在不同语境下表达不同的含义。因此在翻译中如何把握原语中的多义词在特定的语言环境中的具体含义，并准确无误地使之在目的语中再现，是翻译的关键问题之一。

英语倾向于借用常用词表达各自的学科或专业概念，即赋予旧词新的意义，商务英语亦不例外。许多常用的英语词汇在商务英语中既有普通含义，又被赋予了新的含义，有的进而发展成为专业词汇或术语。如果我们忽略这些词汇的特殊意义而去想当然地按照常用意义去理解，就会不可避免地导致翻译错误。为了避免此类错误，翻译时要根据上下文来确定词义，有疑问时应及时查阅专业书籍或词典，而不能想当然。

（五）辨析单复数词义

在商务合同翻译中经常容易忽略的一点是单词的单复数问题。在商务英语中，有些名词在从单数构成复数时词义发生了变化，而且这些名词的单、复数意义截然不同，复数意义并非单数意义的扩展或引申，也非联想意义。

因此，在翻译这类词的时候需要格外小心，认真辨析，不能简单当作复数概念看待，不然的话，译文容易出现偏差。

（六）对长句词序和语序进行适当调整

英语习惯于用长句表达比较复杂的概念，而汉语常常使用短句作层次分明的叙述。因此，译者翻译合同时应特别注意英语和汉语之间的差异，将英语的长句化解，翻译成汉语的短句。同时，还应根据句子的逻辑关系分析原文，冲破英语思维模式和句子表层结构的束缚，按照汉语习惯对句子的词序和语序进行适当调整或重组，准确再现原文的信息和意图。

商务合同使用长句和复合句的情况非常普遍，很多句子结构相当冗长、复杂。长句和复合句的使用是为了准确界定合同当事人的权利与义务，排除歧义和曲解的可能，但这无疑给译者正确理解和翻译这些句子带来了相当大的难度。

1. 定语从句

商务合同中使用大量的定语从句来修饰说明一些名词，使条款内容明晰，避免误解。一般而言，英语的定语从句放在核心词的后面，翻译时应处理成汉语的前置定语，如果译成汉语的前置定语以后感觉太长，不符合汉语的表达习惯，这种情况下，可将定语从句移至核心词后面译出。

2. 状语从句

合同中的条件状语从句常用“provided that”“in case”“in case that”“in the event that”等引导，在翻译时一般考虑将条件状语放到句首，使句子的主干部分通畅紧凑，结构也更简化。

事实上，在翻译商务合同长句和复合句时，单纯使用一种翻译方法还不够，往往要求我们仔细分析句子结构，综合使用各种方法，或按照时间先后，或按照逻辑顺序，对全句进行综合处理，以便把英语原文翻译成忠实通顺的汉语。

（七）商务合同翻译注意事项

在商务合同翻译过程中，除了注重词汇和句子的翻译技巧之外，还应注重整份合同的格式，应以原文为准，不能随意变动。另外，合同中有关“shall”的翻译，日期、数字、金额的翻译和大小写问题也不容忽视，不可想当然，要避免因这些小问题带来的贸易摩擦和争端而引起不必要的损失。

1. shall 的翻译

英文合同中最常用的一个词是“shall”，其意思和普通英语不同，在合同中表示“必须，应该”之义，而合同中“shall not”则表示“不许，禁止”

之义，使用时一定要谨慎。

“will”在合同中虽也用作表示合同的法律义务，但和“shall”相比，语气比较弱，通常在表示不至于使用法律强制力的语气时使用。

2. 时间的翻译

合同中有许多关于时间、期限的表示，如货物的装运日期、合同的订立日期等，翻译时稍有不慎就会产生歧义，需特别留心。如：“to”和“till”表示“至，直至”，应理解为包括所述日期；“on or before”与“no later than”均表示“不迟于”之义；“prior to”表示“某日之前”；“on and after”表示“从某日起”。

3. 金额的翻译

在翻译合同时，金额的表示非常重要，货币单位一定不能省略，更不能遗漏，如美元、澳元、加元、港元不能省略为“元”。为避免金额数量的涂改，除了用阿拉伯数字表示金额以外，后面往往用单词加以说明，如加上“say”和“only”，相当于汉语中的大写金额。翻译时，必须把大小写同时译出，不能省略，以免出现漏洞。

另外，英文合同汉译时不存在大小写问题，而中文合同英译时需要注意大小写。除了专有名词如地名、人名等首字母要大写之外，合同的当事人、合同中的条款、定义条款中定义的词或词组等单词的首字母均应大写，如：“Party A”“Force Majeure”“Terms of Payment”“Article 10”“Technology”“Products”。

第五节　商务英语报告翻译

一、商务报告翻译方法

商务报告是商务文书的重要组成部分，在商务交往中起着重要的桥梁作用，尤其是作为对外交流沟通使用的商务报告，在现代企业中使用非常频繁。在当今经济全球化的背景下，熟练掌握商务报告的翻译技巧，已是从事商务活动的人员，特别是职业经理人必备的文书处理技能之一。

英文的商务报告，尤其是可行性报告和调查报告多用长句、复合句、并列复合句等句式，并通过使用介词短语、插入语、同位语、倒装句、被动语态等特殊句型，使语句结构更严密，细节更突出，句子的逻辑性更强。这时候，我们要使用长句的翻译技巧。长句处理办法可分两个阶段。第一阶段为拆句的理解阶段；第二阶段为重新组句的表达阶段。所谓拆句就是把原句中的一个句子拆成译句中的几个分句或句子；重新组句就是按原文的意思重新组合成合乎汉语逻辑和表达习惯的句子。理解阶段的拆句，分为三步：第一，紧缩主干，找出主—谓，主—谓—宾等，确定时态、语态、语气；第二，区分主（句）从（句），识别修饰语与被修饰语，判断各成分间的内在联系；第三，搞清层次，推断句子思维逻辑形式及重心。表达阶段的重新组句，先调整搭配，按汉语习惯形成主—谓—宾配列，并调整各层次语序，最后润饰词语。

下面是几种长句的翻译方法：

（一）顺译法

如果长句中所叙述的一连串动作基本上是按动作发生的时间先后顺序安排，或者有些长句的逻辑关系、表达顺序与汉语完全一致，就可按原文顺序译出。

利用破折号、冒号、括号等一些处理文字的标点符号，将难以处理的句子成分插入译句中，使译文更符合汉语的表达习惯。

以下就是采取顺译法的例子：

The resaon why I choose this plan over the other optional ones is that I find this plan has several advantages which might be easily ignored.

我之所以选择这个计划而不是其他的，是因为我发现它具有一些很容易被人忽略的优势。

（二）拆离法

有些复杂长句的一些成分从长句主干中拆离，要组成句子或短语（另外处理），才能译出符合汉语表达习惯的译文来。下面这段翻译采用了拆离法。

Our findings suggest that although, for the most part, there is considerable similarity between the terms and conditions of the two companies, there are a number of slight differences between the ways that local and expatriate managerial-grade staff are treated at Transpacific Shipping and International Airfreight. From these findings, a number of conclusions can be drawn which might be instrumental in determining how this company can go about minimizing the threat from Transpacific Shipping Inc. in the manpower market.

我们的调研结果表明，虽然大体上来说两家公司在待遇方面有许多共同点，但在对待当地和国外管理人员方面，跨太平洋海运和国际空运有一些小小的区别。从这些调研结果中我们可以得出一些结论，这对于本公司应采取什么对策来减少在劳动力市场上来自跨太平洋海运的威胁会有所帮助。

（三）倒置法

如果复杂长句中的表达次序与汉语表达习惯不同，甚至完全相反，翻译时则必须对原文中某些成分的位置进行调整，才能译出符合汉语习惯的译文来。

实际上，在长句的翻译中，我们常常综合运用各种翻译方法中的某一技巧。我们在翻译时应关注中英文商务报告共同的文体特征：内容上讲求客观，忠于事实；观点上要求思路清晰，引证准确；结构上要求语篇完整，布局合理；在语言方面则都注重其简洁性，比其他文体更重视表达效果的准确性、时效性，客观描述性语句较多，一般不使用修饰性或夸张性语言。以下举几个例子对其论证。

（1）This report includes a discussion of the facts of the investigation，conclusions and recommendations.

本报告包括对事实的调查、结论和建议。

（2）You asked me to make a close survey of the damage. The following report is just what you wanted.

您要求我对这次损失进行认真的调查，现提交下面这份报告给您。

（3）Having researched the cause of the profit loss，I'd like to submit this report to you for your refercnce.

我在调查了利润损失的原因后，提交此报告供您参考。

（4）Questionnaires were distributed to our clients for their completion at the end of a one-month period.

我们向客户们分发了问卷，并要求在一个月内完成。

（5）The main reason for the delay is that they refuse to abide by the original terms of the contract.

造成这次延误的主要原因是他们拒绝遵守合同条款。

分析上述句子，不难看出，中英文使用的都是客观描述性语言而非夸张修饰性或表达感情色彩的语言。

最后，在进行商务报告翻译时，应注意根据商务报告不同部分的功能和特点，在翻译时加以区分。

二、商务报告引言翻译技巧

商务报告的引言部分主要介绍报告的写作目的及写作的客观依据，也就是该报告是根据什么程序写的。该部分内容比较简短，语言也较简练，因此在翻译商务报告的引言部分时，应注意要用相对简练的语言表达出原文的意思。

例如，下文是某商务报告的引言部分，结合译文注意这部分的翻译。

It has been noted in the past six months that Transpacific Shipping Inc. has had an increasing impact on the manpower market for skilled mangerical-grade staff. It was decided at the October meeting of the Corporate Planning Committee that a comparative study should be carried out of the terms and conditions of Transpacific Shipping and International Airfreight managerial staff. The purpose of this report is to compare the terms and conditions of managerial-grade staff in this company with those of staff employed at Transpacific Shipping. The data presented in this report was collected informally from the newly-appointed Personnel Manager at Transpacific, Wanda Cheng, during a visit to the company in late October.

在过去的6个月里，人们注意到跨太平洋海运股份有限公司在劳动力市场上对资深管理人员的吸引力持续增强。10月份召开的公司计划委员会会议决定，对跨太平洋海运和国际空运管理人员的待遇条件做比较研究。此报告的目的是将本公司管理人员的待遇条件和跨太平洋海运进行比较。本报告的数据是在10月下旬访问该公司时，从该公司新任人事经理Wanda Cheng那里以非正式方式收集到的。

三、商务报告正文翻译技巧

商务报告的正文部分是经过大量的准备工作来完成的。对这部分的翻译一定要注意对各种数据的翻译，力求准确无误。例如：

The findings are separated into the following subsections dealing with individual benefits.

A. Education Allowance

At International Airfreight expatrriate staff are eligible for education allowance (either ESF or overseas educational benefits) while their local colleagues are not. However, at Transpacific Shipping, all staff receive these benefits.

B. Life Insurance

Although both companies have similar arrangements as regards life insurance for staff, International Airfreight pays a lump sum of 52 months' base salary (including Provident Fund payments) while Transpacific Shipping pays a lump sum of 36 months' base salary (excluding Provident Fund payments).

调研结果涉及个人福利，分为以下几个方面：

A. 教育补助

国际空运的出国服务人员能够享受教育补助（要么是ESF，要么是海外教育福利），而其本地员工则不能享受。然而，在跨太平洋海运，所有员工均能享受此福利。

B. 人寿保险

虽然两家公司在员工人寿保险方面做法类似，但国际空运一次性支付52个月的基础工资（含准备基金），而跨太平洋海运一次性支付36个月的基础工资（不含准备基金）。

四、商务报告总结翻译技巧

在任何一种报告中，具有总结意义的结尾部分都具有极为重要的作用，因此这部分的翻译是十分重要的，翻译时要确保译文的专业性、完整性，并努力做到译文与原文表达相同的功能。

任何翻译都同语言特征本身紧密联系，都必须关注语言的本质，英语是多用名词或者动名词的“静态”语言，而汉语是多用动词的“动态”语言，因此，商务报告翻译过程中必须进行词类转换，使译文符合目的语的表达习惯，其中主要是名词和动词之间的转换，如“recovery, upturn, growth, integration”分别译成汉语动词“回升，上扬，增长，融入”等；形容词比较级也往往翻译成动词，如“higher”翻译成“增长”而不是“更高的”，等等。

第六节　跨文化交际下的商务英语翻译教学

翻译是两种语言在两种文化中相互转化的桥梁。翻译能力是英语语言能力的重要组成部分和体现，其提高依赖于译者对两种语言的驾驭能力。所以，了解英汉两种语言及文化对翻译有着很大的影响。

一、英语翻译教学的内容

在英语翻译课堂中，教学的内容主要涉及以下几个方面。

（一）双语知识与技能

双语知识指的是英语和汉语的相关知识；技能指的是基本的学习技能。因为翻译是在两种语言之间进行的，所以要想顺利地进行翻译，必须对英汉两种语言的相关知识有一个深入的了解，否则很难译出好的作品。此外，在学习翻译时有必要掌握一些基本的学习技能，这样有利于翻译的学习。因此，双语知识与技能就成为英语翻译教学的重要内容。

（二）翻译技能

要想有效地进行翻译，除了掌握一些英汉语言知识外，还需要掌握一定的翻译技能。翻译技能在这里指的是一些主要的翻译方法和技巧等。翻译方法和技巧对于翻译的顺利进行十分有利，因此它也组成了英语翻译教学的重要内容。

（三）相关知识

翻译所涉及的范围十分广泛，翻译并不是孤立进行的，而是与其他知识和内容有着紧密的联系，所以在学习翻译的同时也要了解与翻译相关的一些知识，因此与翻译相关的知识也是英语翻译教学内容的重要组成部分。

（四）人文素养

翻译经常会涉及不同国家的政治、经济、文化、历史、宗教等各个方面的内容，翻译的这一特点也就给译者提出了一定的要求，即要具备一定的人文素养，因此人文素养也是英语翻译教学中不可或缺的一部分。

二、英语翻译教学的目标

（一）使学生了解翻译的基本知识、掌握翻译的基本技能

在英语翻译教学的过程中，尤其是在教学的初级和中级阶段，教师要帮助学生学习和掌握一些翻译的基本知识。这里的基本知识包括翻译的基本概念、翻译的主要性质、翻译的各种形式、翻译的重要作用、翻译市场、翻译的主要标准、翻译的基本原则、笔译与口译的差别、笔译和口译的基本技巧以及不同语言之间信息转换的过程等。但要注意，这些知识的传授要贯穿于教学的每一个环节，并且需要学生的积极参与。此外，在教学过程中还要教会学生合理地使用各种翻译方法和技巧，以辅助翻译更好地进行。

（二）培养学生的双语思维能力

中国学生一直都生活在汉语的环境下，也是在汉语的环境下学习的，所以习惯用汉语的思维来思考问题。但是翻译要求译者能够同时运用英语和汉语的思维来考虑问题，所以培养学生双语转换思维的能力就成了英语翻译教学的重要目标之一。

（三）提高学生的双语表达能力

翻译是一种双语交际活动，交际活动中所使用的语言的含义有时在字典中查询不到，这就需要学生具有较强的双语表达能力，也就使得不断丰富学生的知识内涵、提高学生的理解和表达能力成了英语翻译教学的重要目标。

三、英语翻译教学中的翻译技巧

翻译离不开一定的翻译技巧，所以在教学过程中教师必须向学生介绍一些常见的翻译方法和技巧，以使学生顺利地进行翻译。

（一）直译

直译是一种最常见的翻译技巧。所谓直译，就是在不引起错误联想和误解的情况下，在符合译文语言规范的基础上直接进行翻译的一种方法。直译强调“形似”，因此采用直译不仅能保持原文的形似，还能很好地还原原文的形式。例如：

（1）Failure is the mother of Success.

失败是成功之母。

（2）The outcome of a test is not always predictable.

试验的结果并不总是可以预料的。

（3）But I hated Sakamoto，and I had a feeling he'd surely lead us both to our ancestors.

但是我恨坂本，并预感到他肯定会领着咱们去见祖先。

（4）Hitler was armed to the teeth when he launched the Second World War，but in a few years，he was completely defeated.

希特勒在发动第二次世界大战时是武装到牙齿的，可是不过几年，就被彻底击败了。

（二）意译

所谓意译，就是根据原文词语的含义使用意义等同的目的语来表达的一种翻译方法。意译强调“神似”，也就是不拘泥于原文的形式，而是根据译入语的表达习惯将原文表达出来，力求译文准确、恰当。例如：

（1）Do you see any green in my eye？

你以为我是好欺骗的吗？

（2）Don't cross the bridge till you get to it.

不必自寻烦恼。

（3）Experimental findings suggested theoretical inadequacies.

做了一些试验，结果发现这个理论不充分。

（4）After that，the special missions became frequent occurrences.

从此以后，特殊任务就司空见惯、习以为常了。

（三）释义

当译入语中无法找到与原文相对应的词语，而运用其他译法又无效时，便可以采用这种释义方法进行翻译。所谓释义，就是对词语进行恰当的阐述。采用该方法进行翻译时要注意两点：一是释义要准确；二是译文要简洁。例如：

（1）Early Reagan was a mirror image of early Carter.

原译：上台时的里根有着执政初期卡特的镜子形象。

改译：里根上台时在做法上跟执政初期的卡特毫无二致。

（2）This man is the black sheep of the family.

原译：这个人是家中的黑羊。

改译：这个人是家庭中的害群之马。

（四）增译

增译也是一种十分常见的翻译方法。增译并不是随意在译文中增添词汇或句子成分，而是在原文的基础上根据意义、修辞或句法上的需要，增添必要的单词、词组、分句或完整句，以达到译文与原文意思相符合的目的。增译具体包含以下两种情况。

（1）根据语法需求增译。根据语法需求进行增译就是在翻译时对各种词类和一些特殊句式进行增译处理。通常会增加动词、量词、副词、语气助词等。例如：

① Reading makes a full man；conference a ready man；writing an exact man.

读书使人充实，讨论使人机智，写作使人准确。（增加动词）

② Into the dim clouds was swimming a crescent moon.

一钩新月渐渐隐没到淡淡的云彩里了。（增加量词）

③ Cupid was a little naked boy，with sparkling wings.

丘比特是一个裸体的小男孩，有一对闪闪发光的翅膀。（增加副词）

④ Don't take it seriously. I'm just having a joke with you.

不要认真嘛！我不过开开玩笑罢了。（增加语气助词）

（2）根据意义需求增译。根据意义需求进行增译是指在译文中补充原文句子的隐含意义，以使译文更加完整。通常会增加名词、形容词、副词、概括词等。例如：

① O，Tom Canty，born in rags and dirt and misery，what sight is this！

啊，汤姆·康地，生在破烂、肮脏和苦难中，现在这番景象却是多么煊赫啊！（增加形容词）

② She lingered long over his letter.

她反反复复地回味着他的来信。（增加副词）

③ China and Great Britain arrived at an agreement on exchange students.

中英双方就两国之间交换留学生问题达成了一项协议。（增加概括词）

（五）省译

省译是指根据译文语法和修辞的需要，省略一些可有可无的，或者有了反而显得累赘的词。省译具体包含以下两种情况。

（1）根据语法需求省译。英语中的某些词是因语法需要而存在，例如英语中冠词的使用范围非常广，而汉语里却没有冠词，所以在翻译时要将英语的冠词省略不译。例如：

① The horse is a useful animal.

马是有用的动物。（省略冠词）

② It was just growing dark，as she shut the garden gate.

她关上园门时，已是暮色苍茫了。（省略非人称代词 it）

③ In spring the day is getting longer and longer and the night shorter and shorter.

春季白天越来越长，夜晚越来越短。（省略动词）

④ If winter comes，can spring be far behind？

冬天来了，春天还会远吗？（省略连词）

（2）根据修辞需要省译。因修辞的需要，原文中常会重复某些词语，以起到强调作用，如果将这些重复的词语译成汉语，就会显得十分啰唆，所以为了使译文简洁明了，符合汉语的表达习惯，有时会省略这些词语。例如：

① The little match-girl shook and trembled with cold.

卖火柴的小女孩冻得瑟瑟发抖。

② It is right and proper to have a try.

试一试是完全正确的。

③ The love for her husband and child was part and parcel of her life.

她对丈夫和孩子的爱构成了她生命中的主要部分。

（六）分译

分译指将原文中的词、词组或句子分解出来单独进行翻译，以使译文更加符合译入语的表达习惯。例如：

（1）Image that you step into a shopping mall and a spy immediately begins tracking your every move.

想象一下：当你步入商厦，一个间谍立即尾随而来，监视你的一举一动。

（2）That is a NATO matter and any comment on it should appropriately come from NATO.

这是北约组织的问题，关于这个问题的任何意见都应由北约组织来发表，这才合适。

（3）The real challenge is how to create systems with many components that can work together and change，merging the physical world with the digital world.

我们所面临的真正挑战是如何建立这样一个系统，它们虽由很多成分组成，但可互相兼容，交换使用，从而把物质世界与数字世界融为一体。

（七）合译

合译指译文中用一个单句来表达原文中两个以上的简单句或一个复合句，以调整句子的长度，使译文更符合汉语表达习惯。例如：

（1）The flower is so beautiful that I cannot describe it with words.

我无法用语言来形容这朵花的美丽。

（2）She was born with a silver spoon in her mouth who thought that she could do whatever she wanted.

她出生在富贵之家，认为凡事皆可随心所欲。

（八）正译

正译指将原文中形式是否定但内容却有强烈的肯定含义的词或短语译成汉语的肯定句，以使译文更加符合汉语的表达习惯。例如：

（1）The table was in disorder.

桌子上乱糟糟的。

（2）He was an indecisive sort of person and always capricious.

他这个人优柔寡断，而且总是反复无常。

（3）He is no less active than he used to be.

他和从前一样活跃。

（4）He carelessly glanced through the note and got away.

他粗略地看了看那张便条就走了。

（九）反译

反译指将原文中暗含着否定意义却使用肯定形式的词或短语译成汉语的否定句，以使译文符合汉语的表达习惯。例如：

（1）Men cannot live in the absence of air and water.

没有空气和水，人就无法生存。

（2）He is not stupid，merely ignorant.

他并不愚笨，只是无知而已。

（3）Better to reign in hell than serve in heaven.

宁为鸡头，不为牛后。

（十）英汉同义

英语中的一些谚语无论在形式上、意义上还是风格上都与汉语中的一些谚语十分相似，此时就可以采用英汉同义法进行翻译。例如：

burn one's boats 破釜沉舟

go through fire and water 赴汤蹈火

great minds think alike 英雄所见略同

strike while the iron is hot 趁热打铁

add fuel to the flames/pour oil on the flames 火上浇油

上述翻译技能和方法对于学生的自主翻译十分有利，所以教师在教学中应尽量采用各种方法和策略，帮助学生掌握多种翻译方法和技巧，从而为学生今后的学习和工作奠定坚实的基础。

第九章　商务英语教学中存在的问题与建议

随着世界经济飞速发展，国际贸易交往日益频繁，商务英语教学得以快速发展，一些院校也培养了一批商务英语人才。但是，从全国情况看，商务英语教学还存在着较大的问题，本章主要从商务英语的实践教学、教学方法以及教材建设方面存在的主要问题进行了研究，并提出了相应的改进措施。

第一节　商务英语实践教学中存在的问题与建议

加强实践教学是学生全面发展的需要，也是学生主动发展的需要。实践教学由于具有鲜明的实践性和自主性，在教学活动中重视学生的主体作用，重视让学生亲自去体验、去感受、去发现、去创造，并从中获得乐趣、获得信心、获得成功、受到教育，这是培养学生自主学习能力和自我发展能力的重要途径。

相对于理论教学而言，实践教学是教学过程中最薄弱的环节。近年来多数高校在商务英语教学中也开始尝试开展各种实践教学模式，但在操作中还存在一些问题。

一、商务英语实践教学中存在的问题

（一）实践教学基地不足

实践教学基地建设存在着实践设备和场地不足的问题，例如，各个高校校内的实训室数量不够，经常发生几个班级同时实训的状况，而实训室的数量不能使得这几个班级在同一个时间内进行实训，影响了教师和学生的积极性。同时，校外的实训基地数量也存在严重不足的问题，学生和教师不能进行有实际意义的商务操作实践活动，影响了实践教学的进行和良好教学效果的取得。这些现象使得目前实践教学条件难于满足实践教学的需求。

（二）实践教学组织管理不完善

实践教学的组织管理存在着实践教学管理制度不够完善，教学质量评价体系不明确，组织管理跟不上，实训教学质量难以保证的问题。据不完全统计，相当数量的高校在实践教学的组织管理上存在着制度条理性不强，内容不健全，责任没有完全到位，没有制定出相应的阶段性的评价体系等问题。

（三）实践教学考核办法不规范

实践教学的考核存在着没有建立规范性实践教学的考核办法，没有明确规定出具体可行的各个不同阶段的考核办法，对实践教学的要求远没有对理论教学要求严格的问题。比如，理论教学要求有教学大纲、整体教学设计、单元教学设计、授课计划、教案、教师之间对教学的互评等环节，而实践教学却只有部分要求，有的学校甚至没有任何要求。

（四）对实践教学重要性认识不足

对实践教学的重要性认识上存在着许多教师重视理论教学，而轻视实践操作技能提高的问题。这是因为从前只强调理论教学，而现在强调实践教学，很多教师还不能一下子适应过来，在理念上还需要转变，教师们需要时间养成在进行理论教学的过程中思考实践教学问题的习惯，并把二者有机地结合起来。

（五）实践教学安排的周密性不足

实践教学安排上存在着随意性的问题。首先是实训内容安排的随意性，其次是实践教学时间安排的随意性。在每个学期初，教研室在进行授课计划安排的过程中往往忽略了实训教学项目和内容的安排，在思想意识中没有把实践教学放在首位来考虑，总是先考虑理论教学，实践教学的地位没有得到应有的重视和提升，在进行完理论教学之后，只是根据剩余的时间进行实践教学，造成了实践教学的随意性。在商务操作实践教学过程中，难以做到以学生为主体，因而造成学生操作能力的训练效果不佳，甚至有些关键的实践项目仅停留在“认识状态”，而没有上升到真正意义上的“应用掌握”。

（六）实践教学中的实训教材匮乏

实训教材包括实训教学大纲、实训指导书、实训教学文字教材、实训教学软件、实训教学音像教材和CAI课件等。但一直以来，商务英语专业只有单一的专业理论教材，而没有与之相配套的专业实训教材，实训指导书过于简单或过于形式，没有发挥指导的作用；实训教学软件少，目前只有一套

TMT外贸教学系统，无法满足众多实训课程的需要；实训手册目前还是个空白，等等。配套实训教材的不足致使模拟实验难，社会调查杂，毕业实习乱。

（七）实践教学目标不明确，缺乏行业针对性

商务英语教学并未很好地针对商务英语学生今后工作地的经济发展和涉外行业特点。在各个院校，实践教学的“教”与“学”长期以来是脱节的。衡量教学效果的标准是课程考试的通过率、外销员资格考试成绩和剑桥商务英语等证书的考试成绩。没有让学生一开始就接触到就将来要用的实践；没有通过递进式的训练让学生学到专业技能；实训重点、难点、时间安排不够合理，考核方式和手段也单一，因此教学效果很难达到要求。

（八）实践教学内容零散，实践教学体系不完善

各位教师根据自己对不同课程教学要求的理解，自行设计实践教学环节，这样的实践教学只能训练学生的单项技能，局限性较大。特别是一些专业课程实训缺乏连贯性和整体性，学生学习后很难对相关的业务流程进行整体把握，因而达不到本专业培养目标中“综合技能”培养的目标。这样使得实践环节薄弱，实践教学体系混乱，实践教学实效差。

二、商务英语实践教学中存在问题的改进措施

（一）全面实施实践教学体系

1. 实践教学与情境设置相结合

作为语言类、文科类特征明显的商务英语专业课程应以实践为课程教学的主线，通过实践带动知识、技能的学习与职业素养的形成。商务英语的实践场所要建成“工学结合、做学合一”的仿真式、体验式教学实践场所，通常可以利用网络平台、安装专业实习软件来创设虚拟的商务活动空间，让学生进行仿真训练，从而提高学生的实践能力。

2. 实践教学与竞赛活动相结合

在商务英语教学中，培养学生主动探索、主动学习的能力尤为重要。参加专业竞赛有利于调动学生学习的主观能动性，培养他们的学习兴趣和创造性思维能力。为使学生熟练掌握实训技能，达到竞赛所要求的技能，可以充分利用开放实验室。开放式实验室为学生在课外实训提供了极好的平台，吸引了一大批学生在各个开放式实验室进行实验、实训操作、技能训练等。

3. 实践教学与岗位技能培训相结合

社会培训机构的成功经验，推进了“三个相结合”，即课堂、实训场所、

企业环境相结合，学生、教师、工程技术人员相结合，教学、科研、工程项目相结合，以岗位技能要求，指导实践教学。

4. 理论教师队伍与实践教师队伍相结合

（1）实践教师是教师队伍的重要组成部分，主要包括：担任各实践教学管理的教师和指导实践教学的教师。在具体的实践教学过程中，理论教师与实践教师相结合，理论教师能进实训室指导学生实践，实践教师也能进入课堂讲授理论知识，进行理论教学。

同时，应加大对实践教师的培养和引进力度，主要是加强指导实践教学的“双师型”教师队伍的建设，逐步形成合理的师资结构。

（2）实践教学人员应有明确的分工和相应的岗位职责。实践教学人员需要按照各实践教学环节的管理规范，积极承担实践教学工作，努力完成各项实践教学任务。

（二）商务英语实践教学过程的五个突破

由于缺乏对商务英语人才能力培养目标、核心技能要求的全面认识，导致目前的实践教学环节之间脱节，内容零散。因此有必要将局部、零散的实践环节系统化、完整化、综合化。实训课程的考核要坚持实用性、系统性的原则，学校学习与岗位学习紧密结合，使得学生实际应用商务英语的能力与岗位能力零差距；创设“工学结合、做学合一”的仿真式商务职场情境，使学校学习与职场学习紧密结合。为达到以上目的，在实践教学过程中要突破以下几点：

1. 实践教学理念上的突破

以学生为本，凸显“导”字，通过参与式教学，教师从主讲人、管理者变为导演者、导游者、导航者，学生不再是教师灌输知识的被动接收者、被监督者，而是全面参与教学设计、自我管理的课堂主人，充分体现“教、学、做”合一的理念。

2. 实践教学内容上的突破

所有实践教学内容都应以工作过程为主线，以商务环境下工作项目为导向，使内容任务化，每个任务内容以能力培养为主导，以职业技能需求细化分析为根据，以满足岗位技能要求为目标，融合商务师职业资格标准，构建“教、学、做”一体化的内容体系。

3. 实践教学方式上的突破

创建学习团队与大教学系统，由学生们组建学习团队，自主学习，集体学习，相互学习；通过各种生动活泼的方式构建互动式实践课堂；创造各种由学生全面参与的体验教学；把教学的时空视野从课堂内扩大到课堂外，实现教学渠道与空间的多元化与立体化。

4. 实践教学目标上的突破

注重三维目标，即知识与技能、过程与方法、情感态度与价值观，并且注重将显性教学和隐性教学相结合的教学目标。

5. 实践教学链条上的突破

建立学生全面参与的集成式教学系统，实现从教学理念、教学组织形式到多媒体教学、系列化实训的全过程的开放式考核，构建由学生参与的、立体化、系统化的集成系统。

（三）商务英语实践教学应遵循的原则

1. 特色性原则

特色是学校生存和发展的原动力。以素质教育为核心，以技术应用能力培养为主线，以应变能力培养为关键，以产学研结合为途径是实践教学应该遵循的特色性原则。

2. 工学结合原则

“工学结合”是指“与工作相结合的学习”，是一种将学习与工作结合在一起的教育模式。教育部 16 号文明确提出了高等职业教育要大力推行“工学结合”的人才培养模式。坚持“工学结合”就是要将传统的“教育专家主导”转变为“社会需求主导”，使涉外行业、外贸企业专家全程、全面深入参与商务英语课程开发、课程实施、改进、完善的各个阶段，使学生在学习情境中获得商务知识和可持续发展的职业能力。

3. 实用性原则

实践教学体系的构建，要充分体现专业岗位的要求，与专业岗位发展紧密相关。以此为原则组成一个层次分明、分工明确的实践教学体系，如实验、实训教学平台可分为基础实验技能训练平台、专业岗位技能训练平台、专业岗位实践平台三大步来进行构建。

4. 工作过程导向原则

实践表明，“工作过程导向”的课程模式是高职课程改革的必然选择。根据实践教学，将商务英语课程优化整合成五个模块：语言综合技能模块、商务技能模块、综合素质模块、实践技能模块和素质拓展模块。语言综合技能模块是基础，以听、说技能训练为核心，其他课程如综合英语、翻译写作、听说等作为辅助课程。商务技能模块是学生融入信息社会的日常生活、学习、工作的切入点。构建一个合理、规范、标准的信息化环境，是实现教学管理信息化的前提条件。高职院校可根据自身实际情况的不同，建立校园网络化管理、教学信息化管理，为教学管理人员提供与 Internet 相连的计算机，使之身处网络环境，营造良好的信息教育环境与信息化校园文化，为教学管理人员信息能力的提高提供便利条件，并促进教学管理者自觉地使用信息技术去进行教学管理。

5. 混合型原则

混合型体现在教师类型的混合、理论教学和实践教学的混合、教室与实训室的混合等方面，淡化理论教学与实践教学、专业教师与实践指导教师、教室与实训室的界限，打破原来按学科设置实训室的传统布局，对实践教学设施进行重新整合，形成一体化混合实践教学模式。

6. 建立科学合理的培训机制原则

高校可根据实际情况和教学管理者各自不同的需求，充分利用学校的师资、设备等教学资源，有计划、有重点、有步骤地对教学管理人员进行培训。培训手段可以多样化，如举办各种专题培训班、讲座、经验交流会、信息技术应用评比活动，甚至可以利用校内网络资源，为教学管理者提供多种形式的信息技术方面的学习资源，让他们自定步调地自主学习。

（四）商务英语实践教学规范化体系的建设

1. 强化实践教学各环节

首先，强化实践教学各环节的工作。从多方面学习先进的管理经验，补充和完善各种管理制度，如实验实训教学考核、实验设备的管理考核、实验实训的管理考核、实验室环保工作、信息和档案管理考核等方面的管理。其次，根据本部门的实际情况，建立以岗位责任制为核心的各项规章制度，确定不同实验管理岗位职责和管理办法，并进行考核。

2. 制定因“室”施“法”的管理条例

首先，制定因“室”施“法”的管理条例。其次，针对不同类型的实验实训室，建立对应的实验设备管理条例，并实施。

3. 实施先进的管理手段

首先，采用计算机等现代化管理手段，建立信息收集、整理和归档制度，对实验实训室的各种信息及时进行记录。其次，做好统计、分析和归档工作，及时向上级有关部门提供实验实训室的准确数据。

（五）商务英语实践教学体系的监控措施

（1）检查实验、实训计划是否符合专业特色；

（2）检查实验、实训课题能否培养学生的实践能力；

（3）检查教师能否做到每次课都有目的、有要求，检查是否指导到位；

（4）检查通过实验、实训教学，学生能否掌握一种实践操作技能；

（5）通过检查实训计划，检查实训科研或教学（教改）课题的研究成果，检查实训教学中的指导过程，来评价实训教学质量；

（6）组织人员收集学生的反馈意见，发现问题及时调整解决。

在我国，只有部分高校建立起了一整套的商务流程的实践、实训体系，还没有全面地普及和推广，在日常教学过程中还没有真正地把实践和实训教学放在首位，还在按照传统的注重课堂理论知识的方式教学，没有把学生带出教室到企业去参与真正的商务实践活动，更没有建立一整套高校商务英语实践和实训的体系。各高校主要还是运用语言学的理论和方法对商务英语语言现象进行分析和研究，探索语言特点，总结语言规律；以教学理论为基础，探索商务英语教学的新思路和新方法；同时研究国内外商务英语的变迁和发展现状和趋势以及跨文化商务交际，以跨文化交际理论为基础，研究国际商务中的文化现象以及导致国际商务各个领域中产生差异的文化因素等，这并不完全符合高校商务英语办学的理念，必须改变商务英语教学以理论为主的思想，把实践和实训教学放在首位。

第二节　商务英语教学方法中存在的问题与建议

教学方法包括教师教的方法（教法）和学生学的方法（学法）两大方面，是教授方法与学习方法的统一。教法必须依据学法，否则便会因缺乏针对性和可行性而不能有效地达到预期的目标。

一、商务英语教学方法存在的问题

教学方法是教师把知识传授给学生的表现形式，它的好坏直接影响到学生对知识的吸收和消化能力。很多商务英语教师仍然沿用传统英语以教师为中心的教学方式，忽视了学生的主动性、积极性和独立性，导致课堂气氛往往比较沉闷，学生只是被动地接受教师所传达的信息。也就是说，商务英语教学并未很好地针对学生今后工作地的经济发展和涉外行业特点。其直接结果：一是商务英语教学缺乏重点，面对内容极其广泛的商务英语领域，教学时不知重点在哪，教学者只能教授一些基本的商务英语知识；二是各校商务英语教学缺乏特色，由于没有针对性，各大高校商务英语课程所教授的都是同样的基本知识，千篇一律。此外，对专业课实行单一的母语教学方法，使学生不能运用地道的英文来表达所学的专业知识，导致教学效果简单落后。因为教师常常只重视理论教学，而忽视实践，所以这种教学方法不能培养学生的实践应用能力，造成学生高分低能的现象。再者，教学模式单一，学生缺乏主观能动性，忽略了讨论、启发、交流的过程，课堂没有互动的气氛，忽视了学生自学能力和主动思维能力的培养，也不能培养学生的实践应用能力。

教学方法对于教学学习技能和技巧，特别是学习实际应用知识的技能起着重要的作用。洛克早就说过："任何东西都不能像良好的方法那样，给学生指明道路，帮助他前进。"现有商务英语专业课程的教学理念和采用的教学方法同原有的本科英语语言文学专业方法相似。商务英语是一门应用语言学，商务英语的教学要紧紧围绕培养学生英语语言实际运用能力，以服务社会、促进经济发展为目的，重点在于培养学生的自主学习能力和团结协作意识。由于学科特点，商务英语必须构建自己独特的教学方法，加强商务英语学生的课外实训，为培养既懂商务、又通外语的复合型商务英语人才进行不断探索。

二、商务英语教学方法中存在问题的改进措施

（一）教学理念上的转变

商务英语教师要改变教学理念，采用先进的教学方法和现代化多媒体技术，推行案例教学法、情景模拟教学法、整体教学法、谈论法、任务法、启发式教学法、合作学习法、演示法和部分课程双语教学法等，逐步建立起以学生为主体、教师为主导的教学模式，凸显教师的"导演""导航"和"导游"作用，提高学生的学习兴趣和主动性。在教学过程中突出强调启发式教学和小组合作学习，以培养学生的自学能力和团队合作精神。我们应积极开展课外活动，极力营造积极向上的学习氛围，确保校内形式多样的技能竞赛、英语角以及英语晚会的定期举行，充分调动学生的学习积极性。

（二）教学方法的改进与提升

教学方法是教师和学生为了实现共同的教学目标，完成共同的教学任务，在教学过程中运用的方式与手段的总称。商务英语教学中，由于每个项目任务内容的不同，教学方法也会随之改变，在不同项目中可结合使用以下几种教学方法：

1. 模块教学

商务英语专业学生应该按照以下商务英语基础、商务英语实践和商务英语技能三大模块进行学习。

（1）商务英语基础：商务英语听、说、读、写、译的能力。注重商务英语会话、商务英语翻译能力及应用文写作能力。

（2）商务英语实践：外贸英语函电写作；进出口单证制作；报关报检实操；电子商务技能等。

（3）商务英语技能：进出口贸易实操能力；国际商务谈判能力；外事礼仪接待能力；跨文化交际能力；熟练的计算机操作能力。

高校商务英语专业设立以上三大教学模块，目的就是培养具有坚实的英语语言基础，掌握国际贸易的基本知识，熟悉商务函电和外贸业务，通晓中国对外贸易的政策法规和商务礼仪，具有较好的商务英语水平和计算机技术，具有较强的专业技能和一定的组织管理能力的应用型涉外商务高级人才。简要概括为：基本知识够，实践能力强，综合素质好，能直接从事涉外商务的外向型、应用型、复合型的"三型"商务人才。

2. 双语教学

商务英语专业应该以英汉双语教学为主，由具备商务知识的英语教师独立承担教学任务，将商务知识和商务英语技能融合在一起，强化学生对商务词汇和相关基本概念的掌握，使学生能够将专业知识和英语知识有机地结合起来，能够用熟练的英语表达专业术语和专业内容，提高学生的应用能力。鉴于学生的英语基础相对薄弱，可以考虑在双语教学时，开始以汉语为主、英语为辅，逐步扩大用英语讲授的比例，最终达到 80%¯90% 用英语讲授。

3. 多媒体教学

利用计算机多媒体网络辅助商务英语课堂教学，为商务英语教学提供了更广阔的空间。多媒体教学可以激发学生的学习兴趣，可以有效增强师生互动，有利于解决教学活动中的重点和难点，得到事半功倍的效果。

（1）充分利用计算机多媒体网络技术，将视、听、说、译几项教学内容融为一体。

（2）利用计算机多媒体网络开展网上商务活动的模拟教学。把学生分成若干个小组，根据教师提供的案例背景，进行角色扮演。这有助于提高学生对商务活动问题的分析、判断和归纳总结能力。

（3）通过计算机多媒体提供的各种资源，制成简单易懂的集声、图、文、动画为一体的生动活泼的课件。也可以设置交互提问、听说练习、自测考试等人机互动形式，营造出生动活泼、引人入胜的课堂气氛。

（4）课堂教学环节利用CAI手段可实现交互式教学，促进师生之间的互动效果，让学生眼、耳、口、手并用，全身心地融入视、听、说练习中。

4. 实践教学

制定实施商务英语专业实践教学的指导性文件，明确商务英语专业实践教学的培养目标，如《商务英语专业实践教学大纲》或《商务英语专业实训指导书》。对实践教学项目的教学内容、教学形式、课时安排和实施时间做出安排，规范教师指导和学生实践的程序。

（1）校内实操实训课程时，以项目或任务为载体，精心设计实训过程，把学生的学习能力培养融入实训全过程。例如，在进行“商务英语交际”实训时，可以将班级划分为几个小组，分别模拟组建公司，模拟公司简介、产品介绍、广告制作、商务函电往来、商务谈判、签订合同等一整套商务活动，将所学的商务英语交际技巧和商务知识融合于其中，让学生带着乐趣完成对商务技能的掌握。又如，在进行“外贸单证操作”项目时，利用商务实训软件和网络资源，向学生呈现各种真实的商务英语函件和业务单证，并反复操练函件撰写和单证制作规范。

（2）校外基地实践与顶岗实习时，以学生的职业技能培养为核心，加强工学结合，在实际工作中检查学生在校学习和训练的效果。学生在实习岗位上工作时，会切身地体会到自身专业技能存在的缺陷和不足，有些技能如贸易谈判，即使教师在课堂上引导学生反复练习也收效甚微，而在实习岗位上则完全不同。另外学生分散在各个不同的单位，工作岗位多，从事的工作不同，接触面广，为学生技能训练提供了校内实训无法搭建的实用平台，其效果也是校内实训无法比拟的。同时建立有效的校企合作机制，请企业的专业人员来校讲座，或安排教师、学生到合作单位学习实践。

（三）改进和提升评价体系

在评价体系方面，改革传统的知识记忆型人才的评价机制，改革一张试卷测试学生半年学习成果的单一考核模式，建立与人才培养规格相适应的知识考核、能力考核、岗位技术考核的人才评价机制，注重学生的能力培养，全面体现学生的综合能力和素质，利用美国运筹学家萨迪（T.L. Saaty）教授在20世纪70年代提出的一种定量与定性相结合的系统分析方法——AHP（Analytic Hierarchy Process）即“层次分析法”来评价学生的综合素质，把复杂系统的问题所包含的各种因素通过划分相互联系的有序层次使之条理化，并根据定性的判断对同一层次元素间的相对重要性给出定量的描述，再利用数学方法确定每一层次元素相对重要性权值，最后根据各个指标的数值及其权值，对学生做出综合评价，不仅考核学生掌握的理论知识的程度，而且注重考核学生运用知识的能力。

方法是不断变化的，具体方法本身并没有好坏之分，主要在于不同的时间、地点、条件、对象、目的等是否合适。在具体的商务英语教学过程中，通常是不断进行方法变化的，教师同时要综合运用几种教学方法来传授一个重要的知识或技能，因为即使某种方法再好，如果我们经常使用，学生也会感到厌烦，不会取得良好的教学效果。因此，在商务英语教学过程中，教师要不断重新组织教学方法，重新组织就是变化，在重新组织的过程中创造新奇更是变化。

总之，商务英语是一个实践性很强的专业，对学生的应用能力要求较高，对商务英语教学者来说，在商务英语教学过程中必须结合商务英语的特点，抛弃传统的教学模式，深化商务英语课程改革，创建具有商务英语特色，符合职业、岗位需求的教学模式；改进商务英语的教学方法；加强商务英语教师的专业素质；注重学生实践技能的培养和提高。把学生培养成为以英语为工具，掌握商务专业知识的高级复合型人才，满足未来职业生涯的需要。只有这样才能体现出商务英语教育的特色，培养出更多能适应岗位需求的商务英语人才。

第三节　商务英语教材建设中存在的问题与建议

一、商务英语教材存在的问题

（一）缺乏适合的主教材

目前很多商务英语专业的教材并不规范，国内出版的商务英语教材普遍内容陈旧、形式单一，缺乏操作性和实践性，因此难以满足教师教学的需要和学生学习的需求。国外的商务英语教材面向的是社会大众，不能完全符合中国学生的需要，同时教材中缺乏真实的商务环境，比如，在国内很多院校使用的《剑桥商务英语》教材。商务英语最明显的特点在于它是“商务环境中所应用的英语”，“其语言教学的重心具体在商务环境”。而现实中的商务英语教材过分强调语言本身的学习，也难以找到真实商务背景下的教材辅助材料，如一些公司的年度报表、会议记录等。

（二）缺乏相关的实训教材

在国内，商务英语教材层出不穷，但是内容没有进行完全更新，不能满足 21 世纪国际通用人才培养目标的需要，而且已经出版的大部分教材理论性过强，没有与之配套的培养实践能力的实训教材。要想提高学生的社会商务活动实践能力，出版相应的实训教材势在必行。

二、商务英语教材存在问题的改进措施

（一）优选授课教材

要想高质量地完成教学任务，培养出高质量的学生，就必须有高质量的教材。由于商务英语的特殊性，使得要挑选出一本十分令人满意的教材相当困难。所选用的商务英语教材，除了要全面培养学生的听、说、读、写、译这五项技能，还应教授商务专业知识及技能。教师对一些技能性较强的课程，可选用实训教材，使学生在课程学习后，能够掌握一定的实际操作能力。若没有合适的教材，教师可以考虑在课堂上补充以实业为背景的资料，甚至进行教材自编，以提高实训课程的实用性和有效性。

（二）编写适合的教材

为了使商务英语专业的学生能够很好地与社会需求接轨，需要相关高校在教材编写中解决好目前存在的教材编写方面的问题。编写适合高校学生的辅助教材，对教材的内容进行合理的增删和整合。为更好地探索教材建设，灵活处理教材，教师要积极参与国内商务英语教材的开发建设工作，根据学生的需求，在充分吸收国外原版教材精华的基础上，结合商务英语的特殊性对教材提出较高的要求。一般来说，商务英语教材应使用真实语料，以语言为工具，所涵盖的内容应涉及与商务相关的诸多领域和商务活动的各个环节。

（三）加强专业技能培养的教材建设

专业教材建设是人才培养的重要组成部分，毕业生的优劣与教材建设的关系非常密切。在教材建设方面，我们首先根据理论教学体系的教学要求，选用难度适中、时代感强、实践性模块突出的精品或优秀教材。其次，结合行业、学院和学生的实际情况，根据资深业内人士的实践经验开发一批校本教材，如：《商务英语阅读》《商务英语写作》《商务英语函电》《外贸单证》《国际贸易实务》等，以增强教材的实用性和针对性。当然，社会在前进、科技在发展，再优秀的教材也难免要打上时代的烙印，难免有缺陷。如：商务英语写作课只重点突出了备忘录、意向书、会议议程、会议记录、招（投）

标文件的写作等内容，而没有把普通商务书信的写作列为重点，对商务写作理论也只是点到为止。所以，在实际教学中，我们并不能完全拘泥于教材，而是要根据课程目标对教学内容做出适当的增减。再者，对于操作技能强的课程，如：单证、函电、英语口语、听力、应用文写作、市场营销等，我们先根据职业综合能力及理论教学体系的要求，在与校外实践教学基地和外贸企业充分合作的前提下，勾勒出每一门课程的实用技能要素，然后把职业技能目标层层分解到每堂课中，制定了《实践（训）大纲》《考试大纲》和《实习指导书》，初步形成了针对性、操作性强的实践教材体系，把理论教学和实践教学紧密地结合起来。

参考文献

[1] 鲁子问，康淑敏 . 英语教学设计 [M]. 上海：华东师范大学出版社，2008.
[2] 何少庆 . 英语教学策略理论与实践运用 [M]. 杭州：浙江大学出版社，2010.
[3] 张鑫 . 英语教学的理论与实践 [M]. 北京：知识产权出版社，2012.
[4] 崔长青 . 迎刃而解：英语写作技巧 [M]. 北京：中国书籍出版社，2010.
[5] 徐义云 . 大学英语写作教程 [M]. 北京：清华大学出版社，2012.
[6] 段云礼 . 实用商务英语翻译 [M]. 北京：对外经济贸易大学出版社，2009.
[7] 林宝珠 . 商务英语写作 [M]. 厦门：厦门大学出版社，2010.
[8] 何光明 . 新国际商务英语写作 [M].3 版 . 上海：上海教育出版社，2017.
[9] 李克兴 . 广告翻译理论与实践 [M].. 北京：北京大学出版社，2010.
[10] 蒋景东 . 商务英语教学论 [M]. 杭州：浙江大学出版社，2010.
[11] 朱文忠 . 商务英语教学研究 [M]. 北京：世界图书出版公司，2011.
[12] 刘永厚 . 商务英语教学研究 [M]. 北京：中国人民大学出版社，2016.
[13] 莫群俐 . 国际商务英语（翻译与写作）[M]. 杭州：浙江工商大学出版社，2013.
[14] 李宏亮 . 商务英语翻译 [M]. 北京：对外经济贸易大学出版社，2010.
[15] 李太志 . 商务汉英语言文化对比分析与翻译 [M]. 北京：国防工业出版社，2013.
[16] 冯艳昌 . 语言・跨文化交际・翻译 [M]. 北京：中央编译出版社，2012.
[17] 何广铿 . 英语教学法教程：理论与实践 [M]. 广州：暨南大学出版社，2011.
[18] 熊昌英，林丽娟 . 现代商务英语应用文 [M]. 北京：中国水利水电出版社，2010.
[19] 王盈秋，张莉 . 商务英语翻译教程 [M]. 北京：北京理工大学出版社，2010.